合格テキスト

テ キ ス ト

日商簿記2級

工業簿記

❖ はしがき

　現代はIT社会といわれるように，情報・通信技術の飛躍的な発達にはめざましいものがあり，企業経営においても合理化・効率化や，より戦略的な活動の推進のためIT技術の積極的な導入が図られています。とりわけ経理分野では，コンピュータの利用により，簿記の知識はもはや不要とすらいわれることもあります。しかし，これらの情報機器は計算・集計・伝達のツールであり，得られたデータを生かすには簿記会計の知識をもった人の判断が必要であることを忘れてはなりません。また，計数感覚はビジネスパーソンにとって最低限の基礎的知識といえますが，これも簿記を学習することにより習得することができます。

　本書は，日本商工会議所主催簿記検定試験の受験対策用として刊行したものです。

　この検定試験は，2022年4月より新試験出題区分で施行されていますが，本書は，この出題区分に対応したテキストです。本書は，ＴＡＣ簿記検定講座で使用中の教室講座，通信講座の教材をもとに，長年蓄積してきたノウハウを集約したものであり，「合格する」ことを第一の目的において編集したものです。特に，読者の皆さんがこの一冊で教室と同じ学習効果を上げられるように，次のような工夫をしています。

　　1．学習内容を具体的に理解できるようイラストや図表を使って説明しています。
　　2．学習の論点を明確に把握できるよう「ここがPOINT」を設けてあります。
　　3．補足的あるいは発展的な内容を「supplement」として別枠で明示し，受験対策上，重要なものを効率よく学習できるように配慮してあります。
　　4．テーマの範囲を超えたもの，資料が読みにくいものなどを複合問題として，収載しました。
　　5．本書のテーマに完全準拠した問題集『合格トレーニング』を用意しました。
　　＊詳しくは「本書の使い方」をご覧ください。

　本書を活用していただければ，読者の皆さんが検定試験に必ず合格できるだけの実力を身につけられるものと確信しています。また本書は，受験用としてばかりではなく，簿記を知識として学習したいと考えている学生，社会人の方にも最適と考えています。

　現在，日本の企業は国際競争の真っ只中にあり，いずれの企業も実力のある人材，とりわけ簿記会計の知識を身につけた有用な人材を求めています。読者の皆さんが本書を活用することで，簿記の検定試験に合格し，将来の日本をになう人材として成長されることを心から願っています。

2024年1月

ＴＡＣ簿記検定講座

　Ver.10.0 への改訂について

　本書は，『合格テキスト日商簿記2級工業簿記』Ver.9.1 について，最近の出題傾向に基づき，改訂を行ったものです。

❖ 本書の使い方

　本書は，日商簿記検定試験に合格することを最大の目的として編纂しました。本書は，TAC
簿記検定講座が教室講座の運営をとおして構築したノウハウの集大成です。

　本書の特徴は次のような点であり，きっと満足のいただけるものと確信しています。

各テーマの冒頭にその
テーマで学習する範囲
を示してありますの
で，事前に学習範囲を
知ることができます。

論点を理解するために
必要な内容をテーマご
とにまとめましたの
で，無駄のない学習を
行うことができます。

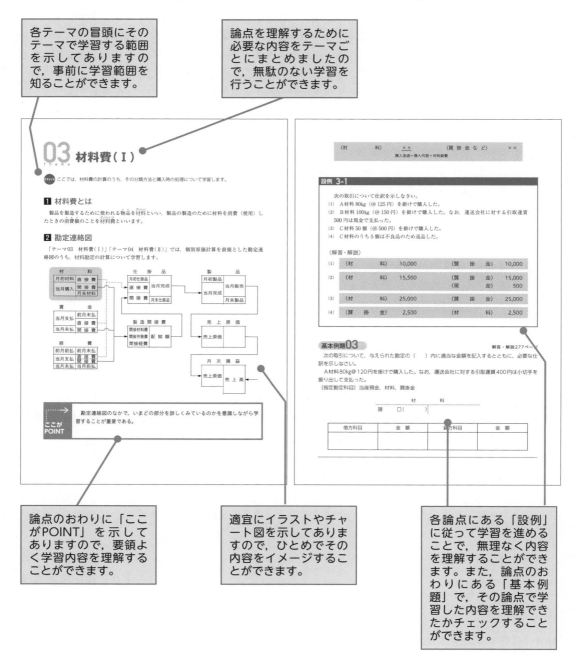

論点のおわりに「ここ
がPOINT」を示して
ありますので，要領よ
く学習内容を理解する
ことができます。

適宜にイラストやチャ
ート図を示してありま
すので，ひとめでその
内容をイメージするこ
とができます。

各論点にある「設例」
に従って学習を進める
ことで，無理なく内容
を理解することができ
ます。また，論点のお
わりにある「基本例
題」で，その論点で学
習した内容を理解でき
たかチェックすること
ができます。

なお，より簿記の理解を高めるため，本書に沿って編集されている問題集『合格トレーニング』を同時に解かれることをおすすめします。

ＴＡＣ簿記検定講座スタッフ一同

> より理解を高めるために「supplement」として，補足的あるいは発展的な内容を別枠で示してあります。

★supplement
工場消耗品費と消耗工具器具備品費

製品を製造するために使われる物品を材料といい，製品の製造のために材料を消費（使用）したときの消費額のことを材料費といいます。つまり，工場内で製品を製造するために使われる物品の消費額はすべて材料費となります。

工場消耗品や消耗工具器具備品は，それ自体が製品本体となるわけではありませんが，工場内で製品を製造するために使われる物品であるため，その消費額は材料費となります。

なお，工場消耗品と消耗工具器具備品は，受払記録を行わないため，一般的に，買入額を消費額とします。また，工場消耗品と消耗工具器具備品をあわせて，貯蔵品ともいいます。

2. 製品との関連による分類

材料費は，製品の（製造）原価を計算するうえで，特定の製品ごとに材料がどれくらい消費されたかを計算できるかどうかによって，直接材料費と間接材料費に分類されます。

（1）**直接材料費**

特定の製品ごとにどれくらい消費されたかが個別に計算できる材料費のことを直接材料費といいます。主要材料費，買入部品費が直接材料費となります。

（2）**間接材料費**

各種の製品の製造のために共通に消費される材料費，または特定の製品ごとにどれくらい消費されたかが個別に計算できない材料費のことを間接材料費といいます。補助材料費，工場消耗品費，消耗工具器具備品費などが間接材料費となります。ただし，素材や原料であっても，機械の修繕などに用いられたときには間接材料費となります。

これらの分類をまとめると，次のようになります。

	直接材料費	主要材料費
材料費		買入部品費
	間接材料費	補助材料費
		工場消耗品費
		消耗工具器具備品費

4 材料の購入（購入原価の計算）

製品を製造するために，材料はあらかじめ購入されて材料倉庫に保管されます。そして，必要に応じて製造現場に払い出されます。

材料の消費額（材料費）の計算は，材料を購入したときの金額にもとづいて計算されるため，まずは材料の購入時の計算から学習しましょう。

材料の購入には，購入代価（購入する材料の値段）のほかに材料副費（買入手数料，引取運賃，検収費など）がかかります。材料の購入原価は，購入代価に材料副費を加算して計算します。なお，材料の購入にあたり，その受入額は材料元帳(注)という補助簿に記録されます。

(注) 材料元帳は，商業簿記でいう商品有高帳のようなもので，その記入方法も同じです。

CHALLENGE!

複合問題 ❶　　　　　　　　　　　　　　　目標時間：20分

費目別計算

当工場の次の資料にもとづき，材料勘定，賃金勘定および仕掛品勘定を完成させなさい。

[資料]

1．主要材料の計算において，消費数量の計算は継続記録法を用いている。なお，消費単価には予定消費単価を用いている。また，実際消費単価の計算は平均法を採用している。主要材料の予定消費単価は@110円であり，当月の実際消費単価は次のとおりである。月初有高は20kg＠100円，当月購入代価は80kg＠120円，材料副費400円，月末の実地棚卸数量は28kgであり，棚卸減耗は正常な範囲にある。

（材料元帳の払出欄の記録）

当月の実際消費量…直接材料分　65kg
間接材料分　5kg

2．直接工の労務費の計算に予定平均賃率を用いている。なお，当年度の予定平均賃率は作業1時間当たり700円で，当月中の直接工の実際直接作業時間は8時間，間接作業時間は1.5時間，手待時間は0.5時間である。また，当月分の直接工への賃金支給総額は7,100円，月初未払賃金は400円，月末未払賃金は500円である。

3．外注加工賃の当月支払高は800円，月初未払高は200円，月末未払高は100円である。

4．補助材料の月初有高は190円，当月購入原価は750円，月末有高は210円である。なお，棚卸計算法によっている。

5．当月分の間接工の賃金支給総額は900円，月初未払賃金は140円，月末未払賃金は180円である。

> テーマの範囲を超えたもの，資料が読みにくいものなどを複合問題としてテーマの節目に入れています。

❖ 合格までのプロセス

　本書は合格することを第一の目的として編集しておりますが，学習にあたっては次の点に注意してください。

1．段階的な学習を意識する

　学習方法には個人差がありますが，検定試験における「合格までのプロセス」は，次の3段階に分けることができます。各段階の学習を確実に進めて，合格を勝ち取りましょう。

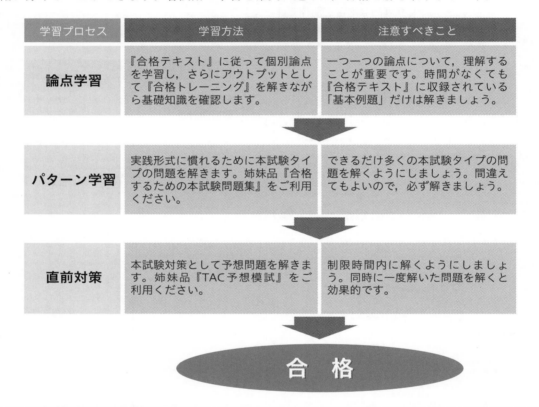

学習プロセス	学習方法	注意すべきこと
論点学習	『合格テキスト』に従って個別論点を学習し，さらにアウトプットとして『合格トレーニング』を解きながら基礎知識を確認します。	一つ一つの論点について，理解することが重要です。時間がなくても『合格テキスト』に収録されている「基本例題」だけは解きましょう。
パターン学習	実践形式に慣れるために本試験タイプの問題を解きます。姉妹品『合格するための本試験問題集』をご利用ください。	できるだけ多くの本試験タイプの問題を解くようにしましょう。間違えてもよいので，必ず解きましょう。
直前対策	本試験対策として予想問題を解きます。姉妹品『TAC予想模試』をご利用ください。	制限時間内に解くようにしましょう。同時に一度解いた問題を解くと効果的です。

合　格

2．簿記は習うより慣れろ

　簿記は問題を解くことで理解が深まりますので，読むだけでなく実際にペンを握ってより多くの問題を解くようにしましょう。

論点学習　▶　「基本例題」を解く　▶　『合格トレーニング』の問題を解く　▶　次の論点学習

3．学習計画を立てる

　検定試験を受験するにあたり，学習計画は事前に立てておく必要があります。日々の積み重ねが合格への近道です。学習日程を作り，一夜漬けにならないように気をつけましょう。（「論点学習計画表」は（10）ページに掲載していますので，ご利用ください。）

論点学習計画表

学習テーマ		計　　画		実　　施	
テーマ01	工業簿記の基礎	月	日	月	日
テーマ02	工業簿記の勘定連絡	月	日	月	日
テーマ03	材料費（Ⅰ）	月	日	月	日
テーマ04	材料費（Ⅱ）	月	日	月	日
テーマ05	労務費（Ⅰ）	月	日	月	日
テーマ06	労務費（Ⅱ）	月	日	月	日
テーマ07	経　費	月	日	月	日
テーマ08	個別原価	月	日	月	日

● 学習サポートについて ●

　ＴＡＣ簿記検定講座では，皆さんの学習をサポートするために受験相談窓口を開設しております。ご相談は文書にて承ります。住所，氏名，電話番号を明記の上，返信用切手84円を同封し下記の住所までお送りください。なお，返信までは7～10日前後必要となりますので，予めご了承ください。

〒101-8383　東京都千代田区神田三崎町3－2－18

資格の学校ＴＡＣ　簿記検定講座講師室　「受験相談係」宛

（注）受験相談窓口につき書籍に関するご質問はご容赦ください。

❖ 効率的な学習方法

これから学習を始めるにあたり，試験の出題傾向にあわせた効率的な学習方法について見ていくことにしましょう。

1．配点基準

日商簿記2級検定試験では，第1問〜第3問までが商業簿記，第4問〜第5問までが工業簿記の範囲から出題されます。各回の検定試験では，おおむね次のような配点基準で出題されています。

商業簿記			工業簿記	
第1問 20点	第2問 20点	第3問 20点	第4問 28点	第5問 12点
合　計：100点				

2．出題傾向と対策

検定試験では100点満点のうち70点を得点することで合格となりますが，ここでは第4問〜第5問までの工業簿記について見ることにしましょう。

第4問対策 …… 第4問は2問構成で，（1）では工業簿記の仕訳が3題，（2）では財務諸表作成，部門別原価計算，個別原価計算，総合原価計算，標準原価計算（勘定記入，損益計算書）など，工業簿記のうち財務会計に属する分野を中心に出題されます。

第5問対策 …… 標準原価計算（差異分析），直接原価計算，CVP分析など，工業簿記のうち管理会計に属する分野を中心に出題されます。

2級工業簿記の学習にあたっては，つねに勘定連絡図を思い浮かべ，勘定連絡図のどこでどのような計算を行っているかを意識しながら学習をすることが最も大切です。

勘定連絡図をベースに，個々の計算のポイントをしっかりマスターし，体系的な理解を心掛けましょう。

❖ 試験概要

　現在，実施されている簿記検定試験の中で最も規模が大きく，また歴史も古い検定試験が，日本商工会議所が主催する簿記検定試験です（略して日商検定といいます）。

　日商検定は知名度も高く企業の人事労務担当者にも広く知れ渡っている資格の一つです。一般に履歴書に書けるといわれているのは3級からですが，社会的な要請からも今は2級合格が一つの目安になっています。なお，同検定1級合格者には税理士試験（税法に属する試験科目）の受験資格を付与するという特典があり，職業会計人の登竜門となっています。

級　別	科　目	制限時間	程　　　　　　　　　度
1級	商業簿記 会計学 工業簿記 原価計算	〈商・会〉 90分 〈工・原〉 90分	極めて高度な商業簿記・会計学・工業簿記・原価計算を修得し，会計基準や会社法，財務諸表等規則などの企業会計に関する法規を踏まえて，経営管理や経営分析を行うために求められるレベル。
2級	商業簿記 工業簿記	90分	高度な商業簿記・工業簿記（原価計算を含む）を修得し，財務諸表の数字から経営内容を把握できるなど，企業活動や会計実務を踏まえ適切な処理や分析を行うために求められるレベル。
3級	商業簿記	60分	基本的な商業簿記を修得し，小規模企業における企業活動や会計実務を踏まえ，経理関連書類の適切な処理を行うために求められるレベル。
簿記初級	商業簿記	40分	簿記の基本用語や複式簿記の仕組みを理解し，業務に利活用することができる。（試験方式：ネット試験）
原価計算 初　級	原価計算	40分	原価計算の基本用語や原価と利益の関係を分析・理解し，業務に利活用することができる。（試験方式：ネット試験）

　各級とも100点満点のうち70点以上を得点すれば合格となります。ただし，1級については各科目25点満点のうち，1科目の得点が10点未満であるときは，たとえ合計が70点以上であっても不合格となります。

主 催 団 体	日本商工会議所，各地商工会議所
受 験 資 格	特に制限なし
試 験 日	統一試験：年3回　6月（第2日曜日）／11月（第3日曜日）／2月（第4日曜日） ネット試験：随時（テストセンターが定める日時）
試 験 級	1級・2級・3級・簿記初級・原価計算初級
申 込 方 法	統一試験：試験の約2か月前から開始。申込期間は，各商工会議所によって異なります。 ネット試験：テストセンターの申込サイトより随時。
受験料(税込)	1級 ¥8,800　2級 ¥5,500　3級 ¥3,300　簿記初級・原価計算初級 ¥2,200 ※　2024年4月1日施行分からの受験料です。なお，一部の商工会議所およびネット試験では事務手数料がかかります。
問い合せ先	最寄りの各地商工会議所にお問い合わせください。 検定試験ホームページ：https://www.kentei.ne.jp/

※　刊行時のデータです。最新の情報は検定試験ホームページをご確認ください。

論点学習計画表

学習テーマ	計 画		実 施	
テーマ01　工業簿記の基礎	月	日	月	日
テーマ02　工業簿記の勘定連絡	月	日	月	日
テーマ03　材料費（Ⅰ）	月	日	月	日
テーマ04　材料費（Ⅱ）	月	日	月	日
テーマ05　労務費（Ⅰ）	月	日	月	日
テーマ06　労務費（Ⅱ）	月	日	月	日
テーマ07　経　費	月	日	月	日
テーマ08　個別原価計算（Ⅰ）	月	日	月	日
テーマ09　個別原価計算（Ⅱ）	月	日	月	日
テーマ10　部門別個別原価計算（Ⅰ）	月	日	月	日
テーマ11　部門別個別原価計算（Ⅱ）	月	日	月	日
テーマ12　総合原価計算（Ⅰ）	月	日	月	日
テーマ13　総合原価計算（Ⅱ）	月	日	月	日
テーマ14　総合原価計算（Ⅲ）	月	日	月	日
テーマ15　総合原価計算（Ⅳ）	月	日	月	日
テーマ16　総合原価計算（Ⅴ）	月	日	月	日
テーマ17　財務諸表	月	日	月	日
テーマ18　標準原価計算（Ⅰ）	月	日	月	日
テーマ19　標準原価計算（Ⅱ）	月	日	月	日
テーマ20　直接原価計算（Ⅰ）	月	日	月	日
テーマ21　直接原価計算（Ⅱ）	月	日	月	日
テーマ22　本社工場会計	月	日	月	日

※　おおむね2～3か月程度で論点学習を終えるようにしましょう。

合格テキスト　日商簿記2級　工業簿記　CONTENTS

テーマ 01　工業簿記の基礎／2ページ

テーマ 02　工業簿記の勘定連絡／12ページ

テーマ 03　材料費（Ⅰ）／18ページ

テーマ 04　材料費（Ⅱ）／24ページ

テーマ 05　労務費（Ⅰ）／36ページ

CONTENTS

CONTENTS

仕訳Webアプリ「受かる！仕訳猛特訓」で訓練しよう！

本書購入特典として、仕訳Webアプリが付属しています。
新試験方式になり、本試験における仕訳の重要度がさらに高まりました。仕訳を制する者は、本試験を制するともいっても過言ではありません。スキマ時間などを使い、仕訳を徹底的にマスターして本試験にのぞんでください！

※本サービスの提供期間は、本書の改訂版刊行月末日までです。

（免責事項）
（1）本アプリの利用にあたり、当社の故意または重大な過失によるもの以外で生じた損害、及び第三者から利用者に対してなされた損害賠償請求に基づく損害については一切の責任を負いません。
（2）利用者が使用する対応端末は、利用者の費用と責任において準備するものとし、当社は、通信環境の不備等による本アプリの使用障害については、一切サポートを行いません。
（3）当社は、本アプリの正確性、健全性、適用性、有用性、動作保証、対応端末への適合性、その他一切の事項について保証しません。
（4）各種本試験の申込、試験申込期間などは、必ず利用者自身で確認するものとし、いかなる損害が発生した場合であっても当社では一切の責任を負いません。

（推奨デバイス）スマートフォン・PC・タブレット
（推奨ブラウザ）Microsoft Edge 最新版／Google Chrome 最新版／Safari 最新版

詳細は、下記URLにてご確認ください。
https://shiwake.tac-school.co.jp/login/2

仕訳Webアプリへのアクセス方法

STEP 1　TAC 出版　検索

STEP 2　書籍連動ダウンロードサービス　にアクセス

STEP 3　パスワードを入力
240210658

＼ Start! ／

合格テキスト

日商簿記 **2** 級

01 工業簿記の基礎
Theme

Check ここでは，工業簿記と原価計算について，主な用語とその概要を学習します。

■1 工業簿記と原価計算

1. 商業簿記と工業簿記

これまで学習してきた商業簿記は，仕入先から商品を購入し，その商品を得意先へ販売する商品売買業（商企業）で用いられる簿記です。

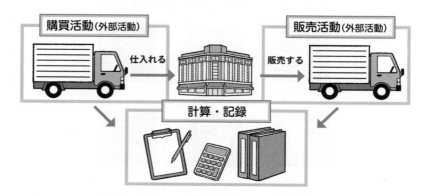

これから学習する工業簿記は，材料を仕入れ，機械などを利用して加工し，製品を作って販売する製造業，メーカー（工企業）で用いられる簿記です。

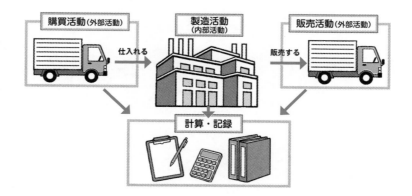

商企業と工企業を見くらべてみると，外部から商品あるいは材料を仕入れる購買活動と，外部に商品あるいは製品を販売する販売活動は両者とも同じです。

したがって，工企業の特徴は製品の製造（製造活動）を行うことにあり，工業簿記は，この製造活動を記録することといえます。

2. 工業簿記と原価計算

製造活動は企業内部で行われる活動（内部活動）であり，製品を製造するのにいくらお金がか

かったのかを自ら計算しなければなりません。たとえば自動車製造業では，自動車を造るために鉄板やタイヤなどの材料の代金，製造する人たちの賃金や電力料・ガス代・水道代などがかかります。

　このような製品を製造するためにかかった金額のことを原価といい，製造活動の記録のためには原価の計算が必要となります。この原価を正確に計算するための計算手続を原価計算といいます。

　工企業では，製品の原価を原価計算によって計算し，計算結果を工業簿記によって帳簿に記録します。その後，財務諸表を作成・報告します。工業簿記は，原価計算なしでは帳簿に記録する正確な金額を得ることができず，両者は密接な関係にあります。

　したがって，これから学習する2級工業簿記においても，原価計算によって原価を計算することと，その計算結果を工業簿記によって帳簿に記録することの両方を同時に学習していきます。

　(注) 原価計算から得られる数値を複式簿記に組み込み，原価計算と有機的に結合している工業簿記を完全工業簿記といいます。また，製造活動によって生じる資源の消費を直接に把握せず，期末に実地棚卸を行ってその変動を間接的に把握する簿記を商的工業簿記といいます。なお，本書で扱うのは完全工業簿記です。

3. 原価計算期間

　工企業においても，商企業と同じように一会計期間（通常1年）における活動の記録にもとづいて，貸借対照表や損益計算書を作成しますが，その記録のために行われる原価計算は通常1か月単位で行われます。この計算期間のことを原価計算期間といいます。

　このように1か月ごとに原価を計算するのは，製品の原価を迅速に算出するためです。また，次の月において少しでも原価を低くするための資料としても役立てていくことができます。なお，この場合の1か月というのは，通常暦の1か月（毎月1日から末日まで）です。

★supplement

原価計算基準

　昭和37（1962）年に大蔵省企業会計審議会から公表された「原価計算基準」は，従来日本の企業で行われていた原価計算に関する慣行のうち，一般に公正妥当と認められるところを要約したもので，すべての企業により尊重されるべきものです。したがって，わが国における，原価計算に関する実践規範といえます。

2 原価とは

1. 製造原価と総原価

工業簿記において，原価とは製品を製造するためにかかった費用のことをいいます。また，この場合の原価を製造原価といいます。

さらに，製品を販売するためにかかった費用を販売費，企業全般の管理のためにかかった費用のことを一般管理費といい，製造原価に販売費及び一般管理費を加えて総原価といいます。

（注）販売費及び一般管理費については，商企業と同様に，実際発生額を，全額発生した期間の費用（期間原価）とします。また，販売費及び一般管理費をあわせて営業費とよぶことがあります。

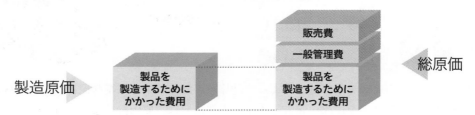

設例 1-1

次の項目について，製造原価に算入されるものに○印，製造原価に算入されないものに×印をつけなさい。

(1) 製品の材料消費額
(2) 工場で作業する工員の賃金
(3) 工場機械の減価償却費
(4) 製品を販売する販売員の給料
(5) 本社建物の減価償却費

〈解答・解説〉

(1) ○ … 製品を製造するためにかかった費用であり，製造原価です。
(2) ○ … 製品を製造するためにかかった費用であり，製造原価です。
(3) ○ … 製品を製造するためにかかった費用であり，製造原価です。
(4) × … 製品を販売するためにかかった費用であり，販売費です。
(5) × … 本社では製品の製造・販売以外の企業全般の管理を行っており，その減価償却費は一般管理費です。

ここが
POINT

工業簿記において原価とは，通常，製造原価のことをいう。
2級工業簿記では，この製造原価の計算が最も重要である。

基本例題01

解答・解説276ページ

下記の項目について、原価計算上、製造原価となる項目には１、販売費となる項目には２、一般管理費となる項目には３を、それぞれの項目の〔　〕の中に記入しなさい。

〔　　〕工場電力料・ガス代・水道代

〔　　〕新製品を販売するための広告費

〔　　〕工場事務職員給料

〔　　〕本社事務職員給料

〔　　〕製品の素材消費額

2. 非原価項目

製造原価，販売費及び一般管理費以外の費用を非原価項目といい，基本的には２級商業簿記で学習する営業外費用や特別損失がこれにあたります。

これら非原価項目は，製品の原価を計算（原価計算）する際，原価に含めてはいけないので注意してください。

★supplement

非原価項目

製造原価および総原価に含めない項目を非原価項目といい，次のようなものがあります。

(1) **経営目的に関連しないもの**

　① 投資資産である不動産・有価証券，未稼動の固定資産，長期にわたって休止している設備，その他経営目的に関連しない資産などに関する減価償却費，管理費，租税などの費用

　② 寄付金など経営目的に関連しない支出

　③ 支払利息，割引料などの財務費用

　④ 有価証券評価損および売却損

(2) **異常な状態を原因とするもの**

　① 異常な仕損・減損・棚卸減耗・貸倒損失など

　② 火災・風水害などの偶発的事故による損失

　③ その他訴訟費用，偶発債務損失など

(3) **税法上特に認められている損金算入項目（課税所得算定上，いわば経費として認められるもの）**

　① 特別償却（租税特別措置法による償却額のうち通常の償却範囲額を超える額）など

(4) **企業の利益から支払われるもの**

　① 法人税，所得税，住民税など

　② 配当金など

3 製造原価の分類

製品を製造するためにかかった費用（製造原価）は，いくつかの方法で分類できます。

1. 製造原価の種類による分類（形態別分類）

製品を製造するために，何を使用（消費）して発生した原価（どんな種類の原価）なのか，という基準で分類する方法を形態別分類といいます。この方法では製造原価は，材料費，労務費，経費の3つに分類されます。

(1) **材料費**

製品を製造するために使われる物品を材料といい，製品の製造のために材料を使用（消費）したときの金額（消費額）のことを材料費といいます。

(2) **労務費**

製品を製造するために労働力を消費したときの消費額を労務費といいます。具体的には，工場で作業する工員の賃金などがあります。

(3) **経　費**

製造原価のうち，材料費・労務費以外のものすべてを経費といいます。具体的には，工場設備の減価償却費や電力・ガス・水道の消費額などがあります。

2. 製品との関連における分類

製品を製造するために，ある製品（特定の製品）にどれくらい原価が消費されたかを個別に把握できるかどうか，という基準で分類する方法を，製品との関連における分類といいます。この方法では，製造原価は製造直接費と製造間接費に分類されます。

(1) **製造直接費**

ある製品を製造するためにどれくらいの金額がかかったかを個別に把握できる製造原価を製造直接費といいます。具体的には，その製品の製造のために消費した材料費などがあります。

(2) **製造間接費**

各種の製品のために共通に消費されるか，または特定の製品ごとにどれくらい消費されたかが個別に把握できない製造原価のことを製造間接費といいます。具体的には，複数の製品を製造している場合の工場設備の減価償却費などがあります。

これらの分類をまとめると，次のようになります。

3. 操業度との関連における分類

製造原価は，原価計算の必要に応じて，操業度との関連で変動費と固定費などに分類することがあります。なお，操業度とは工場の利用程度を製品の製造数量や作業時間などで測った度合い（生産設備の利用程度）をいいます。たとえば，製造数量であれば，月間生産量○○個と表されます。

(1) 変動費

操業度の増減に応じて比例的に増減する原価を変動費といいます。

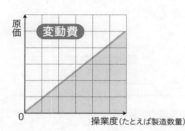

(2) 固定費

操業度の増減に関係なく一定額発生する原価を固定費といいます。

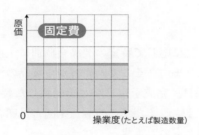

詳しくは，「テーマ09　個別原価計算（Ⅱ），テーマ19　標準原価計算（Ⅱ），テーマ20　直接原価計算（Ⅰ）およびテーマ21　直接原価計算（Ⅱ）」で学習します。

★supplement

直接材料費と加工費

製造原価は，原価計算の必要に応じて，直接材料費と加工費に分類することがあります。

(1) 直接材料費

製品の本体（または本体の一部）を構成する物品の消費高をいいます。

(2) 加工費

直接材料を加工するための原価であり，製造原価のうち直接材料費以外をいいます。

詳しくは，「テーマ12　総合原価計算（Ⅰ）」以降で学習します。

4 個別原価計算と総合原価計算

原価計算は，製品をどのように生産しているのか（生産形態といいます）によって，個別原価計算と総合原価計算という2つの計算方法に分けることができます。

1. 個別原価計算

個別原価計算とは，顧客の注文に応じて特定の製品（注文品）を個別に生産する個別受注生産を行う工企業において用いられる原価計算の方法です。具体的には，家具製造業・造船業・大型機械製造業などの業種で採用される方法です。

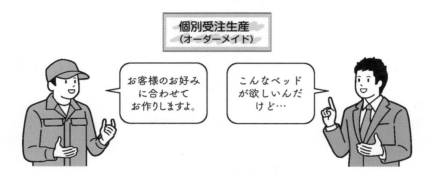

個別原価計算では，顧客の注文に応じて特定の製品を個別に生産するため，特定の製品ごとの原価を個別に計算する必要があります。そこで，顧客から製品の注文を受けると，製品の注文主や製品の種類と数量，製造着手日，完成予定日などを記載した製造作業の命令書を発行します。この命令書を製造指図書といいます。また，この製造指図書は顧客からの注文ごとに発行される指図書なので，特定製造指図書ともいいます。

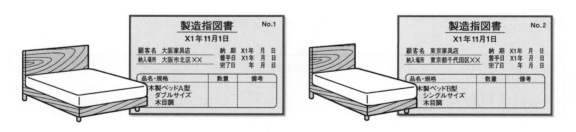

> **ここが POINT**
>
> 個別原価計算では，個々の製品ごとに製造指図書を発行し，この製造指図書ごとに原価を集計することで，各製品の原価（製造原価）を計算する。

　個別原価計算において，直接材料費・直接労務費・直接経費といった製造直接費は，製品ごとの消費額が判明するため，製品ごとに個別に原価を集計していきます。この製造直接費を各製品に集計する手続きを賦課（または直課）といいます。

　これに対して，間接材料費・間接労務費・間接経費といった製造間接費は，工場全体での消費額を知ることはできますが，製品ごとの消費額が判明しないので，このままでは特定の製品の原価を知ることができません。そこで，ある一定の基準によって，製造間接費を各製品に割り当てる（負担させる）手続きが必要になります。この割り当てる手続きを配賦といいます。

設例 1-2

　当社では，注文によって家具を製造販売している。次の資料によって，当月に製造した家具Ａ（製造指図書№1）と家具Ｂ（製造指図書№2）の製造原価はいくらになるか答えなさい。なお，当月の注文はこの2つですべてであり，両方とも当月中に完成した。
（資　料）
　　材料の当月消費額…………家具Ａに 2,000 円　家具Ｂに 1,500 円　共通で 1,500 円
　　労働力の当月消費額………家具Ａに 2,000 円　家具Ｂに 2,000 円　共通で 1,500 円
　　電気代などの当月消費額…共通で 3,600 円
　各製品に共通に消費した原価（製造間接費）は 6,600 円であり，これを家具Ａに 3,600 円，家具Ｂに 3,000 円ずつ割り当てた（配賦した）。

〈解答・解説〉

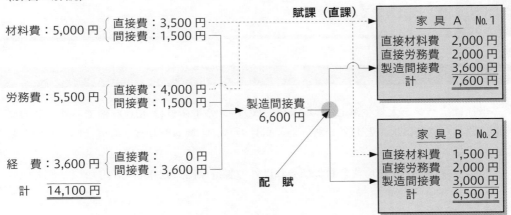

　したがって，家具Ａの製造原価は 7,600 円，家具Ｂは 6,500 円となります。

2. 総合原価計算

総合原価計算とは，同じ規格の製品を連続して大量見込生産を行う工企業において用いられる原価計算の方法です。具体的には，パン製造業・自動車製造業・衣料品製造業などの業種で採用される方法です。

総合原価計算では，同じ規格の製品を連続して大量に生産するため，製品の原価は1か月（原価計算期間）ごとにまとめて計算することになります。そのため，月初において，その月の生産量を記載した製造作業の命令書（製造指図書）を発行します。これは，毎月発行される製造指図書であり，継続製造指図書といいます。

> **ここが POINT**
>
> 総合原価計算では，1か月間に製品を生産するのに要した製造原価をまとめて集計し，1か月間の製品の生産量で除して，製品1個あたりの原価（製造原価）を計算する。

設例 1-3

当社は，パンを大量生産している。当月のパンの生産量は40,000個であり，この製造に要した原価は次のとおりであった。当月のパン1個あたり製造原価はいくらになるか答えなさい。

パンの材料（小麦粉）代金およびそれ以外の製造原価…12,000,000円

〈解答・解説〉

当月のパン1個あたり製造原価：12,000,000円 ÷ 40,000個 = 300円/個

★supplement
振替仕訳（3級の復習）

　振替仕訳とは，ある勘定から別の勘定に残高を移すための仕訳です。工業簿記の仕訳は，ほとんどが振替仕訳なので，この考え方は重要です。

　振替仕訳には，次の2つのパターンがあります。

⑴　借方から借方への振り替え

　たとえば，A勘定の借方残高120円をB勘定の借方に振り替える場合，まず，B勘定の借方に残高120円を記入します。次に，A勘定の貸方に120円を記入し，A勘定の残高をゼロにします。

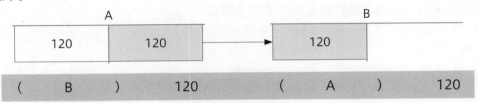

⑵　貸方から貸方への振り替え

　たとえば，C勘定の貸方残高150円をB勘定の貸方に振り替える場合，まず，B勘定の貸方に残高150円を記入します。次に，C勘定の借方に150円を記入し，C勘定の残高をゼロにします。

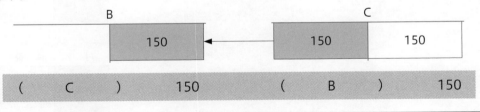

ここが
POINT

振替仕訳は，勘定記入から仕訳を考えるとよい。

02 工業簿記の勘定連絡
Theme

> **Check** ここでは，工業簿記を理解するにあたって，最も重要な勘定連絡図について学習します。

1 工業簿記の勘定連絡図

　工業簿記では，企業の内部活動である製造活動について，原価計算の結果を受けて帳簿に記録していきます。そのため，製造活動に関するいくつかの特有な勘定科目が用いられます。

　また，製造活動の計算は製品の製造活動の進行にともなって段階的に行われていくため，その記録も製造活動の進行にともなって段階的になされていきます。したがって，工業簿記の勘定記入は振替記入の連続であり，この勘定と勘定の連絡を理解することが重要となります。

1. 勘定連絡図（個別原価計算を用いている場合）

　工場全体の勘定連絡図を，個別原価計算を用いている場合を前提として，製造活動の進行に沿って説明します。

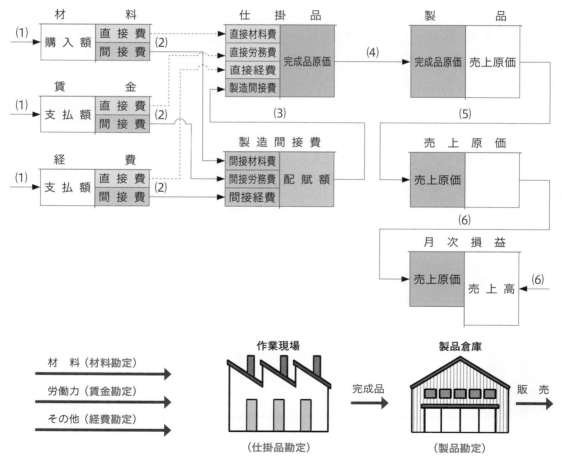

(1) 製品を製造するために，材料の購入・労働力の購入（支払い）・その他の購入（支払い）を行ったとき，それらを材料，賃金，経費の各勘定に記録します。

（材　　　料）	××	（買 掛 金 な ど）	××
（賃　　　金）	××	（現 金 な ど）	××
（経　　　費）	××	（現 金 な ど）	××

（注）材料勘定は材料の購入・消費を，賃金勘定は労働力の購入（支払い）・消費を，経費勘定はその他の原価の購入（支払い）・消費を記録する勘定です。

(2) 購入した材料・労働力などを製品の製造のために使用（消費）したとき，それらのうち製造直接費は仕掛品勘定へ，製造間接費は製造間接費勘定へ振り替えます。

（仕　掛　品）	××	（材　　　料）	××
（製 造 間 接 費）	××		
（仕　掛　品）	××	（賃　　　金）	××
（製 造 間 接 費）	××		
（仕　掛　品）	××	（経　　　費）	××
（製 造 間 接 費）	××		

（注）仕掛品勘定は，製造中の製品に投入された原価を集計する勘定です。ただし，間接材料費，間接労務費，間接経費といった製造間接費は，仕掛品勘定に集計する前にいったん製造間接費勘定に集計しておきます。なお，仕掛品勘定に代えて製造勘定とすることもあります。

(3) いったん製造間接費勘定に集計した製造間接費は，適当な基準により各製品に配賦し，これを仕掛品勘定に振り替えます。

（仕　掛　品）	××	（製 造 間 接 費）	××

(4) 製品が完成したとき，完成した製品の製造原価（完成品原価という）を製品勘定に振り替えます。

（製　　　品）	××	（仕　掛　品）	××

（注）製品勘定は，完成した製品の増加（完成），減少（販売）を記録する勘定です。

(5) 製品を販売したとき，売上を計上するとともに，販売した製品の売上原価を売上原価勘定に振り替えます。

（売 掛 金 な ど）	××	（売　　　上）	××
（売 上 原 価）	××	（製　　　品）	××

（注）工業簿記では，販売した製品の売上原価は販売したつど売上原価勘定に振り替えます。

(6) 原価計算を1か月ごとに行っているため，損益も1か月ごとに計算します。そのため，売上や売上原価などの収益・費用を月次損益勘定に振り替えます。

（売　　　上）	××	（月 次 損 益）	××
（月 次 損 益）	××	（売 上 原 価）	××

次の一連の取引について，与えられた勘定の（　　）内に適当な金額を記入するとともに，必要な仕訳を示しなさい。

〔指定勘定科目〕

　現金，売掛金，買掛金，材料，賃金，経費

　仕掛品，製造間接費，製品，売上原価，売上，月次損益

(1)① 材料5,000円を掛けで購入した。

　② 当月支給分の賃金（労務費）5,500円を現金で支払った。

　③ 当月請求分の経費3,600円を現金で支払った。

(2)① 当月消費した材料は，直接費として3,500円，間接費として1,500円であった。

　② 当月消費した労務費は，直接費として4,000円，間接費として1,500円であった。

　③ 当月消費した経費は，間接費として3,600円であった。

(3)　製造間接費勘定に集計した間接費6,600円を，当月製造したすべての製品に割り当てた（配賦した）。

(4)　当月完成した製品の製造原価は14,100円と計算された。

(5)　当月完成した製品を20,000円で販売し，代金は掛けとした。

(6)　当月の売上高および売上原価を月次損益勘定に振り替えた。

```
              材        料                          仕    掛    品
買 掛 金(        ) 諸     口(        )      材    料(        ) 製     品(        )
                                           賃    金(        )
              賃        金                 製造間接費(        )
現     金(        ) 諸     口(        )          (        )        (        )

              経        費                          製 造 間 接 費
現     金(        ) 製造間接費(        )      材    料(        ) 仕 掛 品(        )
                                           賃    金(        )
                                           経    費(        )
                                                (        )        (        )

              製        品                          売  上  原  価
仕 掛 品(        ) 売上原価(        )        製     品(        ) 月次損益(        )

              月  次  損  益                          売        上
売上原価(        ) 売     上(        )        月次損益(        ) 売 掛 金(        )
```

		借方科目	金　額	貸方科目	金　額
(1)	①				
	②				
	③				
(2)	①				
	②				
	③				
(3)					
(4)					
(5)					
(6)					

2. 勘定連絡図（総合原価計算を用いている場合）

　総合原価計算を用いている場合でも，基本的な勘定連絡図は個別原価計算を用いている場合と同じです。

　総合原価計算においては，製造原価は直接材料費とそれ以外の製造原価である加工費という分類がなされるため，加工費を集計するための加工費勘定が設定されます。詳しくは「テーマ12」から学習しますが，参考までに，総合原価計算を用いている場合を前提とした勘定連絡図を示しておきます。

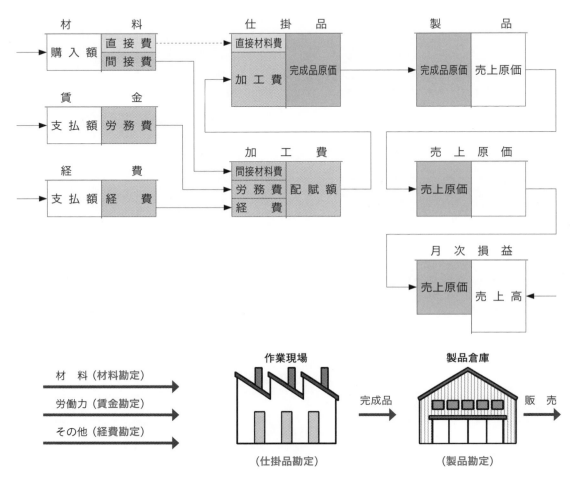

工業簿記は工場全体の勘定連絡図を意識し，どんな問題を解いていくときでも，勘定連絡図（全体像）を思い浮かべながら学習することが重要である。

16

MEMO

03 材料費（Ⅰ）

Theme

Check ここでは，材料費の計算のうち，その分類方法と購入時の処理について学習します。

1 材料費とは

製品を製造するために使われる物品を材料といい，製品の製造のために材料を消費（使用）したときの消費額のことを材料費といいます。

2 勘定連絡図

「テーマ03　材料費（Ⅰ）」「テーマ04　材料費（Ⅱ）」では，個別原価計算を前提とした勘定連絡図のうち，材料勘定の計算について学習します。

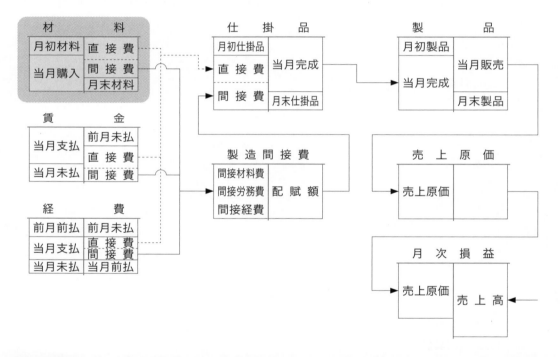

ここが POINT

　勘定連絡図のなかで，いまどの部分を詳しくみているのかを意識しながら学習することが重要である。

3 材料費の分類

1. 材料の種類と使われ方による分類

材料費を材料の種類と使われ方によって分類すると，次のようになります。

(1) 主要材料費（素材費または原料費）

家具製造業における木材，自動車製造業における鋼板（薄い鉄板），パン製造業における小麦粉など，製品の本体となる物品を主要材料（素材または原料）といい，その消費額を主要材料費（素材費または原料費）といいます。主要材料は製品の本体となるものなので，製品の製造にとって最も重要な材料です。

(2) 買入部品費

家具製造業におけるガラス・鏡，自動車製造業におけるタイヤなど，外部から購入され，そのまま製品の本体の一部として取り付けられる物品を買入部品といい，その消費額を買入部品費といいます。買入部品も製品の本体の一部となるものであり，製品にとって重要な材料です。

(3) 補助材料費

補修用材料・接着材料・燃料など，製品の製造を間接的に補助するために消費される物品を補助材料といい，その消費額を補助材料費といいます。補助材料は，その消費額が製品ごとにいくらかかったかを個別に計算しにくいです。

(4) 工場消耗品費

切削油・機械油・軍手・紙ヤスリ・電球・石けんなど，工場内において製品を製造するために消費される物品（消耗品）を工場消耗品といい，その消費額を工場消耗品費といいます。工場消耗品は製品の本体となるわけではないので，その消費額が製品ごとにいくらかかったかを個別に計算できません。

(5) 消耗工具器具備品費

ハンマー・ドライバーなどの工具，物差しなどの器具，机・いす・黒板などの備品で，耐用年数が1年未満もしくは金額が一定額未満のものを消耗工具器具備品といい，その消費額を消耗工具器具備品費といいます。消耗工具器具備品は製品の本体となるわけではないので，その消費額が製品ごとにいくらかかったかを個別に計算できません。

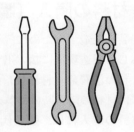

工場消耗品費と消耗工具器具備品費

製品を製造するために使われる物品を材料といい，製品の製造のために材料を消費（使用）したときの消費額のことを材料費といいます。つまり，工場内で製品を製造するために使われる物品の消費額はすべて材料費となります。

工場消耗品や消耗工具器具備品は，それ自体が製品本体となるわけではありませんが，工場内で製品を製造するために使われる物品であるため，その消費額は材料費となります。

なお，工場消耗品と消耗工具器具備品は，受払記録を行わないため，一般的に，買入額を消費額とします。また，工場消耗品と消耗工具器具備品をあわせて，貯蔵品ともいいます。

2. 製品との関連による分類

材料費は，製品の（製造）原価を計算するうえで，特定の製品ごとに材料がどれくらい消費されたかを計算できるかどうかによって，直接材料費と間接材料費に分類されます。

(1) 直接材料費

特定の製品ごとにどれくらい消費されたかが個別に計算できる材料費のことを直接材料費といいます。主要材料費，買入部品費が直接材料費となります。

(2) 間接材料費

各種の製品の製造のために共通に消費される材料費，または特定の製品ごとにどれくらい消費されたかが個別に計算できない材料費のことを間接材料費といいます。補助材料費，工場消耗品費，消耗工具器具備品費が間接材料費となります。ただし，素材や原料であっても，機械の修繕などに用いられたときには間接材料費となります。

これらの分類をまとめると，次のようになります。

材　料　費	直接材料費	主　要　材　料　費
		買　入　部　品　費
	間接材料費	補　助　材　料　費
		工　場　消　耗　品　費
		消耗工具器具備品費

4 材料の購入（購入原価の計算）

製品を製造するために，材料はあらかじめ購入されて材料倉庫に保管されます。そして，必要に応じて製造現場に払い出されます。

材料の消費額（材料費）の計算は，材料を購入したときの金額にもとづいて計算されるため，まずは材料の購入時の計算から学習しましょう。

材料の購入には，購入代価（購入する材料の値段）のほかに材料副費（買入手数料，引取運賃，検収費など）がかかります。材料の購入原価は，購入代価に材料副費を加算して計算します。なお，材料の購入にあたり，その受入額は材料元帳（注）という補助簿に記録されます。

(注) 材料元帳は，商業簿記でいう商品有高帳のようなもので，その記入方法も同じです。

（材　　　　料）	××	（買　掛　金　な　ど）	××

購入原価＝購入代価＋材料副費

設例 3-1

次の取引について仕訳を示しなさい。
(1)　A材料80kg（@ 125円）を掛けで購入した。
(2)　B材料100kg（@ 150円）を掛けで購入した。なお，運送会社に対する引取運賃 500円は現金で支払った。
(3)　C材料50個（@ 500円）を掛けで購入した。
(4)　C材料のうち5個は不良品のため返品した。

〈解答・解説〉

(1)	（材　　　　料）	10,000	（買　　掛　　金）	10,000
(2)	（材　　　　料）	15,500	（買　　掛　　金） （現　　　　金）	15,000 500
(3)	（材　　　　料）	25,000	（買　　掛　　金）	25,000
(4)	（買　　掛　　金）	2,500	（材　　　　料）	2,500

基本例題03

解答・解説277ページ

次の取引について，与えられた勘定の（　　）内に適当な金額を記入するとともに，必要な仕訳を示しなさい。

A材料80kg@ 120円を掛けで購入した。なお，運送会社に対する引取運賃400円は小切手を振り出して支払った。

〔指定勘定科目〕当座預金，材料，買掛金

材　　料

諸　　口（　　　　　）

借方科目	金　額	貸方科目	金　額

材料の購入原価の計算

⑴ 材料の購入代価と材料副費

材料の購入原価（取得原価）は，理論的には，材料の購入から製造現場へ出庫できる状態になるまでにかかった，材料に関するすべての原価の合計額です。

ここに含まれる金額には購入代価（材料主費）と材料副費（付随費用）があります。

① 購入代価

購入する材料の値段であり，仕入先に支払う代価をいいます。たとえば，材料の送り状価額から，値引きや割り戻しがあるときには，それらを控除した金額が購入代価となります。

② 材料副費

材料の購入から出庫できる状態になるまでにかかった付随費用であり，外部材料副費と内部材料副費に分けられます。

(a) 外部材料副費

買入手数料，引取運賃，荷役費，移送中の保険料，輸入した場合の関税など，材料が企業に到着するまでに材料に関してかかる付随費用のことであり，材料引取費用ともいいます。

(b) 内部材料副費

企業内部での材料に関連する購入事務や材料到着時の検収，整理，保管のためにかかる付随費用のことであり，材料取扱保管費ともいいます。

⑵ 材料購入原価の計算

材料購入原価を計算する際には，理論的には購入代価にすべての材料副費を加えます。しかし，実際には材料副費の集計に時間がかかり，なかなか材料の購入原価の決定ができないといった問題が生じるため，次のいずれかにより計算します。

> 購入原価 = 購入代価 + 外部材料副費 + 内部材料副費(の一部)
> 購入原価 = 購入代価 + 外部材料副費

なお，材料副費を材料の購入原価に加算する方法には，実際発生額を加算する方法のほかに予定配賦額を加算する方法があります。

5 材料副費の予定計算（予定配賦）

　材料副費（付随費用）を材料の購入原価に算入する場合に，材料副費を予定額をもって計算（予定配賦）することがあります。

　なお，初学の際は，この論点は概要を確認する程度の学習にとどめ，「テーマ09　個別原価計算（Ⅱ）」の学習が終了したところで立ち戻って，じっくり学習するようにしましょう。

設例 3-2

　次の取引について仕訳を示しなさい。なお，当工場では材料の受入れに際して，材料の購入代価の５％を材料副費として予定配賦している。

(1)　材料を掛けで購入した。材料の購入代価は 50,000 円であり，材料副費については購入代価の５％を予定配賦した。

(2)　当月の材料副費の実際発生額 3,000 円を現金で支払った。

(3)　材料副費の予定配賦額と実際発生額の差額を材料副費差異勘定へ振り替えた。

(4)　材料副費差異は，会計年度末にその残高を売上原価勘定に振り替える。

〈解答・解説〉
(1)　予定配賦額の計算

（材　　　　料）	52,500	（買　掛　金）	50,000
		（材　料　副　費）	2,500

　　予定配賦額：$\underset{\text{購入代価}}{50,000\,円} \times \underset{\text{予定配賦率}}{5\,\%} = 2,500\,円$

(2)　実際発生額の支払い

（材　料　副　費）	3,000	（現　　　　金）	3,000

(3)　材料副費差異の計上

（材 料 副 費 差 異）	500	（材　料　副　費）	500

　　材料副費差異：$\underset{\text{予定配賦額}}{2,500\,円} - \underset{\text{実際発生額}}{3,000\,円} = \triangle 500\,円$（借方差異）

(4)　売上原価に賦課

（売　上　原　価）	500	（材 料 副 費 差 異）	500

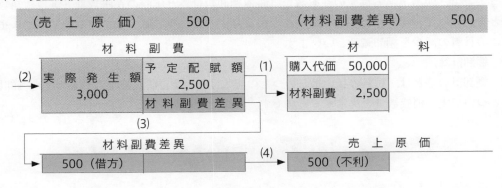

04 材料費（Ⅱ）
Theme

Check ここでは，材料費の計算のうち，材料の消費額の計算と月末材料の管理について学習します。

1 材料の消費（材料費の計算）

材料の消費額（材料費）は，直接材料費と間接材料費に分類され，直接材料費は仕掛品勘定へ，間接材料費は製造間接費勘定へ振り替えられます。

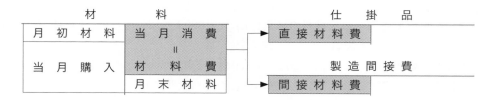

なお，材料費は材料の実際消費数量に実際消費単価（価格）を乗じて計算します。

> 材料費 ＝ 実際消費数量 × 実際消費単価(価格)

1. 実際消費数量の計算

材料の実際消費数量の計算方法には，継続記録法と棚卸計算法がありますが，原則として継続記録法によって計算します。

（1）継続記録法
けいぞく き ろくほう

継続記録法とは，材料の購入や払い出しのつど，材料の種類ごとにその購入数量や払出数量を材料元帳に記入し，帳簿に記入された払出数量を実際消費数量とする方法です。

> 実際消費数量 ＝ 帳簿に記入された払出数量

この方法は，帳簿上でいつでも消費数量や在庫数量がわかり，また，月末に実地棚卸を行うことで，帳簿上あるはずの在庫数量（帳簿棚卸数量）と実際の在庫数量（実地棚卸数量）とを比較して，保管中の盗難・紛失などにより生じた材料の減少分を知ることができます。この材料の減少を棚卸減耗といいます。
たなおろしげんもう

（2）棚卸計算法
たなおろしけいさんほう

棚卸計算法とは，材料の払い出しのつどの記入は行わず，購入記録と月末の実地棚卸にもとづいて実際消費数量を決定する方法です。

> 実際消費数量 ＝（月初数量 ＋ 当月購入数量）－ 月末実地数量

この方法は，記帳の手間は省けますが，保管中に生じた棚卸減耗を知ることができないという欠点があります。そのため，継続記録法が困難な材料や重要性の乏しい材料に適用されます。

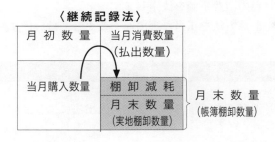

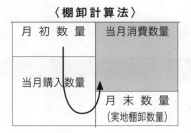

設例 4-1

継続記録法により実際消費数量を計算しているＡ材料の月初数量は20kg，月間の購入数量は80kg，月間の材料払出数量は70kgであった。また，月末にＡ材料の実地棚卸を行ったところ，月末実地数量は28kgであることがわかった。
Ａ材料の当月の実際消費数量および棚卸減耗数量を計算しなさい。

〈解答・解説〉

Ａ材料の当月実際消費数量：70kg
Ａ材料の当月棚卸減耗数量：2kg

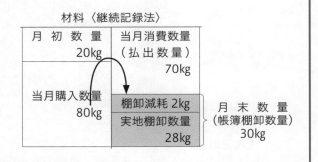

基本例題04

解答・解説277ページ

棚卸計算法により実際消費数量を計算しているＢ材料の月初数量は20kg，月間の購入数量は80kg，月末実地数量は28kgであった。当月の実際消費数量を計算しなさい。

2. 実際消費単価（価格）の計算

　材料の実際消費単価は，原則として材料の実際購入原価にもとづいて計算します。

　なお，同じ材料でも購入時期や仕入先によって購入単価が異なるので，平均法（総平均法，移動平均法）や先入先出法などの方法により材料の消費単価を決定します。

　ただし，継続性の観点から，一度採用した計算方法を正当な理由なく変更してはいけません。

設例 4-2

　次の資料にもとづいて，A材料の当月消費額を(1)平均法，(2)先入先出法により計算しなさい。

（資　料）

　A材料の月初有高は20kg@100円，月間の購入高は80kg@125円，月間の材料払出数量は70kgであった。

〈解答・解説〉

(1)　**平均法**

　平均法とは，一定期間に購入した材料の数量と金額をもとに平均単価を計算し，この平均単価をもって消費単価とする方法です。

$$平均単価：\frac{@100円 \times 20kg + @125円 \times 80kg}{20kg + 80kg} = @120円$$

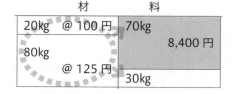

当月消費額：@120円×70kg＝8,400円

(2)　**先入先出法**

　先入先出法とは，先に購入した材料から先に消費したものと仮定して消費単価を決定する方法です。

当月消費額：@100円×20kg＋@125円×50kg
　　　　　　＝8,250円

（注）材料元帳（商品有高帳と同一の形式）を書いて計算することもできますが，工業簿記では，通常，このような材料勘定を図解したボックス図を書いて計算することが多いです。

解答・解説277ページ

次の受払記録にもとづいて，(1)平均法，(2)先入先出法によってＣ材料の当月消費額を計算しなさい。なお，Ｃ材料は継続記録法により消費数量を計算している。

（受払記録）

月初在庫量　　400kg　＠42円　16,800円

月間買入高　1,600kg　＠45円　72,000円

月間払出高　1,500kg

基本例題**06**

解答・解説278ページ

次の取引について，与えられた勘定の（　　）内に適当な金額を記入するとともに，必要な仕訳を示しなさい。

〔指定勘定科目〕買掛金，材料，仕掛品，製造間接費

(1)　Ａ材料80kg＠125円を掛けで購入した。

(2)　Ａ材料を次のように消費した。なお，材料費の計算は平均法による。また，前月繰越分は20kg＠100円であった。

直接材料分　65kg，間接材料分　　5kg

材　　　料			
前 月 繰 越	2,000	諸　　口（　　　）
買　掛　金（　　　）		次 月 繰 越（　　　）
（　　　）		（　　　）

仕　掛　品	
材　　料（　　　）	

製 造 間 接 費	
材　　料（　　　）	

	借方科目	金　額	貸方科目	金　額
(1)				
(2)				

---

② 予定消費単価を用いた場合（予定価格法）

1. 予定消費単価（価格）を用いる計算

材料の消費額の計算において，その消費単価は材料の実際購入原価にもとづいて（平均法などにより）計算された実際消費単価を用いるのが原則ですが，これには次のような欠点があります。

(1)　実際消費単価は，その計算に手間と時間がかかることで材料費の計算が遅れてしまう。

(2)　材料の購入原価が季節による変動が激しいと，同じ材料を使って製造した製品でもその製造時期によりまったく異なった材料費が計算されてしまう。

そこで，1年間の材料の消費単価を決定（予定）して，この予定消費単価（価格）を用いて毎月の材料の消費額を計算する方法があります。これを予定価格法といいます。

2. 計算手続

材料の消費額の計算に予定消費単価を用いる場合の計算手続は，次のとおりです。

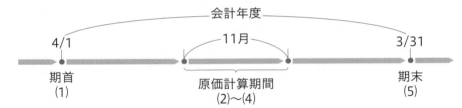

(1) 予定消費単価の決定（会計年度期首）

通常，会計年度期首に材料の予定消費単価を決定します。

(2) 予定消費額の計算（各原価計算期間）

材料の予定消費単価に実際消費数量を乗じて予定消費額を材料費として計算し，処理します。

予定消費額 ＝ 予定消費単価 × 実際消費数量

（仕　掛　品）　　××	（材　　　　料）　　××
（製 造 間 接 費）　　××	

(3) 実際消費額の計算（各原価計算期間）

平均法や先入先出法などの方法により，材料の実際消費額を計算します。なお，材料費はすでに予定消費額をもって処理しているため，「仕訳なし」となります。

仕　訳　な　し

(4) 材料消費価格差異の計上（各原価計算期間）

材料の予定消費額と実際消費額との差額を材料消費価格差異として把握します。

材料消費価格差異 ＝ 予定消費額 － 実際消費額
＝（予定消費単価 － 実際消費単価）× 実際消費数量

なお，材料消費価格差異は，材料勘定の貸方に記入した予定消費額が実際消費額となるように調整します。

予定消費額＜実際消費額の場合

（材料消費価格差異）　　××	（材　　　料）　　××

(5) 売上原価に賦課（会計年度末）

材料消費価格差異のほかにも労務費や製造間接費の計算などでも差異が生じることがありますが，これらの差異をまとめて原価差異といいます。原価差異は原則として，会計年度末において，売上原価に加減算します（売上原価に賦課します）。

予定消費額＜実際消費額の場合

（売　上　原　価）　　××	（材料消費価格差異）　　××

〈勘定連絡図〉 （注）借方差異（不利差異）の場合

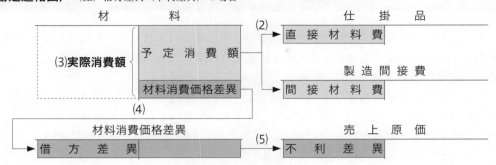

3. 材料消費価格差異

　材料消費価格差異（原価差異）は借方差異（不利差異）の場合と，貸方差異（有利差異）の場合とに区別して，その処理を考える必要があります。

（1）　借方差異（不利差異）の場合　　　　（2）　貸方差異（有利差異）の場合

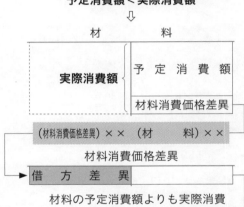 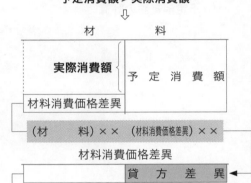

　材料の予定消費額よりも実際消費額の方が大きかった場合，材料勘定の貸方と差異の勘定の借方に記入されることから，借方差異とよばれます。

　材料の予定消費額の方が実際消費額よりも大きかった場合，材料勘定の借方と差異の勘定の貸方に記入されることから，貸方差異とよばれます。

　予定消費額で計算した材料費よりも実際にはもっと材料費がかかっているということから不利差異ともよばれ，会計年度末に不利差異は売上原価に加算されます。

　予定消費額で計算した材料費よりも実際には少ない材料費ですんでいるということから有利差異ともよばれ，会計年度末に有利差異は売上原価から減算されます。

次の取引について仕訳を示しなさい。なお，当工場ではA材料の計算に予定消費単価を用いており，予定消費単価はA材料1kgあたり110円である。

(1) 予定消費額の計算

A材料の予定消費額は7,700円（@110円×70kg）であり，このうち7,150円（@110円×65kg）が直接材料費，550円（@110円×5kg）が間接材料費であった。

(2) 実際消費額の計算

A材料の実際消費額は8,400円であった。

(3) 材料消費価格差異の計上

材料の予定消費額と実際消費額との差額を材料消費価格差異勘定へ振り替えた。

(4) 売上原価に賦課

材料消費価格差異は，会計年度末にその残高を売上原価勘定に振り替える。

〈解答・解説〉

(1) **予定消費額の計算**

| （仕　掛　品） | 7,150 | （材　　料） | 7,700 |
| （製造間接費） | 550 | | |

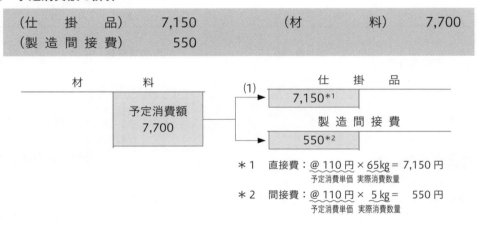

*1　直接費：@110円×65kg＝7,150円
　　　　　　　予定消費単価　実際消費数量

*2　間接費：@110円×5kg＝550円
　　　　　　　予定消費単価　実際消費数量

(2) **実際消費額の計算**

仕　訳　な　し

(3) 材料消費価格差異の計上

（材料消費価格差異）	700	（材　　　料）	700

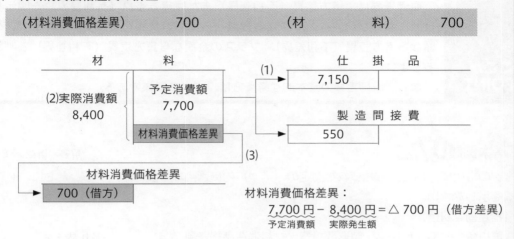

材料消費価格差異：

$$\underset{\text{予定消費額}}{7,700\, 円} - \underset{\text{実際発生額}}{8,400\, 円} = \triangle\, 700\, 円（借方差異）$$

Theme
04

材料費（Ⅱ）

(4) 売上原価に賦課

（売　上　原　価）	700	（材料消費価格差異）	700

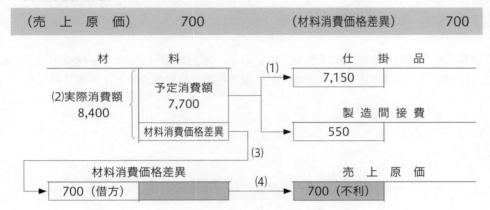

〈勘定連絡図〉

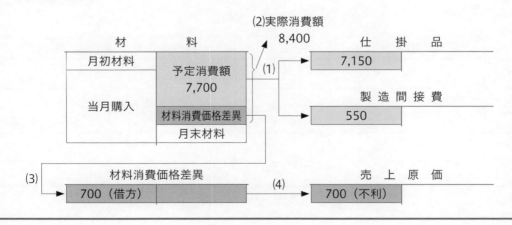

> 原価差異は，借方差異（不利差異）または貸方差異（有利差異）を明示しなければならない。なお，予定消費額から実際消費額を差し引いてマイナスの金額なら借方差異（不利差異），プラスの金額なら貸方差異（有利差異）と判断するとよい。
>
> なお，原価差異の基本的な考え方は，すべて同様である。

ここが
POINT

基本例題07

解答・解説278ページ

次の取引について，与えられた勘定の（　　）内に適当な金額を記入するとともに，必要な仕訳を示しなさい。

〔指定勘定科目〕

買掛金，材料，仕掛品，製造間接費，材料消費価格差異

(1)　A材料80kg@125円を掛けで購入した。

(2)　A材料を次のように消費した。なお，予定価格は@110円である。

　　　直接材料分　65kg

　　　間接材料分　5kg

(3)　A材料の実際消費額を平均法で計算した。なお，前月繰越分は20kg@100円であった。よって，材料の予定消費額と実際消費額との差額を材料消費価格差異勘定へ振り替えた。

```
              材        料
前 月 繰 越   2,000    諸    口（      ）
買  掛  金（      ）   材料消費価格差異（      ）
                      次 月 繰 越（      ）
         （      ）          （      ）
```

```
              仕    掛    品
材    料（      ）│
```

```
              製 造 間 接 費
材    料（      ）│
```

```
         材料消費価格差異
材    料（      ）│
```

	借方科目	金　額	貸方科目	金　額
(1)				
(2)				
(3)				

32

3 月末材料の管理（棚卸減耗費の計算）

　材料の消費数量の計算において継続記録法を採用している場合には，いつでも材料の帳簿上の在庫数量がわかり，月末に実地棚卸を行うことで棚卸減耗の発生を知ることができます。この棚卸減耗の発生額を棚卸減耗費といい，次の式で計算します。

棚卸減耗費 ＝ 帳簿棚卸高 － 実地棚卸高

　棚卸減耗は正常な量（毎期決まって発生する程度の量）であれば，製品を製造するために材料を保管していたことが原因で発生したと考え，月末にその発生額（棚卸減耗費）を計算して（製造）原価に含めます。なお，棚卸減耗費は物品や労働力の消費ではなく，特定の製品ごとにどれくらい消費されたかが個別に計算できないため，間接経費として製造間接費勘定へ振り替えます。

（棚卸減耗費）	××	（材　　　料）	××
（製造間接費）	××	（棚卸減耗費）	××

　上記の仕訳における「棚卸減耗費」を相殺して，1本の仕訳でまとめると，次のようになります。

（製造間接費）	××	（材　　　料）	××

設例 4-4

　A材料の月末帳簿棚卸高は 3,600 円（30kg×@ 120 円）であった。また，月末にA材料の実地棚卸を行ったところ，月末実地在庫量は 28kg であることがわかった。材料の棚卸減耗は正常な数量である。棚卸減耗についての仕訳を示しなさい。

〈解答・解説〉
　　当月の棚卸減耗量：30kg － 28kg ＝ 2 kg
　　当月の棚卸減耗費：@ 120 円× 2 kg ＝ 240 円

（製造間接費）	240	（材　　　料）	240

解答・解説279ページ

次の取引について仕訳を示しなさい。なお，材料費の計算は平均法による。

〔指定勘定科目〕

　材料，仕掛品，製造間接費，買掛金

(1)　A材料80kg@125円を掛けで購入した。

(2)　A材料を次のように消費した。また，前月繰越分は20kg@100円であった。

　　　直接材料分　65kg

　　　間接材料分　　5kg

(3)　A材料の月末実地在庫量は28kgであった。なお，棚卸減耗は正常な数量である。

	借方科目	金　額	貸方科目	金　額
(1)				
(2)				
(3)				

MEMO

05 労務費（Ⅰ）
Theme

Check ここでは，労務費の計算のうち，その分類方法と賃金の支払時の処理について学習します。

1 労務費とは

製品の製造のために労働力を消費したとき，その消費額を労務費（ろうむひ）といいます。

なお，工場において労働力を提供する人（工場の中で働いている人）は職種によって，工具，事務職員，監督者，パートタイマーなどに分けられます。

2 勘定連絡図

「テーマ05 労務費（Ⅰ）」「テーマ06 労務費（Ⅱ）」では，個別原価計算を前提とした勘定連絡図のうち，賃金勘定の計算について学習します。

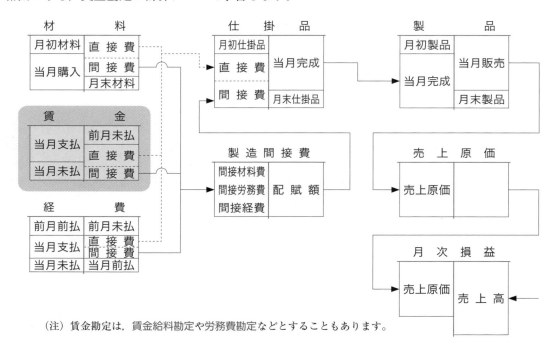

（注）賃金勘定は，賃金給料勘定や労務費勘定などとすることもあります。

ここが POINT

　勘定連絡図のなかで，いまどの部分を詳しくみているのかを意識しながら学習することが重要である。

3 労務費の分類

1. 職種と支給方法による分類

労務費をその職種と支給方法によって分類すると，次のようになります。

(1) 賃 金

製造現場で作業している工員に対して支払われる給与を賃金といいます。

なお，賃金の支払い対象である工員には，製品の製造をするために加工作業を行う直接工と，製品の加工作業以外の間接的な作業を行う間接工が存在します。

(2) 給 料

工場長などの監督者および工場の事務職員に対して支払われる給与を給料といいます。

なお，賃金と給料の区別をせず，賃金給料とまとめることもあります。

(3) 雑 給

パートタイマーおよび夏期や冬期など一時的に雇われる臨時雇いの従業員に対して支払われる給与を雑給といいます。

(4) 従業員賞与手当

工員，職員などの従業員に支払われる賞与および扶養家族手当，住宅手当，通勤手当などの作業に直接関係のない諸手当を従業員賞与手当といいます。

(5) 退職給付費用

従業員に支給する退職金に対する引当金繰入額を退職給付費用といいます。

（注）退職給付費用は退職給付引当金繰入額とすることもあります。

(6) 法定福利費

健康保険料，厚生年金保険料などの社会保険料のうち法律で定められた会社負担額を法定福利費といいます。

2. 製品との関連による分類

　労務費は，製品の（製造）原価を計算するうえで，特定の製品ごとに労働力がどれくらい消費されたかを計算できるかどうかによって，直接労務費と間接労務費に分類されます。

(1) 直接労務費

　特定の製品ごとにどれくらい消費されたかが個別に計算できる労務費のことを直接労務費といいます。直接工の直接作業賃金だけが直接労務費となります。

(2) 間接労務費

　各種の製品の製造のために共通に消費されるか，または特定の製品ごとにどれくらい消費されたかが個別に計算できない労務費のことを間接労務費といいます。直接工の直接作業賃金以外の労務費はすべて間接労務費となります。

(3) 賃金の分類

① 直接工に対する賃金

　直接工賃金は，直接労務費と間接労務費に分類されるため，作業時間ごとの計算を行う必要があります。

　直接工の作業時間は，製品の加工を行っていた直接作業時間，製品の加工作業以外の間接的な作業を行っていた間接作業時間，工具の責任以外の原因によって作業ができない状態の遊休時間である手待時間に分けられます。

　このうち，直接工が製品の加工を行っていた時間である直接工の直接作業時間に対する賃金だけが直接労務費となり，それ以外の間接作業時間および手待時間に対する賃金は間接労務費となります。

② 間接工に対する賃金

　間接工賃金はすべて間接労務費となります。したがって，計算の手間を省くために，直接工のような作業時間の内訳記録は行わないことが多いです。

これらの分類をまとめると，次のようになります。

労 務 費	賃　金	直接工の直接作業賃金	直 接 労 務 費
		直接工の直接作業以外の賃金	間 接 労 務 費
		間接工の賃金	
	給　料		
	雑　給		
	従業員賞与手当		
	退職給付費用		
	法定福利費		

4 賃金の支払い（支払額の計算）

　賃金の計算には，賃金の支払額の計算と賃金の消費額（労務費）の計算があります。賃金の消費額は支払額にもとづいて計算されるため，まずは賃金の支払額の計算から学習しましょう。

　工員に対する支払賃金の計算は，工員の作業時間を基礎とする時間給制が一般的です。さらに時間給制は，その基本賃金の計算方法により，時給制，日給制，月給制などに分けられます。これらの計算方法により計算された基本賃金に，危険作業手当・残業手当などの割増賃金を加えたものが，工員に支払われる賃金（支払賃金）になります。

　なお，賃金の支払額を計算するための期間を給与計算期間といいます。

設例 5-1

　当月の工員に対する「賃金支払帳」にもとづき，賃金支払い（現金払い）の仕訳を示しなさい。

賃 金 支 払 帳　　　　　　　（単位：円）

番　号	氏　名	支　給　総　額			控　除　額			正　味 支給額
		基　本 賃　金	割　増 賃　金	合　計	所得税	社　会 保険料	合　計	
1	…	××	××	××	××	××	××	××
⋮	⋮	⋮	⋮	⋮	⋮	⋮	⋮	⋮
	合　計	6,000	1,100	7,100	200	700	900	6,200

支払賃金

〈解答・解説〉

（賃　　　　金）	7,100	（現　　　　金）	6,200
		（預　り　金）	900

（注）預り金勘定は，所得税預り金勘定と社会保険料預り金勘定に分けて仕訳することもあります。

基本例題 09

解答・解説279ページ

　次の取引について，与えられた勘定の（　　）内に適当な金額を記入するとともに，必要な仕訳を示しなさい。なお，当月の賃金の支払い（現金払い）は，次のとおりである。

　賃金支給総額340,000円，所得税控除額20,000円，社会保険料控除額30,000円

〔指定勘定科目〕現金，預り金，賃金

賃　　　　　金

諸　　　口（　　　　　）|

借方科目	金　額	貸方科目	金　額

06 労務費(Ⅱ)
Theme

Check ここでは，労務費の計算のうち，賃金の支払額と消費額の計算期間のズレの調整や，賃金の消費額の計算を学習します。

1 賃金の消費（労務費の計算）

1. 給与計算期間と原価計算期間のズレの調整

賃金の支払額を計算するための期間を給与計算期間といい，この賃金の支払額をもとにして，賃金の消費額（労務費）は計算されます。

しかし，ここで問題が生じます。この給与計算期間は必ずしも1日から月末までとは限りません。たとえば，「毎月20日締めの25日払い」などがあり，この場合は，前月の21日から当月の20日までが賃金の支払額の計算期間となります。

これに対して，賃金の消費額の計算は必ず毎月1日から月末までの原価計算期間に対して行うので，賃金の支払額の計算期間と賃金の消費額の計算期間にズレが生じます。

したがって，賃金の消費額を計算するため，次のようにしてこのズレを調整する必要があります。

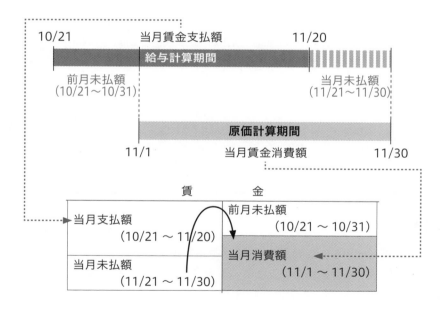

当月賃金消費額 ＝ 当月賃金支払額 － 前月賃金未払額 ＋ 当月賃金未払額

なお，当月賃金消費額のことを，原価計算期間における要支払額ともいいます。

2. 未払賃金の処理

　賃金の支払額の計算期間と消費額の計算期間のズレによって、未払賃金（前月賃金未払額と当月賃金未払額）が生じます。この場合、未払賃金を処理するために賃金勘定とは別に未払賃金勘定を設けて、それに未払賃金の額を振り替えていきます。

　以下、〔設例〕によりみていきましょう。

設例 6-1

　次の取引について仕訳しなさい。なお、前月末に計上した未払賃金400円がある。

(1) 前月未払額（10/21〜10/31）は400円であり、再振替仕訳を行った。

(2) 当月支払賃金（10/21〜11/20）は7,100円であり、預り金900円を差し引き現金で支払った。

(3) 当月の消費賃金（11/1〜11/30）は7,200円であり、直接労務費が5,760円、間接労務費が1,440円であった。

(4) 当月未払額（11/21〜11/30）は500円であり、賃金の当月未払分を計上した。

〈解答・解説〉

(1)	（未　払　賃　金）	400		（賃　　　　　金）	400
(2)	（賃　　　　　金）	7,100		（現　　　　　金）	6,200
				（預　　り　　金）	900
(3)	（仕　　掛　　品）	5,760		（賃　　　　　金）	7,200
	（製　造　間　接　費）	1,440			
(4)	（賃　　　　　金）	500		（未　払　賃　金）	500

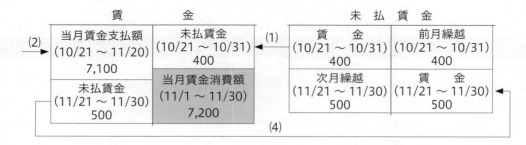

（注）未払賃金勘定を用いないで、賃金勘定のみで処理する方法もあります。その場合、賃金勘定の繰越記入として、前月賃金未払額には「前月繰越」、当月賃金未払額には「次月繰越」を記入します。

3. 直接工の消費賃金の計算

　直接工の消費賃金（労務費）は，直接労務費と間接労務費に分類され，直接労務費は仕掛品勘定へ，間接労務費は製造間接費勘定へ振り替えられます。

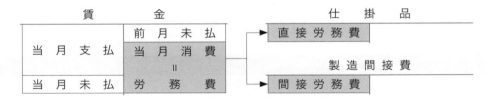

　よって，直接工の賃金の消費額は作業時間ごとの計算を行う必要があります。

$$\text{直接工の賃金消費額} = \text{実際消費賃率} \times \text{実際作業時間}$$

(1) 実際消費賃率の計算

　直接工の消費賃金の計算で用いられる実際消費賃率は，次のように計算します。

$$\text{実際消費賃率} = \frac{\text{一定期間の直接工の賃金}}{\text{同期間の直接工の総就業時間}}$$

　（注）消費賃率は，直接工1人ひとり個別に計算するか，平均をとるかによって個別賃率と平均賃率に分けられます。平均賃率は，さらに職種ごとの平均をとるか，工場全体で平均をとるかによって職種別平均賃率と総平均賃率に分けられます。

(2) 実際作業時間の計算

　直接工が製品に対し加工を行った直接作業時間に対する賃金の消費額だけが直接労務費となります。また，間接作業時間および手待時間に対する賃金の消費額は間接労務費となります。

設例 6-2

　次の直接工の資料にもとづいて，消費賃金の仕訳を示しなさい。

（資　料）

(1) 当月の賃金の消費額（11/1 ～ 11/30）　7,200 円

(2) 当月の実際作業時間の内訳

　　直接作業時間　8時間　　間接作業時間　1.5 時間　　手待時間　0.5 時間

〈解答・解説〉

（仕　掛　品）	5,760	（賃　　　　金）	7,200
（製 造 間 接 費）	1,440		

当月の実際消費賃率： $\dfrac{7,200\,円}{8\,時間 + (1.5\,時間 + 0.5\,時間)} = 720\,円/時間$

直接労務費：720 円/時間 × <u>8 時間</u> = 5,760 円
　　　　　　　　　　　直接作業時間

間接労務費：720 円/時間 × (<u>1.5 時間</u> + <u>0.5 時間</u>) = 1,440 円
　　　　　　　　　　　　　　間接作業時間　手待時間

なお，直接工の1日の作業時間の内訳を示すと，次のようになります。

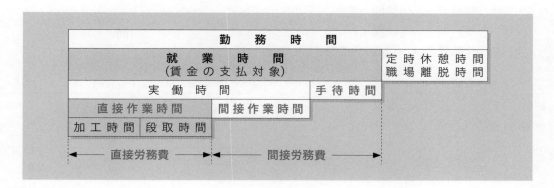

| 勤　務　時　間 |
| 就　業　時　間（賃金の支払対象） | 定時休憩時間 職場離脱時間 |

| 直接労務費 | 間接労務費 |

勤　務　時　間……工員が出社してから退社するまでのうち，「就業規則」に定められた拘束時間をいいます。

定時休憩時間 職場離脱時間……昼食などのために設けられた休憩時間や，私用外出，面会，診療など，工員が自らの責任で職場を離れた時間をいいます。この時間は賃金支払いの対象になりません。

就　業　時　間……勤務時間から定時休憩時間と職場離脱時間を差し引いた時間であり，勤務時間のうち賃金の支払対象となる時間をいいます。

手　待　時　間……停電や材料待ち，工具待ちなど，工員の責任以外の原因によって作業ができない状態の遊休時間をいいます。

間接作業時間……直接工が，運搬などの補助的な作業を行った場合の時間をいいます。

直接作業時間……直接に製品の製造作業に従事している時間をいい，さらに加工時間と段取時間に分けられます。
　　① 加工時間：製品の加工を行う時間をいいます。
　　② 段取時間：加工作業前の準備時間や，加工途中における機械の調整，工具の取り替えのための時間などをいいます。

　次の直接工に関する取引について，与えられた勘定の（　　）内に適当な金額を記入するとともに，必要な仕訳を示しなさい。なお，賃金の未払額は未払賃金勘定で繰り越している。

〔指定勘定科目〕

　現金，預り金，未払賃金，賃金，仕掛品，製造間接費

(1)　前月の未払賃金60,000円を，未払賃金勘定から賃金勘定へ振り替えた。

(2)　当月分の賃金340,000円を，預り金50,000円を差し引き現金で支払った。

(3)　賃金の消費額を，実際消費賃率1,050円／時間を用いて計算した。

　　　直接作業時間　300時間

　　　間接作業時間　　25時間

　　　手待時間　　　　5時間

(4)　当月末の未払賃金は66,500円である。

賃　　　　金			
諸　　口(　　　)	未払賃金(　　　)		
未払賃金(　　　)	諸　　口(　　　)		
(　　　)	(　　　)		

仕　掛　品	
賃　　金(　　　)	

製造間接費	
賃　　金(　　　)	

未　払　賃　金	
賃　　金(　　　)	前月繰越　　60,000
次月繰越(　　　)	賃　　金(　　　)
(　　　)	(　　　)

	借方科目	金　額	貸方科目	金　額
(1)				
(2)				
(3)				
(4)				

4. 間接工の消費賃金の計算

　間接工の賃金の消費額はすべて間接労務費となります。したがって，間接工の消費賃金の計算では，作業時間の把握と消費賃率の計算は行われません。間接工の賃金の消費額は，工場全体で把握して間接労務費とします。つまり，間接工の賃金の消費額の計算は，原価計算期間における賃金の消費額によって行います。

間接工の賃金消費額 ＝ 当月賃金支払額 － 前月賃金未払額 ＋ 当月賃金未払額

　また，工場の事務職員に対する給料などの消費額も間接工と同様に計算します。

2 予定消費賃率を用いた場合

　直接工の消費賃金の計算においては，材料費の計算のときに予定消費単価を用いたのと同様に，予定消費賃率を用いることがあります。

　直接工の消費賃金の計算に予定賃率を用いる場合の計算手続は，次のとおりです。

(1) 予定消費賃率の決定（会計年度期首）

　通常，会計年度期首に直接工の予定消費賃率を決定します。

(2) 予定消費額の計算（各原価計算期間）

　直接工の予定消費賃率に実際作業時間を乗じて予定消費賃金を直接工の労務費として計算し，処理します。

予定消費賃金 ＝ 予定消費賃率 × 実際作業時間

（仕　掛　品）　　　××	（賃　　　　金）　　　××
（製　造　間　接　費）　　　××	

(3) 実際消費額の計算（各原価計算期間）

　直接工の原価計算期間における実際消費賃金を計算します。なお，直接工の労務費はすでに予定消費賃金をもって処理しているため，「仕訳なし」となります。

実際消費賃金 ＝ 当月賃金支払額 － 前月賃金未払額 ＋ 当月賃金未払額

仕　訳　な　し

⑷ **賃率差異の計上（各原価計算期間）**

　　直接工の予定消費賃金と実際消費賃金の差額を賃率差異（原価差異）として把握します。
なお、原価差異は、下記算式の結果がマイナスならば借方差異（不利差異）、プラスならば貸
方差異（有利差異）と判断します。

$$賃率差異 ＝ 予定消費賃金 － 実際消費賃金$$
$$＝（予定消費賃率 － 実際消費賃率）× 実際作業時間$$

　　また、賃率差異は、賃金勘定の貸方に記入した予定消費賃金が実際消費賃金となるように
調整します。

予定消費賃金＜実際消費賃金（借方差異）の場合

（賃　率　差　異）	××	（賃　　　　　金）	××

⑸ **売上原価に賦課（会計年度末）**

　　賃率差異（原価差異）は原則として、会計年度末において売上原価に加減算します（売上
原価に賦課します）。

予定消費賃金＜実際消費賃金（借方差異＝不利差異）の場合

（売　上　原　価）	××	（賃　率　差　異）	××

〈勘定連絡図〉 （注）借方差異（不利差異）の場合

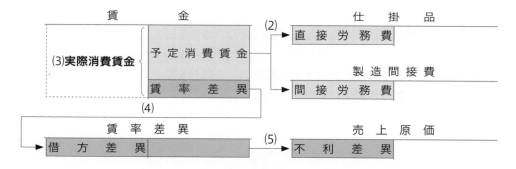

次の直接工に関する取引について仕訳を示しなさい。なお，当工場では直接工の労務費の計算に予定賃率を用いており，予定賃率は作業1時間あたり700円である。

(1) 予定消費額の計算

当月の実際作業時間は10時間であり，このうち直接作業時間が8時間，間接作業時間が1.5時間，手待時間が0.5時間であった。

(2) 実際消費額の計算

賃金の実際消費額は7,200円であった。

(3) 賃率差異の計上

賃金の予定消費額と実際消費額との差額を賃率差異勘定へ振り替えた。

(4) 売上原価に賦課

賃率差異は，会計年度末にはその残高を売上原価勘定に振り替える。

〈解答・解説〉

(1) 予定消費額の計算

| （仕　掛　品） | 5,600 | （賃　　　金） | 7,000 |
| （製造間接費） | 1,400 | | |

賃金の予定消費額：直接労務費　@700円×8時間＝5,600円
　　　　　　　　　　間接労務費　@700円×（1.5時間＋0.5時間）＝1,400円

(2) 実際消費額の計算

仕　訳　な　し

(3) 賃率差異の計上

| （賃　率　差　異） | 200 | （賃　　　金） | 200 |

賃率差異：7,000円－7,200円＝△200円（借方差異）
　　　　　予定消費額　実際消費額

(4) 売上原価に賦課

| （売　上　原　価） | 200 | （賃　率　差　異） | 200 |

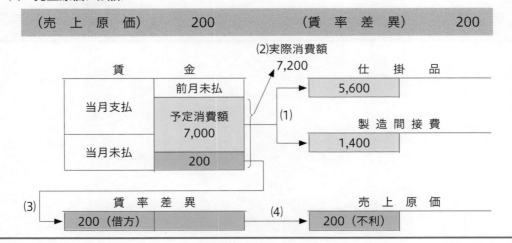

　当工場では，直接工の労務費の計算に予定賃率を用いている。次の直接工に関する取引について，与えられた勘定の（　　）内に適当な金額を記入するとともに，必要な仕訳を示しなさい。

〔指定勘定科目〕

　現金，預り金，賃金，仕掛品，製造間接費，賃率差異

(1)　当年度の予定賃率は作業１時間あたり1,000円で，当月中の直接工の直接作業時間は300時間，間接作業時間は25時間および手待時間は５時間であった。

(2)　当月分の賃金340,000円を預り金50,000円を差し引き現金で支払った。

(3)　賃率差異を計上した。なお，前月の未払賃金は60,000円で当月の未払賃金は66,500円であった。ともに賃金勘定で繰り越すものとする。

賃　　　　金			
諸　　口（　　　　　）	前 月 繰 越　　60,000
次 月 繰 越　　66,500	諸　　　　口（　　　　）
	賃 率 差 異（　　　　）
（　　　　　）	（　　　　）

仕　掛　品	
賃　　金（　　　　）	

製 造 間 接 費	
賃　　金（　　　　）	

賃　率　差　異	
賃　　金（　　　　）	

	借方科目	金　額	貸方科目	金　額
(1)				
(2)				
(3)				

MEMO

07 経　費
Theme

Check ここでは，経費の分類と消費額の計算について学習します。

1 経費とは

　製品を製造するために消費した（製造）原価のうち，材料費・労務費以外のものすべてを経費（けいひ）といいます。

2 勘定連絡図

　「テーマ07　経費」では，個別原価計算を前提とした勘定連絡図のうち，経費勘定の計算について学習します。

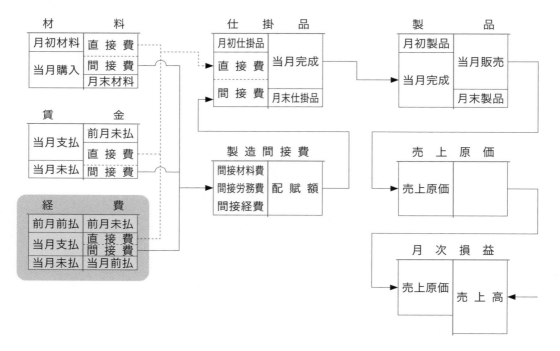

　勘定連絡図のなかで，いまどの部分を詳しくみているのかを意識しながら学習することが重要である。

ここが
POINT

❸ 経費の分類

1. 経費の種類による分類

経費にはさまざまな種類のものがありますが，そのいくつかについて説明しておきます。

(1) 外注加工賃

製品の加工の一部を下請業者などに依頼したときに支払う加工賃を外注加工賃（がいちゅうかこうちん）といいます。

(注) 材料を下請業者などに無償支給した場合に発生します。

今回も
頼んだよ！

(2) 減価償却費

工場建物や製品の製造のために使っている機械などの減価償却費をいいます。

(3) 電力料・ガス代・水道料

工場で使用する電力・ガス・水道の代金をいいます。

経費にはこのほかに，特許権使用料，福利施設負担額，厚生費，賃借料，保険料，修繕料，租税公課，旅費交通費，通信費，保管料，材料の棚卸減耗費など多数の項目があります。

2. 製品との関連による分類

経費も，材料費や労務費と同じように製品との関連によって，直接経費と間接経費に分類されます。なお，外注加工賃と特許権使用料は直接経費（ちょくせつけいひ）となりますが，経費のほとんどは，特定の製品の製造ごとにどれくらい消費されたかを計算できないため間接経費（かんせつけいひ）となります。

経　　　費	直 接 経 費	外 注 加 工 賃
		特 許 権 使 用 料
	間 接 経 費	減 価 償 却 費
		電力料，ガス代，水道料
		そ の 他 多 数 の 経 費

4 経費の消費

　経費は，原価計算期間の実際消費額の計算方法の違いによって，次の4つに分類することができます。

(1) 支払経費

　支払経費（しはらいけいひ）とは，実際の支払額を消費額とする経費をいいます。ただし，支払賃金の計算期間と原価計算期間にズレのある労務費と同様に，経費の支払期間と原価計算期間にズレがある場合には，月末に未払分や前払分の金額を調整することになります。

〈例〉外注加工賃，通信交通費，保管料，雑費など

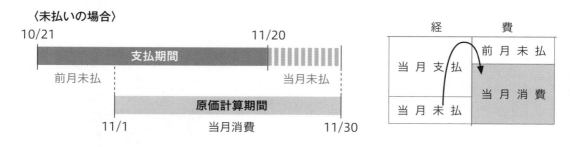

〈未払いの場合〉

$$\text{当月消費額} = \text{当月支払額} - \text{前月未払額} + \text{当月未払額}$$

〈前払いの場合〉

$$\text{当月消費額} = \text{当月支払額} + \text{前月前払額} - \text{当月前払額}$$

　これらをまとめると次のようになります。

経	費
前 月 前 払	前 月 未 払
当 月 支 払	当 月 消 費
当 月 未 払	当 月 前 払

$$\text{当月消費額} = \text{当月支払額} + \text{前月前払額} - \text{前月未払額} - \text{当月前払額} + \text{当月未払額}$$

設例 7-1

経費に関する次の資料にもとづいて，各経費の当月消費額を算定しなさい。

（資　料）

(1)　外注加工賃：前月未払額 200 円　当月支払額 800 円　当月未払額 100 円

(2)　通信交通費：前月前払額 50 円　当月支払額 700 円　当月前払額 150 円

〈解答・解説〉

(1)　当月の消費額：800 円 − 200 円 + 100 円 = 700 円

(2)　当月の消費額：50 円 + 700 円 − 150 円 = 600 円

外 注 加 工 賃		通 信 交 通 費	
当 月 支 払 800 円	前 月 未 払 200 円	前 月 前 払 50 円	当 月 消 費 600 円
	当 月 消 費 700 円	当 月 支 払 700 円	当 月 前 払 150 円
当 月 未 払 100 円			

(2)　**月割経費**

月割経費とは，1 年や半年といった比較的長い期間にわたってその総額が決められている経費をいい，1 年や半年ごとの総額を月割りした額を毎月の消費額とします。

〈例〉減価償却費，保険料，賃借料，修繕料など

設例 7-2

経費に関する次の資料にもとづいて，各経費の当月消費額を算定しなさい。

（資　料）

(1)　減価償却費：年間予定総額　9,600 円

(2)　保　険　料：半年の支払総額　2,400 円

〈解答・解説〉

(1)　当月の消費額：9,600 円 ÷ 12 か月 = 800 円

(2)　当月の消費額：2,400 円 ÷ 6 か月 = 400 円

(3) 測定経費

測定経費とは，実際の支払額とは別個に，当月の消費量を工場内にあるメーターで内部的に測定し，これをもとに計算した金額を消費額とする経費をいいます。

〈例〉電力料，ガス代，水道料など

(注) 測定経費は実際の支払額ではなく，測定額をもって消費額とするので注意しましょう。

設例 7-3

経費に関する次の資料にもとづいて，各経費の当月消費額を算定しなさい。

（資　料）

費　目	前月末検針	当月末検針	当月消費量	単　価	当月消費額
電力料	150kwh	225kwh	75kwh	12円	(1)
ガス代	16㎥	76㎥	60㎥	10円	(2)
水道料	35㎥	85㎥	50㎥	8円	(3)

〈解答・解説〉

(1)　900円　　(2)　600円　　(3)　400円

(4) 発生経費

発生経費とは，当月の実際発生額を計算し，その金額を消費額とする経費をいいます。

〈例〉材料の棚卸減耗費など

設例 7-4

経費に関する次の資料にもとづいて，経費の当月消費額を算定しなさい。

（資　料）

A材料の月末帳簿棚卸高は3,600円（30kg×@120円）であった。また，月末にA材料の実地棚卸を行ったところ，月末実地在庫量は28kgであることがわかった。材料の棚卸減耗は正常な数量である。

〈解答・解説〉

当月の消費額：@120円×2kg＝240円〈材料の棚卸減耗費〉

基本例題12

解答・解説280ページ

経費に関する次の資料にもとづいて，各経費の当月消費額を算定しなさい。

費　目	内　　　　容
外注加工賃	前月未払額　900円　　当月支払額　4,800円　　当月未払額　1,100円
減価償却費	年間予定総額　108,000円
電　力　料	当月測定分　800円　　当月支払額　850円
棚卸減耗費	材料帳簿棚卸高　9,200円　　材料実地棚卸高　8,500円

5 経費の仕訳と勘定記入

経費の消費額は直接経費と間接経費に分類され，一定の勘定から直接経費は仕掛品勘定に，間接経費は製造間接費勘定に振り替えられます。なお，経費の仕訳と勘定記入の方法にはいくつかの方法がありますが（後述のsupplement「経費の記帳方法」を参照），経費の支払額（または発生額）が消費額と一致するようなケースにおいては，経費に関する諸勘定を省略して，以下のように処理することができます。

(1) **直接経費（外注加工賃など）**

（仕　掛　品）	××	（現　金　な　ど）	××

(2) **間接経費（減価償却費など）**

（製　造　間　接　費）	××	（減価償却累計額など）	××

基本例題13

解答・解説280ページ

次の取引について仕訳を示しなさい。

〔指定勘定科目〕

材料，仕掛品，製造間接費，現金，減価償却累計額，未払電力料

(1) 製造指図書No.5の製品の外注加工賃は5,000円であった。請求書を受け取り，現金で支払った。

(2) 当月の減価償却費を計上した。減価償却費の年間見積額は108,000円である。

(3) 月末に当月分の電力消費量の測定結果にもとづいて，電力料800円を計上した。

(4) 材料倉庫の棚卸しを行い，材料の減耗700円が発見されたので，棚卸減耗費を計上した。

	借方科目	金　額	貸方科目	金　額
(1)				
(2)				
(3)				
(4)				

★supplement
経費の記帳方法

　経費の仕訳と勘定記入にはいくつかの方法があります。以下，［設例］をとおして，それぞれの方法について確認します。

(1) 経費の諸勘定を用いる方法

　各経費をいったん経費の諸勘定に記入しておき，改めて直接経費は仕掛品勘定へ，間接経費は製造間接費勘定へ振り替える方法です。なお，この方法は，すべての経費が各項目ごとに勘定記入されるため，仕訳と勘定記入に最も手間がかかります。

■設　例

　次の取引について経費の諸勘定を用いて仕訳を示しなさい。
(1)　当月の外注加工賃の支払いは700円（現金払い）であり，減価償却費の当月月割額は800円であった。
(2)　仕掛品勘定または製造間接費勘定へ振り替えた。

〈解答・解説〉

(1)

（外 注 加 工 賃）	700	（現　　　　　金）	700
（減 価 償 却 費）	800	（減 価 償 却 累 計 額）	800

(2)

（仕　　掛　　品）	700	（外 注 加 工 賃）	700
（製 造 間 接 費）	800	（減 価 償 却 費）	800

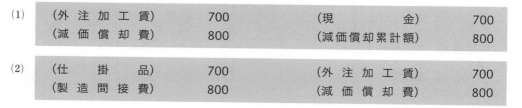
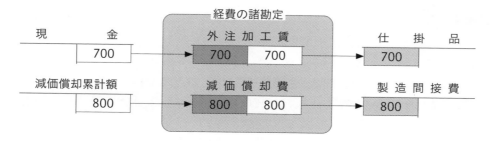

(2) 経費勘定を用いる方法

　各経費をいったん経費勘定に記入しておき，改めて直接経費は仕掛品勘定へ，間接経費は製造間接費勘定へ振り替える方法です。この方法は統制勘定としての経費勘定を用いる方法ともいいます。なお，この方法は，すべての経費が経費勘定に記入され，経費勘定の内訳明細（経費元帳）が別に作成されます。

　（注）統制勘定とは，一定の費目をまとめて記録するための勘定をいいます。

■設　例

　次の取引について経費勘定を用いて仕訳を示しなさい。

(1) 当月の外注加工賃の支払いは700円（現金払い）であり，減価償却費の当月月割額は800円であった。

(2) 仕掛品勘定または製造間接費勘定へ振り替えた。

〈解答・解説〉

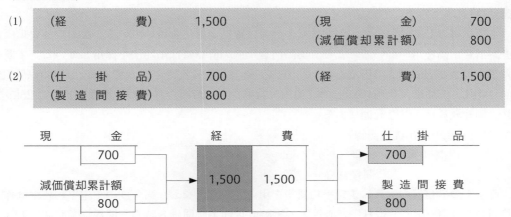

(1) （経　　　費）　　1,500　　（現　　　金）　　700
　　　　　　　　　　　　　　　（減価償却累計額）　　800

(2) （仕　掛　品）　　700　　（経　　　費）　　1,500
　　（製造間接費）　　800

(3) 経費に関する諸勘定を用いない方法

　経費に関する勘定をまったく設けず，各経費を直接経費は仕掛品勘定へ，間接経費は製造間接費勘定へ振り替える方法です。この方法は統制勘定としての製造間接費勘定を用いる方法ともいいます。なお，この方法は，仕訳と勘定記入に最も手間がかかりません。また，製造間接費の内訳明細（製造間接費元帳）が別に作成されます。

　検定試験で最も多く出題されるのがこの方法であり，本文で述べた方法です。

■設　例

　次の取引について仕訳を示しなさい。

　当月の外注加工賃の支払いは700円（現金払い）であり，減価償却費の当月月割額は800円であった。

〈解答・解説〉

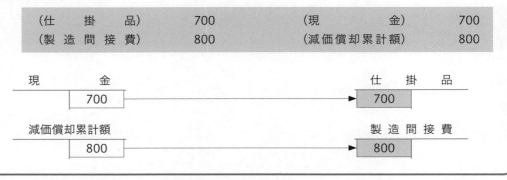

（仕　掛　品）　　700　　（現　　　金）　　700
（製造間接費）　　800　　（減価償却累計額）　　800

費目別計算

　当工場の次の資料にもとづき，材料勘定，賃金勘定および仕掛品勘定を完成させなさい。

[資　料]

1．主要材料の計算において，消費数量の計算は継続記録法を用いている。なお，消費単価には予定消費単価を用いている。また，実際消費単価の計算には平均法を採用している。主要材料の予定消費単価は@110円であり，当月の実際消費量は次のとおりである。月初有高は20kg@100円，当月購入代価は80kg@120円，材料副費400円，月末の実地棚卸数量は28kgであり，棚卸減耗は正常な範囲にある。

　　（材料元帳の払出欄の記録）

　　　当月の実際消費量 …直接材料分　65kg

　　　　　　　　　　　　 間接材料分　 5kg

2．直接工の労務費の計算に予定平均賃率を用いている。なお，当年度の予定平均賃率は作業1時間当たり700円で，当月中の直接工の実際直接作業時間は8時間，間接作業時間は1.5時間，手待時間は0.5時間である。また，当月分の直接工への賃金支給総額は7,100円，月初未払賃金は400円，月末未払賃金は500円である。

3．外注加工賃の当月支払高は800円，月初未払高は200円，月末未払高は100円である。

4．補助材料の月初有高は190円，当月購入原価は750円，月末有高は210円である。なお，棚卸計算法によっている。

5．当月分の間接工の賃金支給総額は900円，月初未払賃金は140円，月末未払賃金は180円である。

材 　 　 料　　　　　　　　　（単位：円）

月 初 有 高 （　　　　　　）	仕 　 掛 　 品 （　　　　　　）
当 月 購 入 原 価 （　　　　　　）	製 造 間 接 費 （　　　　　　）
	材 料 消 費 価 格 差 異 （　　　　　　）
	月 末 有 高 （　　　　　　）
（　　　　　　）	（　　　　　　）

賃 　 　 金　　　　　　　　　（単位：円）

当 月 支 払 （　　　　　　）	月 初 未 払 （　　　　　　）
月 末 未 払 （　　　　　　）	仕 　 掛 　 品 （　　　　　　）
	製 造 間 接 費 （　　　　　　）
	賃 率 差 異 （　　　　　　）
（　　　　　　）	（　　　　　　）

仕 　 掛 　 品　　　　　　　（単位：円）

月 初 仕 掛 品 原 価　　390	完 成 品 原 価 （　　　　　　）
直 接 材 料 費 （　　　　　　）	月 末 仕 掛 品 原 価　　410
直 接 労 務 費 （　　　　　　）	
直 接 経 費 （　　　　　　）	
製 造 間 接 費　　8,100	
（　　　　　　）	（　　　　　　）

解答・解説310ページ

CHALLENGE!
複合問題

複合問題 ❷

目標時間：15分

製造原価の分類（費目別計算）

次の11月の資料にもとづいて，仕掛品勘定と製造間接費勘定を完成させなさい。

[資　料]

① 製造指図書No. 2 の生産に対する特許権使用料 ……………………………………… 300円
② 製品にそのまま取り付ける部品の消費額 ……………………………………………… 1,000円
③ 工場の運動会費 ………………………………………………………………………… 30円
④ 工場で使用するドライバーや測定器具などの作業工具・器具 ……………………… 400円
⑤ 材料の棚卸減耗費 ……………………………………………………………………… 240円
⑥ 工場従業員の通勤手当などの諸手当 ………………………………………………… 210円
⑦ 製造指図書No. 1 のメッキ加工を外注して支払う外注加工賃 ……………………… 700円
⑧ 工員の社会保険料の会社負担分 ……………………………………………………… 330円
⑨ 直接工が行う直接作業時間分の賃金 ………………………………………………… 4,000円
⑩ 工場建物の減価償却費 ………………………………………………………………… 2,000円
⑪ 製造用の切削油，機械油などの消費額 ……………………………………………… 300円
⑫ 製品を製造するための原料の消費額 ………………………………………………… 1,100円
⑬ 製造関係の事務職員給料 ……………………………………………………………… 50円
⑭ 直接工が行う間接作業時間分の賃金 ………………………………………………… 150円
⑮ 工員が利用する福利厚生施設に対する会社負担額 ………………………………… 1,050円
⑯ 工場の修理工賃金 ……………………………………………………………………… 260円
⑰ 工場で使用する燃料の消費額 ………………………………………………………… 700円
⑱ 製品の本体を構成する素材の消費額 ………………………………………………… 1,400円
⑲ 直接工の手待時間分の賃金 …………………………………………………………… 300円
⑳ 工場の電気代，ガス代，水道代 ……………………………………………………… 130円
㉑ 工場の動力工賃金 ……………………………………………………………………… 160円
㉒ 工員が製造用に使用する作業服や軍手 ……………………………………………… 100円
㉓ 工場付設の社員食堂の会社負担額 …………………………………………………… 80円
㉔ 工場従業員の外国語レッスン料 ……………………………………………………… 70円
㉕ 工場長の給料 …………………………………………………………………………… 40円

仕　掛　品　　　　　　　　（単位：円）

直 接 材 料 費	（　　　　　）	完 成 品 原 価	（　　　　　）
直 接 労 務 費	（　　　　　）	月末仕掛品原価	6,800
直 接 経 費	（　　　　　）		
製 造 間 接 費	（　　　　　）		
	（　　　　　）		（　　　　　）

製 造 間 接 費　　　　　　（単位：円）

間 接 材 料 費	（　　　　　）	仕 掛 品	（　　　　　）
間 接 労 務 費	（　　　　　）		
間 接 経 費	（　　　　　）		
	（　　　　　）		（　　　　　）

解答・解説317ページ

CHALLENGE!

複合問題

61

08 個別原価計算（Ⅰ）
Theme

Check ここでは，個別原価計算について，製造間接費の実際配賦と原価計算表の記入について学習します。

1 個別原価計算

1. 個別原価計算とは

　個別原価計算とは，顧客の注文に応じて特定の製品（注文品）を個別に生産する家具，船舶，特殊機械などの製造業において適用される原価計算の方法です。

2. 製造指図書の発行

　個別原価計算では，顧客から製品の注文を受けると，まず，製品の注文主や製品の種類と数量，製造着手日，完成予定日などを記載した製造作業の命令書である製造指図書を発行します。これは顧客からの特定の製品の注文ごとに発行される指図書なので，特定製造指図書ともいいます。（特定）製造指図書は，発行されると他の製品と区別するために連続した番号（製造指図書番号または指図書番号といいます）がつけられ，この番号が製造着手から完成まで特定製品を表す名前となります。

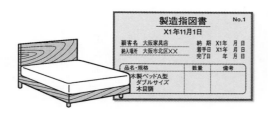

3. 原価計算票での集計

　製造指図書が発行されると同時に，その製造指図書ごとに原価計算票が用意され，同じ指図書番号がつけられます。原価計算票は製造指図書ごとに原価を集計するためのものであり，原価計算票に集計された原価がその製品の原価となります。

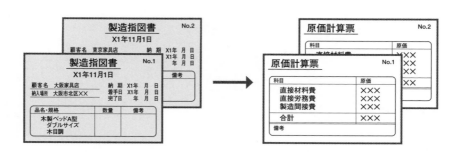

2 勘定連絡図（計算手続）

「テーマ08　個別原価計算（Ⅰ）」では，個別原価計算を前提とした勘定連絡図のうち，製造指図書ごとに原価を集計する際の具体的な計算手続（製造直接費の賦課・製造間接費の配賦）について学習します。

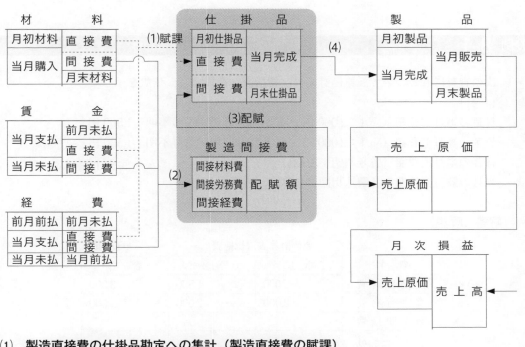

⑴ **製造直接費の仕掛品勘定への集計（製造直接費の賦課）**

（仕　　掛　　品）	××	（材　　　　料）	××
		（賃　　　　金）	××
		（経　　　　費）	××

⑵ **製造間接費の製造間接費勘定への集計**

（製　造　間　接　費）	××	（材　　　　料）	××
		（賃　　　　金）	××
		（経　　　　費）	××

⑶ **製造間接費の仕掛品勘定への配賦（製造間接費の配賦）**

（仕　　掛　　品）	××	（製　造　間　接　費）	××

⑷ **完成品原価の製品勘定への振り替え**

（製　　　　品）	××	（仕　　掛　　品）	××

3 製造直接費の賦課（直課）

　直接材料費・直接労務費・直接経費といった製造直接費は，製造指図書ごとの消費額を知ることができるので，製造指図書ごとに個別に原価を集計し，原価計算票に記入していきます。この製造直接費を製造指図書ごとに集計する手続きを，製造指図書への賦課（または直課）といいます。

設例 8-1

　次の資料にもとづいて，原価計算表（総括表）を作成し，仕訳を示しなさい。

（資　料）
　材料の当月消費額（No.1：2,000円，No.2：1,500円，番号不明：1,500円）
　賃金の当月消費額（No.1：2,000円，No.2：2,000円，番号不明：1,500円）
　経費の当月消費額（番号不明：3,600円）
　当月の製造直接費を各製造指図書に賦課（直課）した。

〈解答・解説〉

原価計算表（総括表）　　　　　（単位：円）

費　目	No.1	No.2	合　計
直 接 材 料 費	2,000	1,500	3,500
直 接 労 務 費	2,000	2,000	4,000
製 造 間 接 費			
合　　　計			

（注）原価計算票を1枚の表にまとめたものを原価計算表（総括表）といいます。

（仕　掛　品）	7,500	（材　　　料）	3,500
		（賃　　　金）	4,000

〈勘定連絡図〉

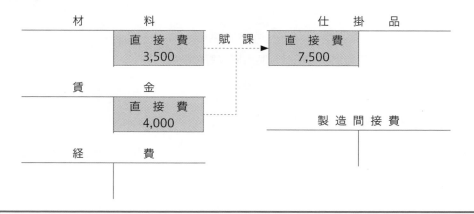

64

4 製造間接費の実際配賦

1. 製造間接費の配賦

　間接材料費・間接労務費・間接経費といった製造間接費は，工場全体での消費額は計算できますが，製造指図書ごとの消費額が判明しないので，このままでは特定の製品の原価を個別に計算することができません。そこで，ある一定の基準によって，製造間接費を各製造指図書に割り当てる（負担させる）手続きが必要になります。この割り当てる手続きを配賦といいます。

　また，この製造間接費の配賦を行うために，あらかじめ工場全体での製造間接費の総額をいったん集計する場所として製造間接費勘定を設ける必要があります。

2. 製造間接費の配賦基準

　製造間接費を各製造指図書に配賦するためには，配賦のための基準を決定する必要があります。この基準のことを製造間接費の配賦基準といいます。

　なお，製品の製造は工場内の一定の生産設備（労働力や機械など）を利用して行われ，その利用程度に応じて製造間接費も発生すると考えられます。したがって，製造間接費の配賦基準は，工場の生産設備の利用程度（操業度）を時間などで測ることによって決定されます。その一例を示すと次のようになります。

- ① 直接材料費基準…各製品の直接材料費の金額の割合によって配賦
- ② 直接労務費基準…各製品の直接労務費の金額の割合によって配賦
- ③ 直接費基準…各製品の製造直接費の金額の割合によって配賦
- ④ 直接作業時間基準…各製品の直接作業時間の割合によって配賦
- ⑤ 機械運転時間基準…各製品の機械運転時間の割合によって配賦
- ⑥ 生産量基準…各製品の生産量の割合によって配賦

3. 製造間接費配賦額の計算

　製造間接費を各製造指図書に配賦する方法は，まず当月の製造間接費の実際に発生した総額を当月の実際の配賦基準数値の合計で除して実際配賦率を計算します。

　次に，実際配賦率に各製造指図書の実際の配賦基準数値を乗じて製造指図書ごとの実際配賦額を決定します。

(1) 製造間接費の実際配賦率

$$実際配賦率 = \frac{当月の製造間接費の実際発生額}{当月の実際配賦基準数値の合計}$$

(2) 製造間接費の（各製造指図書への）配賦額

$$実際配賦額 = 実際配賦率 \times 各製造指図書の実際配賦基準数値$$

　次の資料にもとづいて，原価計算表（総括表）を作成し，仕訳を示しなさい。

（資　料）

　製造間接費勘定に集計された当月の製造間接費は，工場全体で6,600円であり，これを，各製品の機械運転時間を配賦基準として各製造指図書に配賦した。なお，機械運転時間は11時間（№1に対して6時間，№2に対して5時間）であった。

〈解答・解説〉

原価計算表（総括表）　　　　（単位：円）

費　目	№1	№2	合　計
直接材料費	2,000	1,500	3,500
直接労務費	2,000	2,000	4,000
製造間接費	(3,600)	(3,000)	6,600
合　計	7,600	6,500	14,100
機械運転時間	6時間	5時間	

600円/時間

実際配賦率：$\dfrac{6,600 円}{6 時間 + 5 時間} = 600 円/時間$

実際配賦額：№1への配賦額 600円/時間 × 6時間 = 3,600円
　　　　　　　№2への配賦額 600円/時間 × 5時間 = 3,000円

（仕　掛　品）	6,600	（製造間接費）	6,600

〈勘定連絡図〉

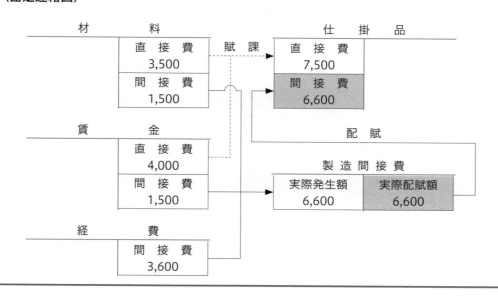

解答・解説281ページ

以下の資料にもとづいて，(1)機械運転時間基準，(2)直接作業時間基準により，それぞれの製造間接費の実際配賦率を計算し，原価計算表を完成させなさい。また，(3)与えられた勘定の（　）内に適当な金額を記入するとともに，(4)配賦計算が終了したときの製造間接費勘定から仕掛品勘定へ振り替える仕訳を行いなさい。

(1)　機械運転時間基準…実際配賦率 ☐☐☐☐ 円／時間

原価計算表（総括表）

製造指図書	No.101	No.102	合　計
直接材料費	40,000	60,000	100,000
直接労務費	60,000	40,000	100,000
製造間接費			240,000
合　　計			
機械運転時間	55時間	65時間	120時間

(2)　直接作業時間基準…実際配賦率 ☐☐☐☐ 円／時間

原価計算表（総括表）

製造指図書	No.101	No.102	合　計
直接材料費	40,000	60,000	100,000
直接労務費	60,000	40,000	100,000
製造間接費			240,000
合　　計			
直接作業時間	120時間	80時間	200時間

(3)

仕　掛　品

材　　料	100,000	
賃　　金	100,000	
製造間接費	（　　　）	

製　造　間　接　費

諸　　口	240,000	仕　掛　品	（　　　）

(4)

借方科目	金　額	貸方科目	金　額

基本例題15

解答・解説282ページ

当工場では受注生産により製品を製造している。製造間接費は機械運転時間を配賦基準として，工場全体で1本の総括配賦率を用いて各製品へ実際配賦している。次の取引について，(1)原価計算表（総括表）を作成しなさい。また，(2)与えられた勘定の（　）内に適当な金額を記入するとともに，(3)必要な仕訳を示しなさい。

〔指定勘定科目〕

材料，賃金，経費，仕掛品，製造間接費，製品

① 11月1日から30日までの材料，賃金，経費の消費額は次のとおりであった。

	製造指図書 No.1	製造指図書 No.2	製造指図書 番号のないもの	合　計
材　料	2,000円	1,500円	1,500円	5,000円
賃　金	2,000円	2,000円	1,500円	5,500円
経　費	――	――	3,600円	3,600円

② 総括配賦率（実際配賦率）を用いて，製造間接費を各製造指図書へ配賦する。なお，11月の機械運転時間は次のとおりであった。

	製造指図書No.1	製造指図書No.2	合　計
機械運転時間	6時間	5時間	11時間

③ 製造指図書No.1が完成した。なお，製造指図書No.2は11月末現在未完成である。

(1)

原価計算表（総括表）　　　（単位：円）

費　目	No. 1	No. 2	合　計
直 接 材 料 費			
直 接 労 務 費			
製 造 間 接 費			
合　　　計			

(2)

仕　掛　品

材　　　料　（　　　）	製　　　　　品　（　　　）
賃　　　金　（　　　）	次 月 繰 越　（　　　）
製 造 間 接 費　（　　　）	
（　　　）	（　　　）

製 造 間 接 費

材　　　料　（　　　）	仕 掛 品　（　　　）
賃　　　金　（　　　）	
経　　　費　（　　　）	
（　　　）	（　　　）

（注）本来，相手科目が複数の場合には「諸口」として合計額で記入するが，ここでは個々の相手科目を示している。

(3)

	借方科目	金　額	貸方科目	金　額
①			材　　　　料	
			賃　　　　金	
			経　　　　費	
②				
③				

5 原価計算表（総括表）と仕掛品勘定

1. 原価計算表（総括表）

　原価計算票は，製造指図書ごとの原価を集計する1枚の紙であり，製造指図書番号順にすべて1つにファイルされます。このファイル（帳簿）を原価元帳といい，ここに製造中（仕掛り中）の製造指図書に対する原価がすべて集計されます。

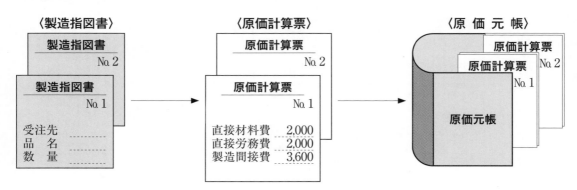

　したがって，製造中の原価をまとめて集計している勘定である仕掛品勘定の記入は，この原価元帳の記録と一致します。

　また，原価元帳にファイルされている原価計算票を1枚の表にまとめることで，仕掛品勘定の記入を確認することができます。この原価元帳を表の形式にまとめたものを原価計算表（総括表）といいます。

2. 原価計算表（総括表）と仕掛品勘定の関係

　原価計算表（総括表）には当月のすべての製造指図書に対する原価が集計されており，原価計算表（総括表）は仕掛品勘定の記入と一致します。原価計算表（総括表）と仕掛品勘定の関係を示すと次のとおりです。

　〈11月の資料〉

原価計算表（総括表）

費　　目	No.1	No.2	合　計
直接材料費	2,000	1,500	3,500
直接労務費	2,000	2,000	4,000
製造間接費	3,600	3,000	6,600
合　　計	7,600	6,500	14,100
備　　考	完　成	未完成	――

仕　掛　品

材　　料	3,500	製　　品	7,600
賃　　金	4,000	次月繰越	6,500
製造間接費	6,600		
	14,100		14,100

　　　：原価計算表（総括表）の横集計が仕掛品勘定の借方に対応
　　　：原価計算表（総括表）の縦集計が仕掛品勘定の貸方に対応

　なお，当月末の未完成品No.2の原価6,500円は月末仕掛品原価として翌月に繰り越され，翌月の月初仕掛品原価となります。

70

　当社の12月の資料にもとづいて，(1)原価計算表（総括表）を完成させ，(2)仕掛品勘定の記入を行うとともに，(3)必要な仕訳を示しなさい。なお，No.2は前月に製造着手したもので，前月末までに消費された原価は6,500円であった。

（資　料）
　①　直接材料費の当月消費額　No.2：―円，No.3：1,500円，No.4：1,000円
　②　直接労務費の当月消費額　No.2：500円，No.3：1,500円，No.4：1,500円
　③　製造間接費の当月配賦額　No.2：1,100円，No.3：3,300円，No.4：2,200円
　④　当月に製造指図書No.2とNo.3は完成したが，No.4は月末現在，仕掛り中（未完成）である。

〈解答・解説〉
(1)　原価計算表（総括表）

原価計算表（総括表）　　　（単位：円）

費　目	No.2	No.3	No.4	合　計
月初仕掛品原価	6,500	―	―	6,500
直接材料費	―	1,500	1,000	2,500
直接労務費	500	1,500	1,500	3,500
製造間接費	1,100	3,300	2,200	6,600
合　計	8,100	6,300	4,700	19,100
備　考	完　成	完　成	仕掛中	――

(2)　仕掛品勘定の記入

仕　掛　品

12/ 1 前月繰越	6,500	12/31 製　　品	14,400
12/31 材　　料	2,500	〃 次月繰越	4,700
〃 賃　　金	3,500		
〃 製造間接費	6,600		
	19,100		19,100

(3)　仕　訳

①	（仕　掛　品）	2,500	（材　　　料）	2,500
②	（仕　掛　品）	3,500	（賃　　　金）	3,500
③	（仕　掛　品）	6,600	（製造間接費）	6,600
④	（製　　品）	14,400	（仕　掛　品）	14,400

基本例題16

　当社は個別受注生産により製品を製造しており，実際個別原価計算を行っている。次に示した当社の原価記録にもとづき，仕掛品勘定および製品勘定の（　　）内に適当な金額を記入しなさい。なお，仕訳と勘定記入は月末にまとめて行っている。

（原価記録）

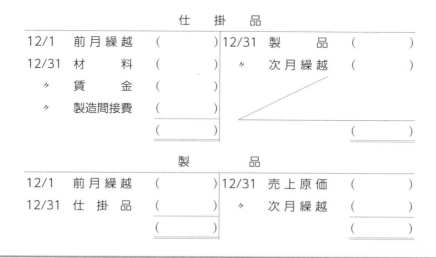

原価計算票（製造指図書№1）		
直接材料費	11/ 1	2,000円
直接労務費	11/ 1〜11/28	2,000円
製造間接費	11/ 1〜11/28	3,600円
合　計		7,600円
製 造 着 手	11/ 1	
完成・入庫	11/28	
注文主引渡	12/ 4	

原価計算票（製造指図書№2）		
直接材料費	11/ 3	1,500円
直接労務費	11/ 3〜11/30	2,000円
	12/ 1〜12/12	500円
製造間接費	11/ 3〜11/30	3,000円
	12/ 1〜12/12	1,100円
合　計		8,100円
製 造 着 手	11/ 3	
完成・入庫	12/12	
注文主引渡	12/20	

原価計算票（製造指図書№3）		
直接材料費	12/ 8	1,500円
直接労務費	12/ 8〜12/25	1,500円
製造間接費	12/ 8〜12/25	3,300円
合　計		6,300円
製 造 着 手	12/ 8	
完成・入庫	12/25	
注文主引渡	（12月末現在未引渡）	

原価計算票（製造指図書№4）		
直接材料費	12/17	1,000円
直接労務費	12/17〜12/31	1,500円
製造間接費	12/17〜12/31	2,200円
合　計		4,700円
製 造 着 手	12/17	
完成・入庫	（12月末現在未完成）	
注文主引渡		

仕　掛　品

12/1	前月繰越	（　　）	12/31	製　　品	（　　）
12/31	材　　料	（　　）	〃	次月繰越	（　　）
〃	賃　　金	（　　）			
〃	製造間接費	（　　）			
		（　　）			（　　）

製　　品

12/1	前月繰越	（　　）	12/31	売上原価	（　　）
12/31	仕　掛　品	（　　）	〃	次月繰越	（　　）
		（　　）			（　　）

6 個別原価計算における仕損

（1） 仕損とは

　仕損とは，なんらかの原因で製品の製造に失敗し，一定の品質や規格を満たさない不合格品が発生することをいい，その不合格品を仕損品といいます。なお，不合格品は補修し，合格品として引き渡さなければなりません。この，仕損品を合格品に補修するために生じた費用を仕損費といいます。

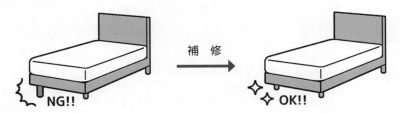

NG!!　　補 修 →　OK!!

（2） 仕損費の計算

　仕損品が発生し補修によって合格品に回復させたときは，その補修のために発生した費用を仕損費（経費）として計算します。この仕損費は補修のための指図書（補修指図書といいます）を発行し，この補修指図書に集計します。

（3） 仕損費の処理

　仕損費は直接経費として，仕損が発生した製造指図書の（製造）原価に加算します。

設例 8-4

　次の資料にもとづいて，原価計算表を作成しなさい。

（資　料）

　製造指図書No.1の製造中に仕損が生じたので，補修指図書No.1－1を発行して補修を行った。補修指図書に集計された原価は，直接材料費100円，直接労務費100円，製造間接費200円である。なお，補修指図書No.1－1に集計された仕損費400円を，直接経費として製造指図書No.1に賦課した。

〈解答・解説〉

	No.1	（補修指図書） No.1－1	
直接材料費	2,000	**100**	
直接労務費	2,000	**100**	
製造間接費	3,600	**200**	
小　計	7,600	**400**	← 仕損費
仕　損　費	**400**	**△400**	
合　計	8,000	0	
備　考	完　成	**No.1へ賦課**	

仕損費の記帳方法（仕損費勘定を用いる方法）

［設例8－4］の資料にもとづき仕訳を行うと，以下のようになります。

① 補修に要した原価を補修指図書に集計します。

（仕 掛 品）	400	（材 料）	100
		（賃 金）	100
		（製 造 間 接 費）	200

② 補修指図書に集計された原価を仕損費とします。

（仕 損 費）	400	（仕 掛 品）	400

③ 仕損費を直接経費として処理します。

（仕 掛 品）	400	（仕 損 費）	400

（注）仕損費勘定を設けない方法もあります。

MEMO

09 個別原価計算（Ⅱ）
Theme

Check ここでは，製造間接費を予定配賦した場合の計算手続と，その差異分析について学習します。

1 製造間接費の予定配賦

1. 製造間接費の予定配賦

材料費や労務費の計算のときに予定単価や予定賃率を用いたのと同様に，製造間接費の各製造指図書への配賦においては，予定配賦率を用いることがあります。これを製造間接費の予定配賦（または正常配賦）といいます。

なお，製造間接費の実際配賦には以下のような欠点があるため，多く予定配賦が行われています。

(1) ある指図書の製造が完了したとしても，製造間接費の実際発生額が判明するまでは，その指図書の原価を計算することができないため計算が著しく遅れてしまう。

(2) 製造間接費の実際発生額や実際配賦基準数値は毎月変動するため，毎月の実際配賦率を用いて計算をすると同一製品でも製造した月により配賦額が異なってしまう。

2. 計算手続

製造間接費を予定配賦する場合の計算手続は，次のとおりです。

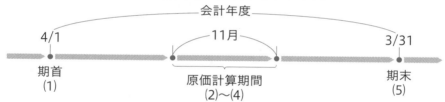

(1) 予定配賦率の決定（会計年度期首）

通常，会計年度期首に製造間接費の予定配賦率を決定します。この予定配賦率は，1年間の予定製造間接費（製造間接費予算といいます）を1年間の予定配賦基準数値（基準操業度といいます）で除して算定します。

$$予定配賦率 = \frac{1年間の予定製造間接費（製造間接費予算）}{1年間の予定配賦基準数値（基準操業度）}$$

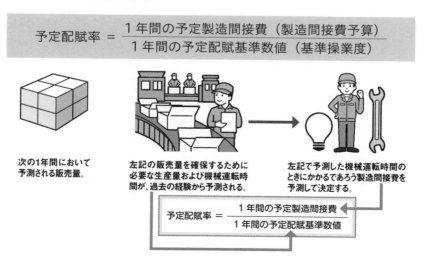

次の1年間において予測される販売量。

左記の販売量を確保するために必要な生産量および機械運転時間が，過去の経験から予測される。

左記で予測した機械運転時間のときにかかるであろう製造間接費を予測して決定する。

$$予定配賦率 = \frac{1年間の予定製造間接費}{1年間の予定配賦基準数値}$$

(2) **予定配賦額の計算（各原価計算期間）**

予定配賦率に各製造指図書の実際配賦基準数値を乗じて、予定配賦額を計算し、処理します。

> 予定配賦額 ＝ 予定配賦率×各製造指図書の実際配賦基準数値

> （仕　　掛　　品）　　×× 　　　　　（製 造 間 接 費）　　××

(3) **実際発生額の集計（各原価計算期間）**

製造間接費（間接材料費、間接労務費、間接経費の合計）の実際発生額を集計します。

> （製 造 間 接 費）　　×× 　　　　　（材　　　　料）　　××
> 　　　　　　　　　　　　　　　　　　（賃　　　　金）　　××
> 　　　　　　　　　　　　　　　　　　（経　　　　費）　　××

(4) **製造間接費配賦差異の計上（各原価計算期間）**

製造間接費の予定配賦額と実際発生額との差額を製造間接費配賦差異（原価差異）として把握します。なお、原価差異は、下記算式の結果がマイナスならば借方差異（不利差異）、プラスならば貸方差異（有利差異）と判断します。

> 製造間接費配賦差異 ＝ 予定配賦額－実際発生額

予定配賦額＜実際発生額（借方差異）の場合

この場合、製造間接費勘定の借方残高を製造間接費配賦差異勘定へ振り替えます。

> （製造間接費配賦差異）　　×× 　　　　　（製 造 間 接 費）　　××

(5) **売上原価に賦課（会計年度末）**

製造間接費配賦差異は、原則として、会計年度末において、売上原価に加減算します（売上原価に賦課します）。

予定配賦額＜実際発生額（借方差異＝不利差異）の場合

> （売　上　原　価）　　×× 　　　　　（製造間接費配賦差異）　　××

〈勘定連絡図〉

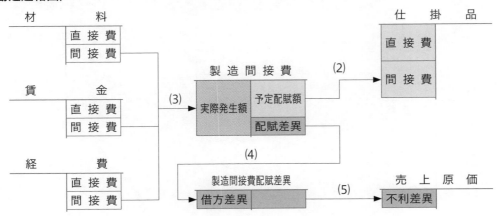

(1) 年度始めに，向こう1年間の予定機械運転時間が144時間，その予定機械運転時間で発生すると見込まれる1年間の予定製造間接費が72,000円と見積られた。

機械運転時間を製造間接費の配賦基準として予定配賦率を計算しなさい。

(2) 製造間接費を各製品の機械運転時間を基準に各製造指図書に予定配賦した。なお，機械運転時間は11時間（No.1に対して6時間，No.2に対して5時間）であった。原価計算表（総括表）を作成し，仕訳を示しなさい。

(3) 間接材料費1,500円，間接労務費1,500円，間接経費3,600円の実際発生額を製造間接費勘定へ振り替えた。(3)〜(5)は仕訳を示しなさい。

(4) 予定配賦額と実際発生額の差額を製造間接費配賦差異勘定へ振り替えた。

(5) 製造間接費配賦差異を，会計年度末につき，その残高を売上原価勘定に振り替える。

〈解答・解説〉

(1) **予定配賦率の算定**

$$予定配賦率：\frac{72,000円}{144時間} = 500円/時間$$

(2) **予定配賦額の計算**

原価計算表（総括表）　　　　　（単位：円）

費　目	No.1	No.2	合　計
直 接 材 料 費	2,000	1,500	3,500
直 接 労 務 費	2,000	2,000	4,000
製 造 間 接 費	3,000	2,500	5,500
合　　　計	7,000	6,000	13,000
機 械 運 転 時 間	6 時間	5 時間	

500円/時間

予定配賦額：No.1への配賦額 500円/時間 × 6時間 = 3,000円
　　　　　　No.2への配賦額 500円/時間 × 5時間 = 2,500円

（仕　掛　品）　　5,500　　　　　（製 造 間 接 費）　　5,500

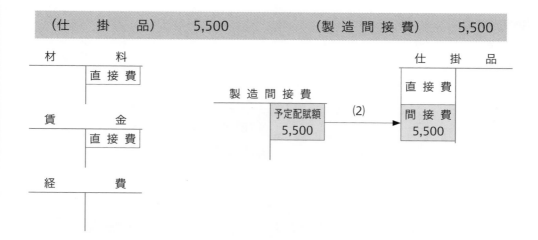

78

(3) 実際発生額の集計

（製造間接費）	6,600	（材 料）	1,500
		（賃 金）	1,500
		（経 費）	3,600

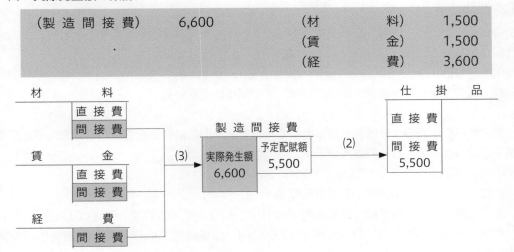

(4) 製造間接費配賦差異の計上

（製造間接費配賦差異）	1,100	（製造間接費）	1,100

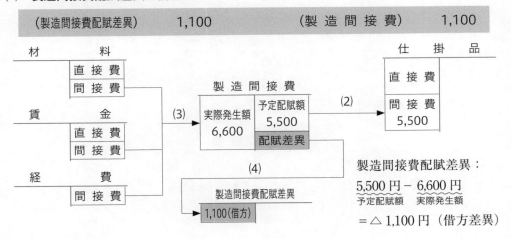

製造間接費配賦差異：

$$\underset{\text{予定配賦額}}{5,500\,円} - \underset{\text{実際発生額}}{6,600\,円}$$

$$= \triangle 1,100\,円（借方差異）$$

(5) 売上原価に賦課

（売 上 原 価）	1,100	（製造間接費配賦差異）	1,100

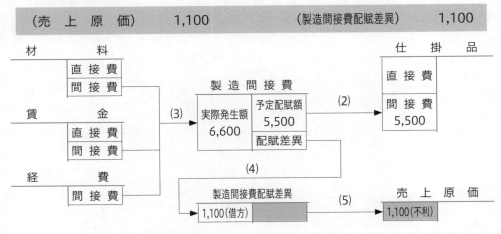

解答・解説283ページ

基本例題17

次の取引について，(1)与えられた勘定の（　　　）内に適当な金額を記入するとともに，(2)必要な仕訳を示しなさい。

〔指定勘定科目〕

　材料，賃金，経費，仕掛品，製造間接費，製造間接費配賦差異

① 製造間接費を直接作業時間を基準として，各製造指図書に予定配賦した。なお，予定配賦に関する資料は次のとおりである。

　　年間の製造間接費予算：3,000,000円

　　年間の予定直接作業時間：3,000時間

　　当月の実際直接作業時間：200時間（No.101：120時間，No.102：80時間）

② 間接材料費20,000円，間接労務費30,000円，間接経費190,000円の実際発生額を製造間接費勘定へ振り替えた。

③ 製造間接費の予定配賦額と実際発生額の差額を，製造間接費配賦差異勘定へ振り替えた。

(1)

仕　掛　品

材　　料	100,000		
賃　　金	100,000		
製 造 間 接 費	（　　　　）		

製 造 間 接 費

材　　料	（　　　）	仕　掛　品	（　　　）
賃　　金	（　　　）	製造間接費配賦差異	（　　　）
経　　費	（　　　）		

製造間接費配賦差異

製 造 間 接 費	（　　　）		

（注）本来，相手科目が複数の場合には「諸口」として合計額で記入するが，ここでは個々の相手科目を示している。

(2)

	借方科目	金　　額	貸方科目	金　　額
①				
②				
③				

　当工場では受注生産により製品を製造している。製造間接費は機械運転時間を配賦基準として，工場全体で1本の総括配賦率を用いて各製品へ予定配賦している。次の取引について，(1)原価計算表（総括表）を作成しなさい。また，(2)与えられた勘定の（　　）内に適当な金額を記入するとともに，(3)必要な仕訳を示しなさい。

〔指定勘定科目〕

　材料，賃金，経費，仕掛品，製造間接費，製造間接費配賦差異，製品

① 11月1日から30日までの製造指図書No.1およびNo.2に対する材料，賃金の消費額は次のとおりであった。

　　材料の当月消費額　No.1：2,000円，No.2：1,500円

　　賃金の当月消費額　No.1：2,000円，No.2：2,000円

② 総括配賦率（予定配賦率）を用いて，製造間接費を各製造指図書へ予定配賦する。年間の予定機械運転時間は144時間で，年間の製造間接費予算は72,000円である。なお，11月の実際機械運転時間は次のとおりであった。

	製造指図書No.1	製造指図書No.2	合　計
実際機械運転時間	6時間	5時間	11時間

③ 製造指図書No.1が完成した。なお，製造指図書No.2は11月末現在未完成である。

④ 11月の製造間接費実際発生額は次のとおりであった。

　　製造指図書番号のないもの（材料：1,500円，賃金：1,500円，経費：3,600円）

⑤ 製造間接費の予定配賦額と実際発生額を比較し，製造間接費配賦差異を計上する。

(1)

原価計算表（総括表） （単位：円）

費　目	No. 1	No. 2	合　計
直 接 材 料 費			
直 接 労 務 費			
製 造 間 接 費			
合　　　計			

(2)

仕　掛　品

材　　　料	（　　　　）	製　　　品	（　　　　）
賃　　　金	（　　　　）	次 月 繰 越	（　　　　）
製 造 間 接 費	（　　　　）		
	（　　　　）		（　　　　）

製 造 間 接 費

材　　　料	（　　　　）	仕　掛　品	（　　　　）
賃　　　金	（　　　　）	製造間接費配賦差異	（　　　　）
経　　　費	（　　　　）		
	（　　　　）		（　　　　）

製造間接費配賦差異

製 造 間 接 費	（　　　　）

（注）本来，相手科目が複数の場合には「諸口」として合計額で記入するが，ここでは個々の相手科目を示している。

(3)

	借方科目	金　額	貸方科目	金　額
①				
②				
③				
④				
⑤				

2 製造間接費配賦差異の分析

1. 製造間接費配賦差異

　これまでの学習で，材料費，労務費，製造間接費の計算において，予定消費額と実際消費額との差額から原価差異が生じることを学びました。これらの原価差異のうち，特に製造間接費配賦差異は，その発生原因別に差異を分析する必要があります。

2. 基準操業度と製造間接費予算

$$予定配賦率 = \frac{製造間接費予算（1年間の予定製造間接費）}{基準操業度（1年間の予定配賦基準数値）}$$

⑴ **基準操業度**

　基準操業度とは，1年間の予定配賦基準数値の合計であり，工場の生産設備の予定している利用程度（操業度）を表します。

⑵ **製造間接費予算**

　製造間接費予算とは，基準操業度（工場の生産設備を予定どおり利用したとき）において，かかるであろう製造間接費の金額を費目別に積み上げて予測した金額であり，公式法変動予算や固定予算などの設定方法がありますが，通常は公式法変動予算を採用します。

　公式法変動予算とは，製造間接費を変動費と固定費に分け，変動費は操業度の増減に応じて変動費率をあらかじめ測定し，固定費はつねに一定とし，一定の公式を用いることによって予算を算定する方法をいいます。

① **製造間接費予算表**

公式法変動予算

	固 定 費	変動費率
間接材料費		
補助材料費	7,200円	80円/時間
工場消耗品費	2,640	40
間接労務費		
間接工賃金	9,600	
給　　　料	13,200	
間接経費		
電　力　料	2,400	80
減価償却費	7,200	
そ の 他	960	
合　　計	43,200円	200円/時間

② **操業度と原価の関係**

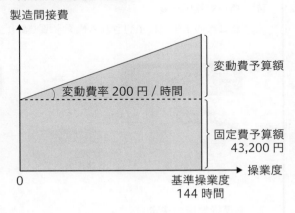

83

基準操業度

　1年間の予定配賦基準数値（基準操業度）は，1年間の正常生産量を見積ることで決定されます。この1年間の正常生産量（予定生産量）をどう見積るかによって，基準操業度の決定にも次のようないくつかの計算方法があります。

1．正常生産量の見積り

　正常生産量は操業水準ともいわれ，通常，工場の生産設備をどの程度利用するかということであり，次のような見積り方があります。

⑴　理論的生産能力

　これは最高の能率で全く操業が中断されることのない理想的な状態においてのみ達成される操業水準であり，理論上計算できる年間の最大生産量を見積ることになります。

⑵　実際的生産能力

　理論的生産能力から，機械の故障・修繕などの不可避的な作業休止による生産量の減少分を差し引いて考える操業水準であり，実現可能な年間の最大生産量を見積ることになります。

　理論的生産能力にせよ実際的生産能力にせよ，いずれも工場でどれだけの生産が可能かということだけを考えて，工場の製品に対する需要は考慮していません。

　いいかえれば，需要は無限にあると仮定し，製造することだけを考えた操業水準です。しかしながら，実際には操業水準は工場の製品に対する需要量に依存することが多いです。

⑶　平均操業度

　将来の数年間（3年から5年が多い）において予想される景気変動の影響による操業度の変動を加味して，平均的需要量にこたえる操業水準です。

⑷　期待実際操業度

　これは次の1年間に予想される操業水準であり，先に述べた操業度です。

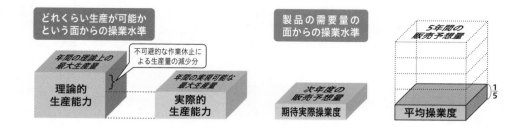

2．基準操業度の決定

　以上の操業水準のうち，どれか1つを選択して基準操業度とします。ここでいう基準が，予定配賦率を計算する式の分母の数値となり，その数値が操業度100％とされるという意味です。

■設 例

　当工場では，製造間接費を機械運転時間を基準に予定配賦している。次の資料にもとづいて，基準操業度として，実際的生産能力を選択した場合と，期待実際操業度を選択した場合の予定配賦率，予定配賦額および配賦差異を計算しなさい。

（資　料）

(1)　当工場の実際的生産能力と期待実際操業度は，年間ベースで，それぞれ180機械運転時間および144機械運転時間である。

(2)　当工場の製造間接費予算（年間）は，各操業水準に対して，次のとおりである。

機械運転時間	180時間	144時間
製 造 間 接 費	79,200円	72,000円

(3)　当工場の今月の実績は，次のとおりである。

　　　実際機械運転時間　　　11時間　　　製造間接費実際発生額　　　6,600円

〈解答・解説〉

	実際的生産能力基準	期待実際操業度基準
予 定 配 賦 率	440円／時間	500円／時間
予 定 配 賦 額	4,840円	5,500円
配 賦 差 異	1,760円（借方差異）	1,100円（借方差異）

(1)　基準操業度として実際的生産能力を選択したとき

①　予定配賦率の算定

$$予定配賦率：\frac{製造間接費年間予算額}{実際的生産能力} = \frac{79,200円}{180時間} = 440円／時間$$

②　予定配賦額の計算

予定配賦額：<u>440円／時間</u>×<u>11時間</u>＝4,840円
　　　　　　　予定配賦率　　　実際操業度

③　製造間接費配賦差異の計上

配賦差異：<u>4,840円</u>－<u>6,600円</u>＝△1,760円（借方差異）
　　　　　予定配賦額　実際発生額

(2)　基準操業度として期待実際操業度を選択したとき

①　予定配賦率の算定

$$予定配賦率：\frac{製造間接費年間予算額}{期待実際操業度} = \frac{72,000円}{144時間} = 500円／時間$$

②　予定配賦額の計算

予定配賦額：<u>500円／時間</u>×<u>11時間</u>＝5,500円
　　　　　　　予定配賦率　　　実際操業度

③　製造間接費配賦差異の計上

配賦差異：<u>5,500円</u>－<u>6,600円</u>＝△1,100円（借方差異）
　　　　　予定配賦額　実際発生額

3 製造間接費予算

1. 公式法変動予算による差異分析

製造間接費配賦差異は，製造間接費予算を原因とする予算差異と，操業度を原因とする操業度差異とに分けられます。

(1) 予算差異

予算差異とは，見積った製造間接費予算と製造間接費の実際発生額との差額をいい，製造間接費の浪費や節約などを表す差異です。公式法変動予算では次のように計算します。

> 予算差異 ＝ 予算許容額 － 実際発生額

予算許容額とは実際操業度における予算額であり，次のように計算します。

> 予算許容額 ＝ 変動費率 × 実際操業度 ＋ 固定費予算額

(2) 操業度差異

操業度差異とは，見積った製造間接費予算と製造間接費予定配賦額との差額（配賦漏れの金額）をいい，公式法変動予算では次のように計算します。

> 操業度差異 ＝ 固定費率 ×（実際操業度 － 基準操業度）

〈差異分析図〉

公式法変動予算の場合，以下の図を用いて分析します。

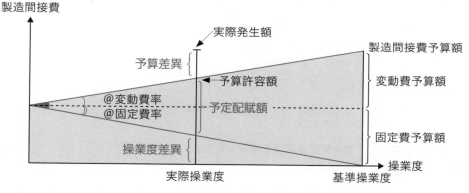

（注）この図のことをシュラッター図とよぶことがあります。なお，原価計算は１か月ごとに行われるため，製造間接費配賦差異の分析も１か月単位で行うことに注意しましょう。

ここが
POINT

原価差異は，借方差異（不利差異）または貸方差異（有利差異）を明示しなければならない。なお，上記算式の結果がマイナスならば借方差異（不利差異），プラスならば貸方差異（有利差異）と判断するとよい。

次の資料にもとづき，当月の製造間接費配賦差異を計算し，さらに予算差異と操業度差異に分析しなさい。

（資　料）

(1) 年間予算データ

① 年間基準操業度　144 機械運転時間

② 公式法変動予算による年間の製造間接費予算

年間固定費　43,200 円　　変動費率　200 円/時間

(2) 当月実績データ

① 実際機械運転時間　11 時間

② 製造間接費実際発生額　6,600 円

〈解答・解説〉

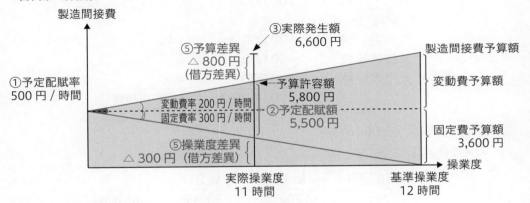

① 予定配賦率の算定

予定配賦率：$\dfrac{200\,円/時間 \times 144\,時間 + 43,200\,円}{144\,時間} = 500\,円/時間$

② 予定配賦額の計算

予定配賦額：500 円/時間 × 11 時間 = 5,500 円

③ 実際発生額の集計

実際発生額：6,600 円

④ 製造間接費配賦差異の計上

製造間接費配賦差異：$\underset{\text{予定配賦額}}{5,500\,円} - \underset{\text{実際発生額}}{6,600\,円} = \triangle 1,100\,円$（借方差異）

⑤ 差異分析

予算差異：$\underset{5,800\,円\langle予算許容額\rangle}{\underline{(200\,円/時間 \times 11\,時間 + 3,600\,円^{*1})}} - \underset{\text{実際発生額}}{6,600\,円} = \triangle 800\,円$（借方差異）

＊1　43,200 円 ÷ 12 か月 = 3,600 円〈月間固定費予算額〉

操業度差異：$\underset{\text{固定費率}}{300\,円/時間} \times (\underset{\text{実際操業度}}{11\,時間} - \underset{\text{基準操業度}}{12\,時間^{*2}}) = \triangle 300\,円$（借方差異）

＊2　144 時間 ÷ 12 か月 = 12 時間〈月間基準操業度〉

当工場では，製造間接費を直接作業時間を基準に予定配賦している。次の資料にもとづき，当月の製造間接費配賦差異を計算し，さらに予算差異と操業度差異とに分析しなさい。なお，借方差異，貸方差異を示すこと。

（資　料）

(1)　製造間接費（年間）

費　　目	固　定　費	変 動 費 率
間接材料費		20円／時間
補助材料費	70,000円	40
工場消耗品費	30,000	
間接労務費		
間接工賃金	100,000	
給　　料	200,000	
間 接 経 費		
電　力　料	100,000	140
減価償却費	400,000	
そ　の　他	300,000	400
	1,200,000円	600円／時間

(2)　基準操業度（年間）　3,000時間

(3)　当月の実際操業度

製造指図書	No.101	No.102	合　計
	120時間	80時間	200時間

(4)　当月の製造間接費実際発生額　240,000円

2.　固定予算による差異分析

　固定予算とは，基準操業度における製造間接費の発生額を予定したら，操業度が変化した場合もこれを固定的に予算額（＝予算許容額）とする方法をいいます。

次の資料にもとづき，当月の製造間接費配賦差異を予算差異と操業度差異に分析しなさい。

(資　料)

(1) 年間予算データ

① 年間基準操業度　144 機械運転時間

② 固定予算による年間の製造間接費予算　72,000 円

(2) 当月実績データ

① 実際機械運転時間　11 時間

② 製造間接費実際発生額　6,600 円

〈解答・解説〉

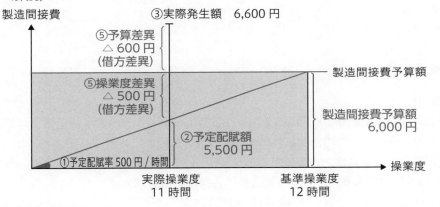

① 予定配賦率の算定

予定配賦率：$\dfrac{72,000円}{144時間} = 500$ 円 / 時間

② 予定配賦額の計算

予定配賦額：500 円 / 時間 × 11 時間 = 5,500 円

③ 実際発生額の集計

実際発生額：6,600 円

④ 製造間接費配賦差異の計上

製造間接費配賦差異：$\underset{予定配賦額}{5,500\,円} - \underset{実際発生額}{6,600\,円} = \triangle\,1,100$ 円（借方差異）

⑤ 差異分析

予算差異：$\underset{予算許容額}{6,000\,円^{*1}} - \underset{実際発生額}{6,600\,円} = \triangle\,600$ 円（借方差異）

＊1　72,000 円 ÷ 12 か月 = 6,000 円〈月間製造間接費予算額〉

操業度差異：$\underset{予定配賦率}{500\,円\,/\,時間} \times (\underset{実際操業度}{11\,時間} - \underset{基準操業度}{12\,時間^{*2}}) = \triangle\,500$ 円（借方差異）

＊2　144 時間 ÷ 12 か月 = 12 時間〈月間基準操業度〉

複合問題 ❸

目標時間：20分

費目別計算＋個別原価計算

　当社では，受注生産を行っており製品原価の計算には実際個別原価計算を採用している。次の[資料]にもとづいて，×年12月の[一連の取引]１～５について仕訳を示しなさい。

　ただし，勘定科目は下記の中から最も適当と思われるものを選ぶこと。

| 操 業 度 差 異 | 売 上 原 価 | 仕 掛 品 | 製 造 間 接 費 |
| 製 品 | 賃金・給料 | 材 料 | 予 算 差 異 |

[資　料] 当月の直接材料消費量・直接作業時間・機械稼働時間

製造指図書番号	No. 2	No. 3	No. 4
直接材料消費量	――	15kg	10kg
直接作業時間	1 時間	3 時間	3 時間
機械稼働時間	2 時間	6 時間	4 時間

[一連の取引]

１．素材費は予定払出価格100円/kgを用いて計算している。当月の実際消費量は28kgであり，そのうち製造指図書向けの消費以外はすべての製造指図書に共通の消費であった。

２．直接工賃金の計算には，作業時間あたり500円の予定平均賃率を用いている。当月の実際作業時間は8.5時間であり，そのうち製造指図書向けの消費以外はすべての製造指図書に共通の実際間接作業時間が１時間，手待時間が0.5時間であった。

３．機械稼働時間を配賦基準として，製造間接費を各製造指図書に予定配賦した。なお，製造間接費年間予算は72,000円であり，年間予定機械稼働時間は144時間である。なお，製造間接費予算は公式法変動予算を採用しており，年間変動費は28,800円，年間固定費は43,200円であった。

４．製造指図書No. 2と製造指図書No. 3が完成した。ただし，製造指図書No. 2には前月の製造費用6,500円が繰り越されてきている。

５．製造間接費の当月実際発生額は6,600円であり，予定配賦額と実際発生額の差額を原価差異の勘定に振り替える。

	仕		訳	
	借 方 科 目	金 額	貸 方 科 目	金 額
1				
2				
3				
4				
5				

解答・解説321ページ

CHALLENGE! 複合問題

10 部門別個別原価計算(Ⅰ)
Theme

Check ここでは，部門別個別原価計算の第1次集計および第2次集計について学習します。

1 部門別個別原価計算

　個別原価計算において，直接材料費・直接労務費・直接経費といった製造直接費は製造指図書ごとの消費額を知ることができるので，各製造指図書に賦課（直課）しました。

　これに対し，間接材料費・間接労務費・間接経費といった製造間接費は，製造指図書ごとの消費額が判明しないため，ある一定の基準によって各製造指図書に配賦します。

　ここでは，製造間接費の配賦計算について，さらに詳しくみていきます。

1. 単純個別原価計算（総括配賦）

　これまで学習した個別原価計算では，製造間接費を工場全体で1つの配賦基準によって各製造指図書に配賦しました（総括配賦）。このような個別原価計算のことを単純個別原価計算といいます。この単純個別原価計算は，規模が小さく，比較的単純な作業により製品が製造される工場で採用される原価計算の方法です。

2. 部門別個別原価計算（部門別配賦）

　工場の規模が大きくなり，さまざまな作業により製品が製造されるようになると，それぞれの作業に応じて発生する製造間接費の内容は異なってきます。

　そこで，工場全体での総額として集計された製造間接費を，いろいろな作業で発生した場所（部門といいます）ごとに集計しなおし，それぞれの部門ごとに適した配賦基準によって各製造指図書に配賦する必要があります（部門別配賦）。このような個別原価計算のことを部門別個別原価計算といいます。

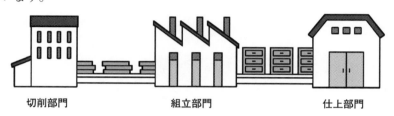

切削部門　　　　　　　組立部門　　　　　　　仕上部門

　部門別個別原価計算を行うことにより，より正確な製造間接費の配賦ができるようになるとともに，製造間接費は発生した部門ごとに集計されるので，各部門の責任者が自分の責任の範囲内

で，製造間接費の発生額に無駄が生じていないかどうかを管理することができます（原価管理といいます）。

2 原価部門

部門別個別原価計算を行うには，製造間接費を集計しなおすための区分を設ける必要があります。これを原価部門といい，以下のように分けられます。

1. 製造部門

製造部門とは，材料の切断や組み立て，塗装など製品を製造するために直接に加工に従事する部門をいいます。

〈例〉切削部門，組立部門，仕上部門，塗装部門など

2. 補助部門

補助部門とは，製品の加工に直接には従事しないが，製造部門にいろいろな用役（サービス）を提供する部門をいいます。

〈例〉動力部門，修繕部門，材料倉庫部門，工場事務部門など

3 部門別個別原価計算の手続き

部門別個別原価計算では，製造間接費を部門ごとに集計しなおしたうえで各製造指図書へ配賦します。具体的な計算手続は，次のとおりです。

(1) 製造間接費の各製造部門と補助部門への集計（第1次集計）
(2) 補助部門費の各製造部門への配賦（第2次集計）
(3) 製造部門に集計された製造間接費（製造部門費）の各製造指図書への配賦

4 勘定連絡図

「テーマ10　部門別個別原価計算（Ⅰ）」「テーマ11　部門別個別原価計算（Ⅱ）」では，個別原価計算を前提として，製造間接費の部門別計算について学習します。

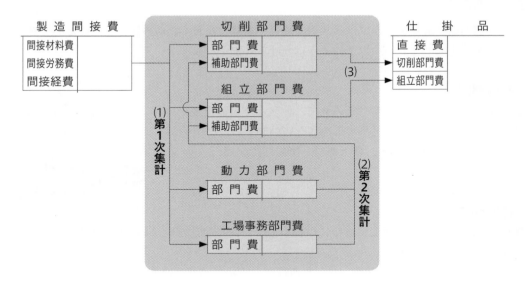

⑴　**製造間接費の各製造部門と補助部門への集計（第1次集計）**

（切　削　部　門　費）	××	（製　造　間　接　費）	××
（組　立　部　門　費）	××		
（動　力　部　門　費）	××		
（工　場　事　務　部　門　費）	××		

⑵　**補助部門費の各製造部門への配賦（第2次集計）**

（切　削　部　門　費）	××	（動　力　部　門　費）	××
（組　立　部　門　費）	××	（工　場　事　務　部　門　費）	××

⑶　**製造部門に集計された製造間接費（製造部門費）の各製造指図書への配賦**

（仕　　掛　　品）	××	（切　削　部　門　費）	××
		（組　立　部　門　費）	××

5 各製造部門と補助部門への集計（第1次集計）

製造間接費は各部門へ集計される際に，費目ごとに特定の部門で発生したことがわかるかどうかで，部門個別費と部門共通費に分けられます。

1. 部門個別費と部門共通費

(1) 部門個別費
部門個別費とは，製造間接費のうちどの部門で発生したかが明らかな費目をいいます。
〈例〉各部門の機械の減価償却費，各部門に所属する間接工の賃金など

(2) 部門共通費
部門共通費とは，製造間接費のうち2つ以上の部門に共通して発生するため，どの部門で発生したかが明らかでない費目をいいます。
〈例〉工場建物の減価償却費，工場長の給料など

部門個別費はどの部門で発生したかが明らかなので，発生した部門へ賦課（直課）します。これに対して，部門共通費はどの部門で発生したかが明らかではないので，適切な配賦基準によって各部門に配賦します。

なお，各原価部門に集計された原価を部門費といいます。また，この集計を行うにあたり部門費配賦表が作成されます。

2. 仕訳と勘定記入

製造間接費の各製造部門と補助部門への集計を終えた後，その結果にもとづいて製造間接費の金額を各部門へ振り替える仕訳と勘定記入を行います。

〈勘定連絡図〉

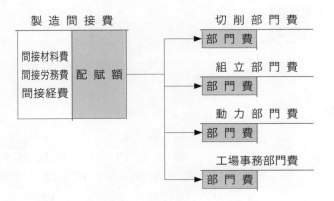

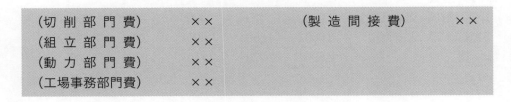

　次の資料により，工場全体で発生した製造間接費6,600円を各製造部門と補助部門へ集計するための，部門費配賦表を作成しなさい。また，製造間接費の金額を各部門費勘定に振り替えるための仕訳を示しなさい。

（資　料）

1．部門個別費

	切削部門	組立部門	動力部門	工場事務部門
	1,470円	1,610円	420円	50円

2．部門共通費

　　福利施設負担額　　1,050円　　　　建物減価償却費　　2,000円

3．部門共通費の配賦基準

	合　計	切削部門	組立部門	動力部門	工場事務部門
従業員数	70人	30人	20人	10人	10人
占有面積	400㎡	170㎡	160㎡	50㎡	20㎡

〈解答欄〉

部　門　費　配　賦　表　　　　　　（単位：円）

摘　　要	配　賦基　準	合　計	製　造　部　門		補　助　部　門	
			切削部門	組立部門	動力部門	工場事務部門
部門個別費						
部門共通費						
福利施設負担額	従業員数					
建物減価償却費	占有面積					
部　門　費						

〈解答・解説〉

(1)　**部門費配賦表**

部　門　費　配　賦　表　　　　　　（単位：円）

摘　　要	配　賦基　準	合　計	製　造　部　門		補　助　部　門	
			切削部門	組立部門	動力部門	工場事務部門
部門個別費		3,550	1,470	1,610	420	50
部門共通費						
福利施設負担額	従業員数	1,050	450	300	150	150
建物減価償却費	占有面積	2,000	850	800	250	100
部　門　費		6,600	2,770	2,710	820	300

福利施設負担額：$\dfrac{1,050\,円}{30人 + 20人 + 10人 + 10人} \times 30人 = 450\,円$（切 削 部 門）

$\qquad\qquad\qquad\qquad〃\qquad\qquad\times 20人 = 300\,円$（組 立 部 門）

$\qquad\qquad\qquad\qquad〃\qquad\qquad\times 10人 = 150\,円$（動 力 部 門）

$\qquad\qquad\qquad\qquad〃\qquad\qquad\times 10人 = 150\,円$（工場事務部門）

建物減価償却費：$\dfrac{2,000\,円}{170㎡ + 160㎡ + 50㎡ + 20㎡} \times 170㎡ = 850\,円$（切 削 部 門）

$\qquad\qquad\qquad\qquad〃\qquad\qquad\times 160㎡ = 800\,円$（組 立 部 門）

$\qquad\qquad\qquad\qquad〃\qquad\qquad\times 50㎡ = 250\,円$（動 力 部 門）

$\qquad\qquad\qquad\qquad〃\qquad\qquad\times 20㎡ = 100\,円$（工場事務部門）

(2) **勘定連絡図**

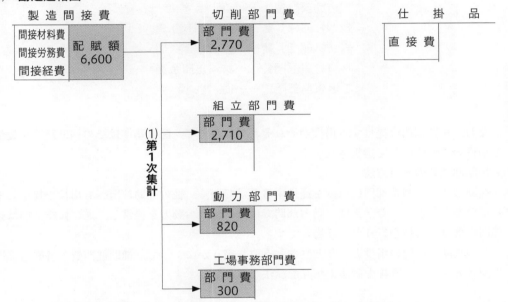

(注) 製造間接費を各製造部門と補助部門に集計する際，製造間接費勘定を経由せず，材料，賃金，経費の諸勘定から直接，製造部門費および補助部門費勘定へ集計する方法もあります。

(3) **仕訳**

（切 削 部 門 費）	2,770	（製 造 間 接 費）	6,600
（組 立 部 門 費）	2,710		
（動 力 部 門 費）	820		
（工場事務部門費）	300		

6 補助部門費の各製造部門への配賦（第2次集計）

　各製造部門と補助部門に集計された製造間接費のうち，補助部門に集計された金額（補助部門費といいます）は各製造部門へ配賦します。

　補助部門は製品の加工作業に直接関係しているわけではなく，製造部門を補助する部門なので，製造部門を補助した割合（補助部門の用役を提供した割合）に応じて，補助部門費をいったん各製造部門に配賦し，それぞれの製造部門から各製造指図書に配賦します。

1. 補助部門費の配賦

(1) 補助部門費の配賦基準

　　補助部門費を製造部門へ配賦する際の配賦基準には，次のようなものがあります。

補助部門費	配賦基準
動 力 部 門 費	動 力 消 費 量
修 繕 部 門 費	修 繕 時 間
材料倉庫部門費	材料出庫金額
工場事務部門費	従 業 員 数

　　なお，補助部門は提供する用役がそれぞれ異なるので，配賦基準はその補助部門が提供する用役の特性に応じて選択されます。

(2) 補助部門費の配賦方法

　　補助部門は，製造部門に用役を提供するだけでなく，他の補助部門へも用役を提供している場合があります。たとえば，動力部門では修繕部門へ動力を提供し，逆に修繕部門は動力部門の機械の修繕を行うという場合です。

　　この補助部門間の用役のやりとりをどう取り扱うかによって，補助部門費の各製造部門への配賦方法には，直接配賦法や相互配賦法などがあります。

2. 直接配賦法

　直接配賦法とは，補助部門間の用役のやりとりをまったく無視して，製造部門に対する用役の提供のみを考えて補助部門費を製造部門へ配賦する方法です。

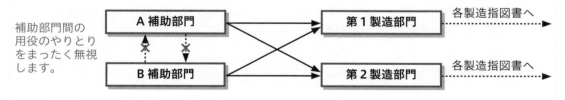

　本書では，直接配賦法を前提に説明します。

3. 仕訳と勘定記入

　補助部門費を各製造部門へ配賦する計算を終えた後，その結果にもとづいて，補助部門費の金額を製造部門へ振り替える仕訳と勘定記入を行います。

〈勘定連絡図〉

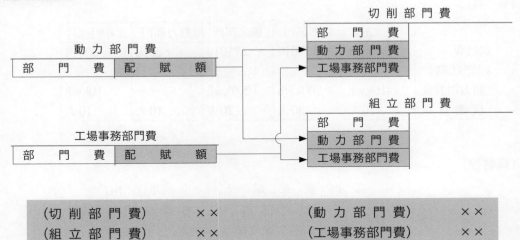

| （切　削　部　門　費） | ×× | （動　力　部　門　費） | ×× |
| （組　立　部　門　費） | ×× | （工場事務部門費） | ×× |

(注) 補助部門費を予定配賦する場合もあります。

部門別個別原価計算（Ⅰ）

次の資料にもとづいて，直接配賦法による部門費配賦表を完成しなさい。また，補助部門費の金額を各製造部門に振り替えるための仕訳を示しなさい。

（資　料）

	合　計	切削部門	組立部門	動力部門	工場事務部門
部門費	6,600円	2,770円	2,710円	820円	300円
補助部門費配賦基準：					
動力消費量	410kwh	200kwh	200kwh	──	10kwh
従 業 員 数	70人	30人	20人	10人	10人

〈解答欄〉

部　門　費　配　賦　表　　　　（単位：円）

摘　　要	合　計	製造部門		補助部門	
		切削部門	組立部門	動力部門	工場事務部門
部　門　費					
動 力 部 門 費					
工場事務部門費					
製 造 部 門 費					

〈解答・解説〉

(1)　部門費配賦表

部　門　費　配　賦　表　　　　（単位：円）

摘　　要	合　計	製造部門		補助部門	
		切削部門	組立部門	動力部門	工場事務部門
部　門　費	6,600	2,770	2,710	820	300
動 力 部 門 費		410	410		
工場事務部門費		180	120		
製 造 部 門 費	6,600	3,360	3,240		

動力部門費：$\dfrac{820\,円}{200kwh + 200kwh} \times 200kwh = 410\,円$（切削部門）

　　　　　〃　　　　　　$\times 200kwh = 410\,円$（組立部門）

工場事務部門費：$\dfrac{300\,円}{30人 + 20人} \times 30人 = 180\,円$（切削部門）

　　　　　〃　　　　　$\times 20人 = 120\,円$（組立部門）

(2) 勘定連絡図

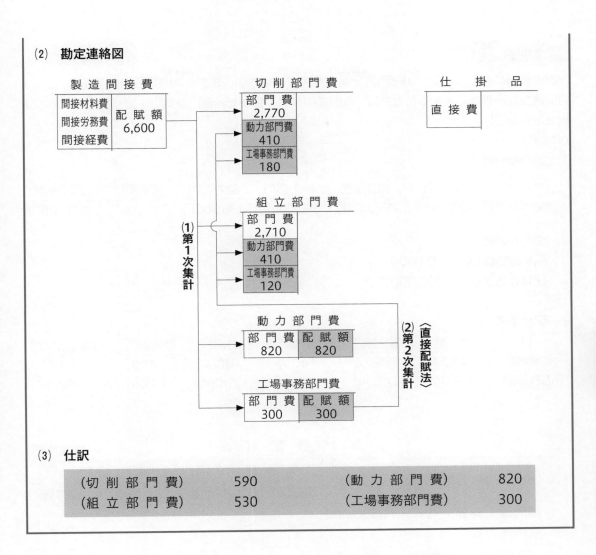

(3) 仕訳

| （切 削 部 門 費） | 590 | （動 力 部 門 費） | 820 |
| （組 立 部 門 費） | 530 | （工場事務部門費） | 300 |

　次の資料にもとづいて，(1)部門費配賦表を完成しなさい。また，(2)与えられた勘定の（　　）内に適当な金額を記入するとともに，(3)製造間接費の金額を各部門費勘定に振り替えるための仕訳を示しなさい。

（資　料）

1．部門個別費：

	合　計	組立部門	仕上部門	動力部門	修繕部門	工場事務部門
部門個別費	1,396,000円	488,000円	390,000円	136,000円	210,000円	172,000円

2．部門共通費：

　福利施設負担額　504,000円

　建物減価償却費　300,000円

3．配賦基準：

	合　計	組立部門	仕上部門	動力部門	修繕部門	工場事務部門
従業員数	420人	180人	140人	40人	40人	20人
占有面積	1,200㎡	400㎡	400㎡	200㎡	120㎡	80㎡

(1)

部　門　費　配　賦　表　　　　　　　　　（単位：円）

摘　　要	配賦基準	合　計	製　造　部　門		補　助　部　門		
			組立部門	仕上部門	動力部門	修繕部門	工場事務部門
部門個別費		1,396,000					
部門共通費							
福利施設負担額	従業員数	504,000					
建物減価償却費	占有面積	300,000					
部　　門　　費		2,200,000					

(2)

動　力　部　門　費

製造間接費（　　　　　）｜

組　立　部　門　費

製造間接費（　　　　　）｜

修　繕　部　門　費

製造間接費（　　　　　）｜

仕　上　部　門　費

製造間接費（　　　　　）｜

工場事務部門費

製造間接費（　　　　　）｜

(3)

借方科目	金　額	貸方科目	金　額

基本例題21

解答・解説287ページ

　次の資料にもとづいて，(1)直接配賦法による部門費配賦表を完成しなさい。また，(2)与えられた勘定の（　　）内に適当な金額を記入するとともに，(3)補助部門費を製造部門に配賦するための仕訳を示しなさい。

（資　料）

	合　計	組立部門	仕上部門	動力部門	修繕部門	工場事務部門
動力消費量	2,000kwh	1,000kwh	800kwh	――	200kwh	
修繕作業時間	1,000時間	400時間	400時間	200時間	――	――
従業員数	420人	180人	140人	40人	40人	20人

(1)　　　　　　　　　　　部　門　費　配　賦　表　　　　　　（単位：円）

摘　　要	合　計	製　造　部　門		補　助　部　門		
		組立部門	仕上部門	動力部門	修繕部門	工場事務部門
部　門　費	2,200,000	804,000	658,000	234,000	288,000	216,000
工場事務部門費						
修繕部門費						
動力部門費						
製造部門費	2,200,000					

(2)

動 力 部 門 費	
製造間接費　234,000	組立部門費（　　　　）
	仕上部門費（　　　　）

組 立 部 門 費	
製造間接費　804,000	
動力部門費（　　　　）	
修繕部門費（　　　　）	
工場事務部門費（　　　　）	

修 繕 部 門 費	
製造間接費　288,000	組立部門費（　　　　）
	仕上部門費（　　　　）

仕 上 部 門 費	
製造間接費　658,000	
動力部門費（　　　　）	
修繕部門費（　　　　）	
工場事務部門費（　　　　）	

工 場 事 務 部 門 費	
製造間接費　216,000	組立部門費（　　　　）
	仕上部門費（　　　　）

（注）本来，相手科目が複数の場合には「諸口」として合計額で記入するが，ここでは個々の相手科目を示している。

(3)

借方科目	金　　額	貸方科目	金　　額

4. 相互配賦法

　相互配賦法とは，補助部門間の用役のやりとりを考慮のうえ配賦を行う方法で，純粋な相互配賦法と簡便的な相互配賦法があります。このうち2級で学習する簡便的な相互配賦法とは，最初の配賦計算（第1次配賦）だけについて補助部門間のやりとりを認め，次の配賦（第2次配賦）においては直接配賦法と同様に補助部門間のやりとりを無視するという方法です。

〈簡便的な相互配賦法〉

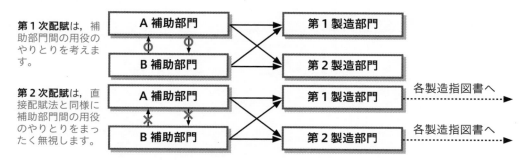

第1次配賦は，補助部門間の用役のやりとりを考えます。

第2次配賦は，直接配賦法と同様に補助部門間の用役のやりとりをまったく無視します。

次の資料にもとづいて，相互配賦法による部門費配賦表を完成しなさい。

（資　料）

	合　計	切削部門	組立部門	動力部門	工場事務部門
部門費	6,600円	2,770円	2,710円	820円	300円
動力消費量	410kwh	200kwh	200kwh	——	10kwh
従 業 員 数	70人	30人	20人	10人	10人

〈解答欄〉

部 門 費 配 賦 表　　（単位：円）

摘　　要	合　計	製 造 部 門		補 助 部 門	
		切削部門	組立部門	動力部門	工場事務部門
部　門　費					
第 1 次 配 賦					
動 力 部 門 費					
工場事務部門費					
第 2 次 配 賦					
動 力 部 門 費					
工場事務部門費					
製 造 部 門 費					

〈解答・解説〉

部 門 費 配 賦 表　　（単位：円）

摘　　要	合　計	製 造 部 門		補 助 部 門	
		切削部門	組立部門	動力部門	工場事務部門
部　門　費	6,600	2,770	2,710	820	300
第 1 次 配 賦					
動 力 部 門 費		400	400	——	20
工場事務部門費		150	100	50	——
第 2 次 配 賦				50	20
動 力 部 門 費		25	25		
工場事務部門費		12	8		
製 造 部 門 費	6,600	3,357	3,243		

〈第 1 次配賦〉

$$動力部門費：\frac{820円}{200kwh + 200kwh + 10kwh} \times 200kwh = 400円（切 削 部 門）$$

$$〃 \qquad\qquad \times 200kwh = 400円（組 立 部 門）$$

$$〃 \qquad\qquad \times\ 10kwh =\ 20円（工場事務部門）$$

$$工場事務部門費：\frac{300\,円}{30\,人+20\,人+10\,人}\times 30\,人=150\,円（切削部門）$$
$$〃\qquad\qquad\times 20\,人=100\,円（組立部門）$$
$$〃\qquad\qquad\times 10\,人=\ 50\,円（動力部門）$$

（注）自部門から自部門への配賦は行わないので注意してください。

〈第2次配賦〉

$$動力部門費：\frac{50\,円}{200kwh+200kwh}\times 200kwh=25\,円（切削部門）$$
$$〃\qquad\qquad\times 200kwh=25\,円（組立部門）$$

$$工場事務部門費：\frac{20\,円}{30\,人+20\,人}\times 30\,人=12\,円（切削部門）$$
$$〃\qquad\qquad\times 20\,人=\ 8\,円（組立部門）$$

（切削部門費）	587	（動力部門費）	820
（組立部門費）	533	（工場事務部門費）	300

切削部門費：第1次配賦400円+150円+第2次配賦25円+12円=587円
組立部門費：第1次配賦400円+100円+第2次配賦25円+ 8円=533円

★supplement
実際配賦と予定配賦

　補助部門費を製造部門に配賦する際には，補助部門費の実際発生額を配賦（実際配賦）することが比較的多いですが，補助部門費を実際配賦することは，責任会計の見地から望ましくありません。なぜなら，補助部門費を実際配賦すると，業績測定に適切な原価を製造部門に集計することができないからです。

　なお，工場経営における責任会計（せきにんかいけい）とは，業績の測定と評価を適切に行うための会計手法のことをいいます。

　責任会計においては，各センターの責任者は自ら管理可能な原価についての発生責任を負っています。そこで，部門別や作業種類別（これをコスト・センターといいます）に原価を集計し，これと予算などを比較することによって原価差異が把握され，その結果をもとに業績評価が行われます。

　したがって，製造部門の業績が補助部門費配賦後の金額によって評価されるような場合には，補助部門費を実際配賦すると，補助部門での原価管理の善し悪しが製造部門にも影響してしまうことになります。そこで，こうした問題を解決するために予定配賦を行うことがあります。

$$\text{補助部門費予定配賦率：} \frac{\text{各補助部門費年間予算額}}{\text{各補助部門の年間配賦基準数値の合計}}$$

$$\text{補助部門費予定配賦額：} \begin{array}{c}\text{補助部門費}\\\text{予定配賦率}\end{array} \times \begin{array}{c}\text{各 部 門 の}\\\text{実際配賦基準数値}\end{array}$$

■設 例

修繕部門は，切削部門と組立部門に対して修繕サービスを行っている。

次の資料にもとづいて，修繕部門費を(1)実際配賦する場合と(2)予定配賦する場合について，各製造部門への配賦額を計算しなさい。また，(3)予定配賦した場合の修繕部門費配賦差異を計算しなさい。

（資　料）

1．当月の実績に関するデータ

修繕部門費実際発生額 ………………………………… 1,627,500円

切削部門に対する実際修繕作業時間 ……………… 48時間

組立部門に対する実際修繕作業時間 ……………… 57時間

2．月次予算データに関するデータ

修繕部門費予算額 ……………………………………… 1,500,000円

切削部門に対する予定修繕作業時間 ……………… 47時間

組立部門に対する予定修繕作業時間 ……………… 53時間

〈解答・解説〉

(1)　実際配賦する場合

$$\text{実際配賦率：} \frac{1,627,500\text{円}}{48\text{時間} + 57\text{時間}} = 15,500\text{円／時間}$$

切削部門への配賦額：15,500円 × 48時間 = 744,000円

組立部門への配賦額：15,500円 × 57時間 = 883,500円

(2)　予定配賦する場合

$$\text{予定配賦率：} \frac{1,500,000\text{円}}{47\text{時間} + 53\text{時間}} = 15,000\text{円／時間}$$

切削部門への配賦額：15,000円／時間 × 48時間（注） = 720,000円 ⎫
組立部門への配賦額：15,000円／時間 × 57時間（注） = 855,000円 ⎬ 1,575,000円

（注）予定配賦額は，予定配賦率に実際配賦基準数値を乗じて計算します。予定配賦基準数値ではないので注意してください。

(3)　修繕部門費配賦差異：予定配賦額1,575,000円 − 実際発生額1,627,500円

= △52,500円（借方差異）

11 部門別個別原価計算（Ⅱ）
Theme

Check ここでは，部門別個別原価計算における，製造部門に集計された製造間接費（製造部門費）の各製造指図書への配賦について学習します。

1 製造部門費の実際配賦

部門別個別原価計算では，製造間接費は第1次集計から第2次集計を経て各製造部門へと集計されます。この最終的に各製造部門へ集計された製造間接費のことを製造部門費といい，この製造部門費を各製造指図書へ配賦します。

1. 実際配賦額の計算

製造部門費を各製造指図書に実際配賦する際の計算方法は，次のとおりです。

(1) 製造部門費の実際配賦率

$$部門別実際配賦率 = \frac{当月の各製造部門費の実際発生額}{当月の各製造部門の実際配賦基準数値の合計}$$

(2) 製造部門費の（各製品への）配賦額

$$製造部門費実際配賦額 = 部門別実際配賦率 × 各製品の実際配賦基準数値$$

2. 仕訳と勘定記入

製造部門費を各製造指図書に配賦する計算が終了した後，各製造部門費実際配賦額を仕掛品勘定へ振り替える仕訳と勘定記入を行います。

〈勘定連絡図〉

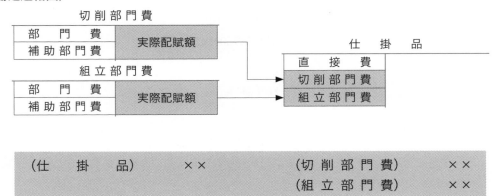

108

次の資料にもとづいて，原価計算表（総括表）を作成し，仕訳を示しなさい。

（資　料）

各製造部門費勘定に集計された当月の補助部門費配賦後の製造部門費は，切削部門費が3,360円，組立部門費が3,240円であり，これを，切削部門では機械運転時間を配賦基準として，組立部門では直接作業時間を配賦基準として各製造指図書に実際配賦した。

	No.1	No.2
切 削 部 門（機械運転時間）	4時間	3時間
組 立 部 門（直接作業時間）	2時間	2時間

〈解答欄〉

原価計算表（総括表）　　　　（単位：円）

費　目	No.1	No.2	合　計
直 接 材 料 費	2,000	1,500	3,500
直 接 労 務 費	2,000	2,000	4,000
切 削 部 門 費			
組 立 部 門 費			
合　　　計			

〈解答・解説〉

(1)　**原価計算表**

原価計算表（総括表）　　　　（単位：円）

費　目	No.1	No.2	合　計	
直 接 材 料 費	2,000	1,500	3,500	
直 接 労 務 費	2,000	2,000	4,000	
切 削 部 門 費	1,920	1,440	3,360	480円/時間
組 立 部 門 費	1,620	1,620	3,240	810円/時間
合　　　計	7,540	6,560	14,100	

①　**切削部門費の計算**

実際配賦率：$\dfrac{3,360 \text{円}}{4 \text{時間} + 3 \text{時間}} = 480$ 円/時間

実際配賦額：No.1に対する実際配賦額　480円/時間 × 4時間 = 1,920円
　　　　　　No.2に対する実際配賦額　480円/時間 × 3時間 = 1,440円

②　**組立部門費の計算**

実際配賦率：$\dfrac{3,240 \text{円}}{2 \text{時間} + 2 \text{時間}} = 810$ 円/時間

実際配賦額：No.1に対する実際配賦額　810円/時間 × 2時間 = 1,620円
　　　　　　No.2に対する実際配賦額　810円/時間 × 2時間 = 1,620円

(2) **勘定連絡図**

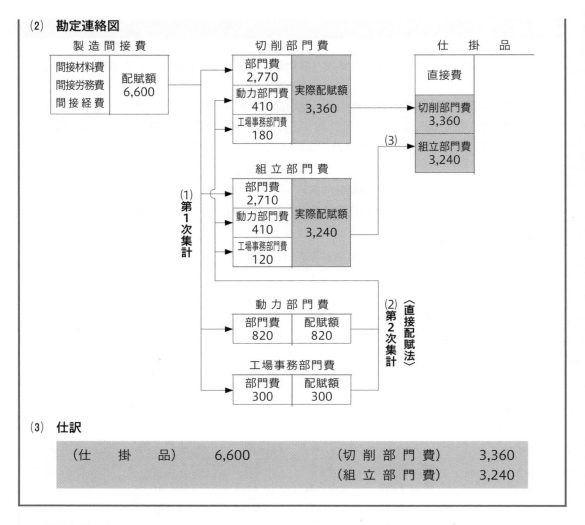

(3) **仕訳**

（仕 掛 品）	6,600	（切 削 部 門 費）	3,360
		（組 立 部 門 費）	3,240

基本例題22

解答・解説288ページ

次の取引について，(1)与えられた勘定の（　　）内に適当な金額を記入するとともに，(2)必要な仕訳を示しなさい。

① 当月の製造直接費は次のとおりである。

　直接材料費　800,000円

　直接労務費　900,000円

② 当月の製造間接費2,200,000円を，次のように各部門に配賦した。

	組立部門	仕上部門	動力部門	修繕部門	工場事務部門
部　門　費	804,000円	658,000円	234,000円	288,000円	216,000円

③ 補助部門費の各製造部門への配賦額は次のとおりである。

	組立部門	仕上部門
動 力 部 門 費	130,000円	104,000円
修 繕 部 門 費	144,000円	144,000円
工場事務部門費	121,500円	94,500円

④ 製造部門費を各製造指図書へ配賦した。

製造部門費	組立部門	仕上部門
	1,199,500円	1,000,500円

(1)

組 立 部 門 費
製造間接費（　　）	仕 掛 品（　　）
動力部門費（　　）	
修繕部門費（　　）	
工場事務部門費（　　）	

仕 掛 品
材　　料（　　）	
賃　　金（　　）	
組立部門費（　　）	
仕上部門費（　　）	

仕 上 部 門 費
製造間接費（　　）	仕 掛 品（　　）
動力部門費（　　）	
修繕部門費（　　）	
工場事務部門費（　　）	

動 力 部 門 費
製造間接費（　　）	組立部門費（　　）
	仕上部門費（　　）

修 繕 部 門 費
製造間接費（　　）	組立部門費（　　）
	仕上部門費（　　）

工場事務部門費
製造間接費（　　）	組立部門費（　　）
	仕上部門費（　　）

(注) 本来，相手科目が複数の場合には「諸口」として合計額で記入するが，ここでは個々の相手科目を示している。

(2)

	借方科目	金 額	貸方科目	金 額
①				
②				
③				
④				

基本例題23

当工場では受注生産により製品を製造している。製造間接費は製造部門ごとに部門別配賦率を用いて各製品へ実際配賦している。次の資料にもとづいて，(1)原価計算表を完成させなさい。また，(2)与えられた勘定の（　）内に適当な金額を記入しなさい。

1．11月1日から30日までの材料，賃金，経費の消費額は次のとおりであった。

	製造指図書 No.1	製造指図書 No.2	製造指図書 番号のないもの	合計
材　料	2,000円	1,500円	1,500円	5,000円
賃　金	2,000円	2,000円	1,500円	5,500円
経　費	──	──	3,600円	3,600円

2．部門別配賦率（実際配賦率）を用いて，製造間接費を各製造指図書へ配賦する。

① 製造間接費6,600円は部門個別費3,550円と部門共通費3,050円（福利施設負担額1,050円および建物減価償却費2,000円）であり，これを各部門費勘定に振り替える。

（資　料）

部門共通費 配賦基準	合　計	切削部門	組立部門	動力部門	修繕部門	工場事務部門
従 業 員 数	70人	30人	20人	6人	4人	10人
占 有 面 積	400㎡	170㎡	160㎡	30㎡	20㎡	20㎡

部 門 費 配 賦 表　　　　　　　　　　（単位：円）

摘　　要	配賦基準	合　計	製造部門 切削部門	製造部門 組立部門	補助部門 動力部門	補助部門 修繕部門	補助部門 工場事務部門
部 門 個 別 費		3,550	1,500	1,580	160	260	50
部 門 共 通 費							
福利施設負担額	従業員数	1,050					
建物減価償却費	占有面積	2,000					
部 　門 　費		6,600					

② 補助部門費を直接配賦法によって各製造部門へ配賦する。

（資　料）

補助部門費 配賦基準	合　計	切削部門	組立部門	動力部門	修繕部門	工場事務部門
動力消費量	800kwh	320kwh	320kwh	──	100kwh	60kwh
修繕作業時間	60時間	24時間	32時間	4時間	──	──
従 業 員 数	70人	30人	20人	6人	4人	10人

部門費配賦表　　　　（単位：円）

摘　　要	合　計	製造部門		補助部門		
		切削部門	組立部門	動力部門	修繕部門	工場事務部門
部　門　費	6,600					
動力部門費						
修繕部門費						
工場事務部門費						
製造部門費	6,600					

③　各製造部門費勘定に集計された補助部門費配賦後の製造部門費を，切削部門では機械運転時間を配賦基準として，組立部門では直接作業時間を配賦基準として各製品に実際配賦した。なお，11月の機械運転時間および直接作業時間は次のとおりであった。

（資　料）

	製造指図書No.1	製造指図書No.2	合　計
切削部門　機械運転時間	4時間	3時間	7時間
組立部門　直接作業時間	2時間	2時間	4時間

3．製造指図書No.1が完成した。なお，製造指図書No.2は11月末現在未完成である。

(1)

原価計算表（総括表）　　（単位：円）

費　目	No.1	No.2	合　計
直接材料費			
直接労務費			
切削部門費			
組立部門費			
合　　計			

(2)

切削部門費

製造間接費（　　　）	仕　掛　品（　　　）		
動力部門費（　　　）			
修繕部門費（　　　）			
工場事務部門費（　　　）			
（　　　）	（　　　）		

仕　掛　品

材　　料（　　　）	製　　品（　　　）		
賃　　金（　　　）	次月繰越（　　　）		
切削部門費（　　　）			
組立部門費（　　　）			
（　　　）	（　　　）		

組立部門費

製造間接費（　　　）	仕　掛　品（　　　）		
動力部門費（　　　）			
修繕部門費（　　　）			
工場事務部門費（　　　）			
（　　　）	（　　　）		

（注）本来，相手科目が複数の場合には「諸口」として合計額で記入するが，ここでは個々の相手科目を示している。

2 製造部門費の予定配賦

製造部門費を予定配賦する場合の計算手続は，次のとおりです。

(1) 部門別予定配賦率の決定（会計年度期首）

通常，会計年度期首に製造部門費の予定配賦率を決定します。

$$\text{部門別予定配賦率} = \frac{\text{各製造部門費年間予算額}}{\text{各製造部門の年間予定配賦基準数値の合計}}$$

(2) 部門別予定配賦額の計算（各原価計算期間）

部門別予定配賦率に各製造指図書の実際配賦基準数値を乗じて，製造部門費の予定配賦額を計算し，処理します。

$$\text{製造部門費予定配賦額} = \text{部門別予定配賦率} \times \text{各製品の実際配賦基準数値}$$

（仕　　掛　　品）	××	（Ａ製造部門費）	××
		（Ｂ製造部門費）	××

(3) 実際発生額の集計（各原価計算期間）

製造部門費の実際発生額を集計します。

① 第1次集計：実際発生額の各部門への配賦

（Ａ製造部門費）	××	（製造間接費）	××
（Ｂ製造部門費）	××		
（Ｘ補助部門費）	××		

② 第2次集計：部門費の配賦

（Ａ製造部門費）	××	（Ｘ補助部門費）	××
（Ｂ製造部門費）	××		

(4) 製造部門費配賦差異の把握（各原価計算期間）

製造部門費の予定配賦額と実際発生額の差額を製造部門費配賦差異（原価差異）として把握します。なお，原価差異は，下記算式の結果が，マイナスならば借方差異（不利差異），プラスならば貸方差異（有利差異）と判断します。

$$\text{製造部門費配賦差異} = \text{予定配賦額} - \text{実際発生額}$$

また，製造部門費勘定の残高を製造部門費配賦差異勘定へ振り替えます。

① Ａ製造部門：予定配賦額＜実際発生額（借方差異）の場合

（製造部門費配賦差異）	××	（Ａ製造部門費）	××

② Ｂ製造部門：予定配賦額＞実際発生額（貸方差異）の場合

114

| （Ｂ製造部門費） | ×× | （製造部門費配賦差異） | ×× |

〈勘定連絡図〉

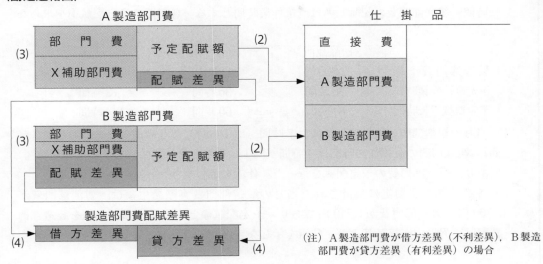

（注）Ａ製造部門費が借方差異（不利差異），Ｂ製造
部門費が貸方差異（有利差異）の場合

(5) 売上原価に賦課（会計年度末）

製造部門費配賦差異（原価差異）は，原則として，会計年度末において，売上原価に加減
算します（売上原価に賦課します）。

① 借方差異（＝不利差異）の場合

| （売　上　原　価） | ×× | （製造部門費配賦差異） | ×× |

② 貸方差異（＝有利差異）の場合

| （製造部門費配賦差異） | ×× | （売　上　原　価） | ×× |

(1) 当年度の年間予算数値は次のとおりである。なお，切削部門費の配賦基準は機械運転時間，組立部門費の配賦基準は直接作業時間とする。各部門の予定配賦率を求めなさい。

	切削部門	組立部門	合　計
製造部門費予算	37,800円	34,200円	72,000円
予定直接作業時間	36時間	36時間	72時間
予定機械運転時間	84時間	60時間	144時間

(2) 当月の切削部門の機械運転時間は7時間（No.1に対して4時間，No.2に対して3時間），組立部門の直接作業時間は4時間（No.1に対して2時間，No.2に対して2時間）であり，製造部門費の予定配賦を行った。仕訳を示しなさい。

(3) 各製造部門費勘定に集計された当月の製造部門費実際発生額は，切削部門費が3,360円，組立部門費が3,240円であり，予定配賦額と実際発生額の差額を製造部門費配賦差異勘定へ振り替えた。仕訳を示しなさい。

〈解答・解説〉

(1) 切削部門費予定配賦率： $\dfrac{37,800円}{84時間}$ ＝ 450円/時間

組立部門費予定配賦率： $\dfrac{34,200円}{36時間}$ ＝ 950円/時間

（注）この部門別予定配賦率を算定するためには，各製造部門費の年間予算額を計算しておく必要があります。詳しくは，次のsupplement「部門別予定配賦率の算定（予算部門費配賦表の作成）」を参照してください。

(2)

（仕 掛 品）	6,950	（切 削 部 門 費）	3,150
		（組 立 部 門 費）	3,800

① **切削部門費の計算**

予定配賦額：No.1に対する予定配賦額　450円/時間×4時間＝1,800円
No.2に対する予定配賦額　450円/時間×3時間＝1,350円

② **組立部門費の計算**

予定配賦額：No.1に対する予定配賦額　950円/時間×2時間＝1,900円
No.2に対する予定配賦額　950円/時間×2時間＝1,900円

原価計算表（総括表）　　　（単位：円）

費　目	No.1	No.2	合　計	
直 接 材 料 費	2,000	1,500	3,500	
直 接 労 務 費	2,000	2,000	4,000	
切 削 部 門 費	1,800	1,350	3,150	450円/時間
組 立 部 門 費	1,900	1,900	3,800	950円/時間
合　計	7,700	6,750	14,450	

(3)

| （製造部門費配賦差異） | 210 | （切　削　部　門　費） | 210 |
| （組　立　部　門　費） | 560 | （製造部門費配賦差異） | 560 |

① 　切削部門費配賦差異：$\underset{\text{予定配賦額}}{3{,}150\,円} - \underset{\text{実際発生額}}{3{,}360\,円} = \triangle\,210\,円$ （借方差異）

② 　組立部門費配賦差異：$\underset{\text{予定配賦額}}{3{,}800\,円} - \underset{\text{実際発生額}}{3{,}240\,円} = +\,560\,円$ （貸方差異）

〈勘定連絡図〉

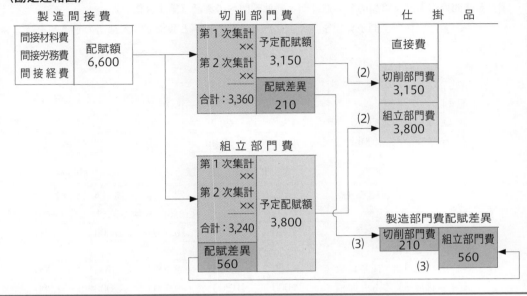

部門別予定配賦率の算定（予算部門費配賦表の作成）

　部門別個別原価計算を行うにあたり，各製造部門費を各製造指図書に予定配賦する際には，通常，会計年度期首において各製造部門費の予定配賦率を算定します。

　この部門別予定配賦率を算定するためには，各製造部門費の年間予算額を計算しておく必要があり，工場全体の製造間接費年間予算額に対して予算部門費配賦表を作成します。

(1) 製造間接費年間予算額の各製造部門と補助部門への集計（第１次集計）

　　まず，製造間接費年間予算額を各製造部門と補助部門へと集計し，各部門の予算額を計算します。

（資　料）

部門共通費の配賦基準	合　計	切削部門	組立部門	動力部門	工場事務部門
従 業 員 数	70人	30人	20人	10人	10人
占 有 面 積	400㎡	170㎡	160㎡	50㎡	20㎡

部　門　費　配　賦　表　　　　（単位：円）

摘　　　要	配賦基準	合計	製 造 部 門		補 助 部 門	
			切削部門	組立部門	動力部門	工場事務部門
部 門 個 別 費		39,600	16,500	16,500	6,000	600
部 門 共 通 費						
福利施設負担額	従業員数	8,400	3,600	2,400	1,200	1,200
建物減価償却費	占有面積	24,000	10,200	9,600	3,000	1,200
部 門 費		72,000	30,300	28,500	10,200	3,000

$$\text{福利施設負担額：}\dfrac{8,400\,円}{30人+20人+10人+10人}$$

　　　　　　　　　　　　　 $\times 30人 = 3,600円（切 削 部 門）$
　　　　　　　　　　　　〃　$\times 20人 = 2,400円（組 立 部 門）$
　　　　　　　　　　　　〃　$\times 10人 = 1,200円（動 力 部 門）$
　　　　　　　　　　　　〃　$\times 10人 = 1,200円（工場事務部門）$

$$\text{建物減価償却費：}\dfrac{24,000\,円}{170㎡+160㎡+50㎡+20㎡}$$

　　　　　　　　　　　　　 $\times 170㎡ = 10,200円（切 削 部 門）$
　　　　　　　　　　　　〃　$\times 160㎡ = 9,600円（組 立 部 門）$
　　　　　　　　　　　　〃　$\times 50㎡ = 3,000円（動 力 部 門）$
　　　　　　　　　　　　〃　$\times 20㎡ = 1,200円（工場事務部門）$

⑵　補助部門費予算額の各製造部門への配賦（第2次集計）

　　次に，補助部門費予算額を各製造部門へと配賦します。なお，補助部門費の配賦は直接配賦
法によります。

（資　料）

補助部門費の配賦基準	合　　計	切削部門	組立部門	動力部門	工場事務部門
動力消費量	7,100kwh	3,800kwh	3,000kwh	――――	300kwh
従 業 員 数	70人	30人	20人	10人	10人

部 門 費 配 賦 表　　　　　　　（単位：円）

摘　　　　　要	合　　計	製 造 部 門		補 助 部 門	
		切削部門	組立部門	動力部門	工場事務部門
部　　門　　費	72,000	30,300	28,500	10,200	3,000
動 力 部 門 費		5,700	4,500		
工 場 事 務 部 門 費		1,800	1,200		
製 造 部 門 費	72,000	37,800	34,200		

動力部門費：$\dfrac{10,200 円}{3,800kwh + 3,000kwh}$ × 3,800kwh = 5,700 円（切 削 部 門）

　　　　　　　　　〃　　　　　　× 3,000kwh = 4,500 円（組 立 部 門）

工場事務部門費：$\dfrac{3,000 円}{30 人 + 20 人}$ × 30 人 = 1,800 円（切 削 部 門）

　　　　　　　　　〃　　　× 20 人 = 1,200 円（組 立 部 門）

⑶　製造部門費の予定配賦率の算定

　　最後に，各製造部門に集計された補助部門費予算額配賦後の製造部門費年間予算額を，各製
造部門の年間予定配賦基準数値合計（基準操業度）で除して，各製造部門ごとの予定配賦率を
計算します。

（資　料）

切削部門費の配賦基準は機械運転時間，組立部門費の配賦基準は直接作業時間とする。

配賦基準	切削部門	組立部門	合　　　計
予定直接作業時間	36時間	36時間	72時間
予定機械運転時間	84時間	60時間	144時間

切削部門費予定配賦率：$\dfrac{37,800 円}{84 時間}$ = 450 円／時間

組立部門費予定配賦率：$\dfrac{34,200 円}{36 時間}$ = 950 円／時間

次の取引について，(1)与えられた勘定の（　　　）内に適当な金額を記入するとともに，(2)必要な仕訳を示しなさい。

〔指定勘定科目〕

仕掛品，製造間接費，組立部門費，仕上部門費，動力部門費

修繕部門費，工場事務部門費，製造部門費配賦差異

① 各製造部門の予定配賦額は次のとおりである。

	組立部門	仕上部門
製 造 部 門 費	1,000,000円	1,100,000円

② 当月の製造間接費実際発生額2,200,000円を，次のように各部門に配賦した。

	組立部門	仕上部門	動力部門	修繕部門	工場事務部門
部 　 門 　 費	804,000円	658,000円	234,000円	288,000円	216,000円

③ 補助部門費の各製造部門への配賦額は次のとおりである。

	組立部門	仕上部門
動 力 部 門 費	130,000円	104,000円
修 繕 部 門 費	144,000円	144,000円
工場事務部門費	121,500円	94,500円

④ 各製造部門の実際発生額と予定配賦額との差額を，製造部門費配賦差異勘定へ振り替えた。

(1)

組 立 部 門 費

製造間接費( )	仕 掛 品( )
動力部門費( )	製造部門費配賦差異( )
修繕部門費( )	
工場事務部門費( )	

仕 掛 品

材　　料 800,000	
賃　　金 900,000	
組立部門費( )	
仕上部門費( )	

仕 上 部 門 費

製造間接費( )	仕 掛 品( )
動力部門費( )	
修繕部門費( )	
工場事務部門費( )	
製造部門費配賦差異( )	

製造部門費配賦差異

組立部門費( )	仕上部門費( )

動 力 部 門 費

製造間接費( )	組立部門費( )
	仕上部門費( )

修 繕 部 門 費

製造間接費( )	組立部門費( )
	仕上部門費( )

工場事務部門費

製造間接費( )	組立部門費( )
	仕上部門費( )

(注) 本来，相手科目が複数の場合には「諸口」として合計額で記入するが，ここでは個々の相手科目を示している。

(2)

	借方科目	金　額	貸方科目	金　額
①				
②				
③				
④				

基本例題25

当工場では受注生産により製品を製造している。製造間接費は製造部門ごとに部門別配賦率を用いて各製品へ予定配賦している。次の資料について，(1)原価計算表（総括表）を作成しなさい。また，(2)与えられた勘定の（　）内に適当な金額を記入しなさい。

1．11月1日から30日までの製造指図書No.1およびNo.2に対する材料，賃金，経費の消費額は次のとおりであった。

	製造指図書	
	No.1	No.2
材　料	2,000円	1,500円
賃　金	2,000円	2,000円
経　費	――	――

2．部門別配賦率（予定配賦率）を用いて，製造間接費を各製造指図書へ配賦する。各部門の補助部門費配賦後の製造間接費年間予算額，年間の予定直接作業時間および年間の予定機械運転時間は次のとおりである。なお，切削部門費の配賦基準は機械運転時間，組立部門費の配賦基準は直接作業時間とする。

	切削部門	組立部門	合　計
製造間接費予算額	37,800円	34,200円	72,000円
予定直接作業時間	36時間	36時間	72時間
予定機械運転時間	84時間	60時間	144時間
部門別予定配賦率	円/時間	円/時間	―

11月の実際直接作業時間および実際機械運転時間は次のとおりであった。

	切削部門	組立部門
実際直接作業時間	No.1：2時間 No.2：2時間 計：4時間	No.1：2時間 No.2：2時間 計：4時間
実際機械運転時間	No.1：4時間 No.2：3時間 計：7時間	No.1：2時間 No.2：2時間 計：4時間

3．製造指図書No.1が完成した。なお，製造指図書No.2は11月末現在未完成である。

4① 11月の製造間接費実際発生額は次のとおりであった。これを製造間接費勘定へ振り替える。

　　製造指図書番号のないもの（材料：1,500円，賃金：1,500円，経費：3,600円）

② 次の部門費配賦表をもとに，製造間接費実際発生額を，製造部門と補助部門の各部門費勘定へ振り替える。

部 門 費 配 賦 表　　　　　　　　　　（単位：円）

摘　　　要	配 賦基 準	合　計	製 造 部 門		補 助 部 門		
			切削部門	組立部門	動力部門	修繕部門	工場事務部門
部 門 個 別 費		3,550	1,500	1,580	160	260	50
部 門 共 通 費							
福利施設負担額	従業員数	1,050	450	300	90	60	150
建物減価償却費	占有面積	2,000	850	800	150	100	100
部　　門　　費		6,600	2,800	2,680	400	420	300

③　次の部門費配賦表をもとに，補助部門費を各製造部門へ配賦する。

部 門 費 配 賦 表　　　　　　　　　　（単位：円）

摘　　　要	合　計	製 造 部 門		補 助 部 門		
		切削部門	組立部門	動力部門	修繕部門	工場事務部門
部　門　費	6,600	2,800	2,680	400	420	300
動力部門費		200	200			
修繕部門費		180	240			
工場事務部門費		180	120			
製造部門費	6,600	3,360	3,240			

5．各製造部門の予定配賦額と実際発生額を比較し製造部門費配賦差異を計上する。

(1)

原価計算表（総括表）　　　　（単位：円）

費　目	No. 1	No. 2	合　計
直 接 材 料 費			
直 接 労 務 費			
切 削 部 門 費			
組 立 部 門 費			
合　　　計			

(2)

切 削 部 門 費

製造間接費（　　　）	仕 掛 品（　　　）
動力部門費（　　　）	製造部門費配賦差異（　　　）
修繕部門費（　　　）	
工場事務部門費（　　　）	
（　　　）	（　　　）

仕 掛 品

材　　料（　　　）	製　　品（　　　）
賃　　金（　　　）	次 月 繰 越（　　　）
切削部門費（　　　）	
組立部門費（　　　）	
（　　　）	（　　　）

組 立 部 門 費

製造間接費（　　　）	仕 掛 品（　　　）
動力部門費（　　　）	
修繕部門費（　　　）	
工場事務部門費（　　　）	
製造部門費配賦差異（　　　）	
（　　　）	（　　　）

製造部門費配賦差異

切削部門費（　　　）	組立部門費（　　　）

（注）本来，相手科目が複数の場合には「諸口」として合計額で記入するが，ここでは個々の相手科目を示している。

★supplement
総括配賦と部門別配賦

ここでは,「テーマ08」から「テーマ11」まで学習してきた,単純個別原価計算(総括配賦)と部門別個別原価計算(部門別配賦)の計算結果を比較してみることにします。

1. 実際配賦
(1) 単純個別原価計算(総括配賦)

原価計算表(総括表)　　　(単位:円)

費　目	No. 1	No. 2	合　計
製造間接費	3,600	3,000	6,600

600円/時間

(2) 部門別個別原価計算(部門別配賦)

原価計算表(総括表)　　　(単位:円)

費　目	No. 1	No. 2	合　計
切削部門費	1,920	1,440	3,360
組立部門費	1,620	1,620	3,240

480円/時間
810円/時間

■設　例

当工場では,切削,組立の2つの製造部門を設けて,受注製品の生産をしている。
当月の実績数値は,次のとおりである。

(資　料)

	切削部門	組立部門	合　計
製造間接費	3,360円	3,240円	6,600円
直接作業時間	4時間	4時間	8時間
機械運転時間	7時間	4時間	11時間

(1) 製造間接費を,機械運転時間を配賦基準とした場合の,工場全体で1本の配賦率(総括実際配賦率)を計算しなさい。

(2) 製造間接費を,切削部門においては機械運転時間,組立部門においては直接作業時間をそれぞれの配賦基準とした場合の,製造部門ごとの配賦率(部門別の実際配賦率)を計算しなさい。

〈解答・解説〉

(1) 総括実際配賦率: $\dfrac{6,600円}{11時間} = 600円/時間$

(2) 部門別の実際配賦率

切削部門費: $\dfrac{3,360円}{7時間} = 480円/時間$

組立部門費: $\dfrac{3,240円}{4時間} = 810円/時間$

2．予定配賦

(1) 単純個別原価計算（総括配賦）

原価計算表（総括表）　　　　（単位：円）

費　目	No.1	No.2	合　計	
製 造 間 接 費	3,000	2,500	5,500	500 円 / 時間

(2) 部門別個別原価計算（部門別配賦）

原価計算表（総括表）　　　　（単位：円）

費　目	No.1	No.2	合　計	
切 削 部 門 費	1,800	1,350	3,150	450 円 / 時間
組 立 部 門 費	1,900	1,900	3,800	950 円 / 時間

■設　例

当工場では，切削，組立の2つの製造部門を設けて，受注製品の生産をしている。

会計年度期首における年間の見積数値は，次のとおりである。

（資　料）

	切削部門	組立部門	合　計
製 造 間 接 費	37,800 円	34,200 円	72,000 円
直 接 作 業 時 間	36 時間	36 時間	72 時間
機 械 運 転 時 間	84 時間	60 時間	144 時間

(1) 製造間接費を，機械運転時間を配賦基準とした場合の，工場全体で1本の配賦率（総括予定配賦率）を計算しなさい。

(2) 製造間接費を，切削部門においては機械運転時間，組立部門においては直接作業時間をそれぞれの配賦基準とした場合の，製造部門ごとの配賦率（部門別の予定配賦率）を計算しなさい。

〈解答・解説〉

(1) 総括予定配賦率：$\dfrac{72{,}000\,円}{144\,時間} = 500\,円 / 時間$

(2) 部門別の予定配賦率

切削部門費：$\dfrac{37{,}800\,円}{84\,時間} = 450\,円 / 時間$

組立部門費：$\dfrac{34{,}200\,円}{36\,時間} = 950\,円 / 時間$

複合問題 ❹ 　　　　　　　　　　　　　　　　　目標時間：20分

部門別個別原価計算

　当工場は2つの製造部門（切削部門，組立部門）と3つの補助部門（動力部門，修繕部門，事務部門）を設けて製造間接費を部門別に予定配賦している。製造部門費の配賦基準は，切削部門が機械稼働時間，組立部門が直接作業時間である。よって，以下の **[資料]** にもとづいて，解答欄の(1)月次予算部門別配賦表および(2)各勘定の記入を完成させなさい。なお，補助部門費の各製造部門への配賦は直接配賦法による。

[資　料]

1．補助部門費の配賦に関する月次予算データ

配賦基準	切削部門	組立部門	動力部門	修繕部門	事務部門	合　計
動 力 消 費 量	360kw-h	280kw-h	――	100kw-h	60kw-h	800kw-h
修 繕 作 業 時 間	28時間	28時間	4時間	――	――	60時間
従 業 員 数	30人	20人	6人	4人	10人	70人

2．月次の機械稼働時間および直接作業時間データ

	機械稼働時間		直接作業時間	
	予定時間	実際時間	予定時間	実際時間
切 削 部 門	7時間	7時間	3時間	4時間
組 立 部 門	5時間	4時間	3時間	4時間

126

解 答 欄

(1) 月次予算部門別配賦表

月次予算部門別配賦表　　　　　　　　（単位：円）

摘　　要	合　計	製 造 部 門		補 助 部 門		
		切削部門	組立部門	動力部門	修繕部門	事務部門
部　門　費	6,000	2,550	2,350	400	450	250
事　務　部　門						
修　繕　部　門						
動　力　部　門						
製 造 部 門 費						

(2) 各勘定の記入

製造間接費—切削部門

実 際 発 生 額	3,360	予 定 配 賦 額	（　　　　　）
		予 算 差 異	（　　　　　）
（　　　　　）		（　　　　　）	

製造間接費—組立部門

実 際 発 生 額	3,240	予 定 配 賦 額	（　　　　　）
操 業 度 差 異	（　　　　　）	予 算 差 異	（　　　　　）
（　　　　　）		（　　　　　）	

解答・解説328ページ

CHALLENGE! 複合問題

127

12 総合原価計算（Ⅰ）
Theme

Check ここでは，総合原価計算で最も重要な月末仕掛品の計算について学習します。

1 個別原価計算と総合原価計算

原価計算の方法は，製品をどのように生産しているのか（生産形態といいます）によって，個別原価計算と総合原価計算という2つの計算方法に分けることができます。

1. 個別原価計算
<ruby>こ<rt>こ</rt></ruby><ruby>別<rt>べつ</rt></ruby><ruby>原<rt>げん</rt></ruby><ruby>価<rt>か</rt></ruby><ruby>計<rt>けい</rt></ruby><ruby>算<rt>さん</rt></ruby>
個別原価計算とは，顧客の注文に応じて特定の製品（注文品）を個別に生産する個別受注生産を行う工企業において用いられる原価計算の方法です。具体的には，家具製造業・造船業・大型機械製造業などの業種で採用される方法です。

個別原価計算では，個々の製品ごとに製造指図書を発行し，この製造指図書ごとに原価を集計することで，各製品の原価（製造原価）を計算します。

2. 総合原価計算
<ruby>そう<rt>そう</rt></ruby><ruby>ごう<rt>ごう</rt></ruby><ruby>げん<rt>げん</rt></ruby><ruby>か<rt>か</rt></ruby><ruby>けい<rt>けい</rt></ruby><ruby>さん<rt>さん</rt></ruby>
総合原価計算とは，同じ規格の製品を連続して大量見込生産を行う工企業において用いられる原価計算の方法です。具体的には，パン製造業・自動車製造業・衣料品製造業などの業種で採用される方法です。

総合原価計算では，同じ規格の製品を連続して大量に生産するため，製品の原価は個別に計算せず，1か月（原価計算期間）ごとにまとめて計算します。

具体的には，総合原価計算では，1か月間に製品を生産するのに要した製造原価をまとめて集計し，1か月間の製品の生産量で除して，製品1個あたりの原価（製造原価）を計算します。

3. 総合原価計算における製造原価の分類

　製品の原価を計算する際，製造原価は，まず形態別分類（材料費，労務費，経費）を基礎として，これをさらに製品との関連において製造直接費と製造間接費に分類しますが，総合原価計算では，素材や原料などの直接材料をまず製造工程の始点で投入し，あとはこの直接材料を切削，組立などによって加工するような生産形態が多いです。

　そのため，製造原価を直接材料費と直接材料を加工するためにかかった加工費（直接材料費以外の製造原価）の2種類に分類するのが一般的です。

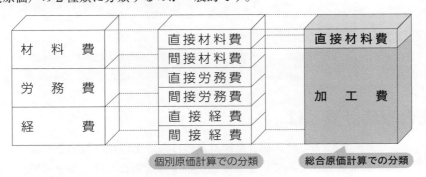

② 総合原価計算の勘定連絡図

　総合原価計算では，1か月間に消費したすべての原価（当月製造費用）を，直接材料費と加工費とに分けて月末仕掛品原価および完成品原価を計算します。

　したがって，勘定記入においても，1か月間に消費したすべての原価を，以下のように直接材料費と加工費とに分けて仕掛品勘定へと振り替えていきます。

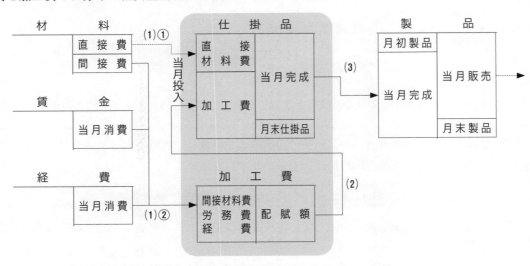

　（注）加工費（または製造間接費）を予定配賦する場合もあります。

⑴ 材料，賃金，経費の消費

① 直接材料費の振り替え

（仕　掛　品）	××	（材　　料）	××

② 間接材料費，賃金，経費の振り替え

（加　工　費）	××	（材　　　料）	××
		（賃　　　金）	××
		（経　　　費）	××

(2) 加工費の配賦

（仕　掛　品）	××	（加　工　費）	××

(3) 完成品原価の振り替え

（製　　　品）	××	（仕　掛　品）	××

3 単純総合原価計算とは

「テーマ12」から「テーマ15」では，総合原価計算のうち，1種類の製品を連続して大量に生産する企業を前提にその計算方法をみていきます。このような総合原価計算を単純総合原価計算といいます。

4 総合原価計算の手続き

総合原価計算における基本的な計算手続は，次のとおりです。

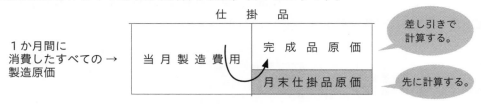

1か月間に
消費したすべての →
製造原価

仕　掛　品

当月製造費用　完成品原価　差し引きで計算する。

月末仕掛品原価　先に計算する。

(1) 1か月間に消費したすべての原価を集計します。この金額のことを当月製造費用といいます。

(2) 月末に仕掛品があれば，先に月末仕掛品原価を計算し，これを当月製造費用から差し引いて完成品原価（完成品総合原価ともいいます）を求めます。

完成品原価 ＝ 当月製造費用 － 月末仕掛品原価

(3) 完成品原価を完成品数量で除して，完成品1単位あたりの原価（完成品単位原価）を求めます。

完成品単位原価 ＝ 完成品原価 ÷ 完成品数量

ここが
POINT

　総合原価計算においては，先に月末仕掛品原価を計算し，残額を完成品原価とするため，月末仕掛品原価の計算（月末仕掛品の評価という）が重要となる。

5 月末仕掛品原価の計算（月末仕掛品の評価）

1. 直接材料費の計算

直接材料費（始点投入の場合）の計算は，次のようになります。

仕　掛　品

当月投入	完成
当 月 製 造 費 用	完 成 品 原 価
	月末仕掛品
	月 末 仕 掛 品 原 価

１か月間に
消費した　→
直接材料費

> 直接材料費（始点投入）
> は数量の割合で按分計
> 算する。

$$月末仕掛品直接材料費 = \frac{直接材料費}{完成品数量 ＋ 月末仕掛品数量} \times 月末仕掛品数量$$

設例 12-1

当社はパンを大量生産している。次の資料により，月末仕掛品の直接材料費，完成品の直接材料費を求めなさい。

（資　料）

1．生産データ

月初仕掛品	0	個
当 月 投 入	4	
合　　計	4	個
月末仕掛品	2	
完 成 品	2	個

2．原価データ

	直接材料費
月初仕掛品	0 円
当 月 投 入	600 円

なお，材料はすべて工程の始点で投入している。

〈解答・解説〉

通常，直接材料（小麦粉など）は製品の製造を開始する段階で用意され（直接材料の始点投入といいます），これに徐々に加工を施し完成品ができます。この場合，未完成である月末仕掛品でも完成した完成品でも，それぞれ２個分の直接材料が使われているため，月末仕掛品２個の直接材料費と完成品２個の直接材料費は同額となります。

仕掛品－直接材料費

当月　4 個	完成　2 個
	300 円
600 円	月末　2 個
	300 円

> 直接材料費（始点投入）
> は数量の割合で按分計
> 算する。

月末仕掛品の直接材料費：$\dfrac{600円}{2個 ＋ 2個} \times 2個 = 300円$

完成品の直接材料費：$600円 － 300円 = 300円$

2. 加工費の計算

加工費（直接材料費以外の製造原価）の計算は，次のようになります。

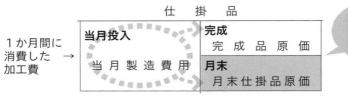

仕　掛　品

当月投入	完成
当 月 製 造 費 用	完 成 品 原 価
	月末
	月 末 仕 掛 品 原 価

1か月間に消費した加工費 →

加工費は加工進捗度を乗じた完成品換算量の割合で按分計算する。

$$月末仕掛品加工費 = \frac{加工費}{完成品数量 + 月末仕掛品の完成品換算量} \times 月末仕掛品の完成品換算量$$

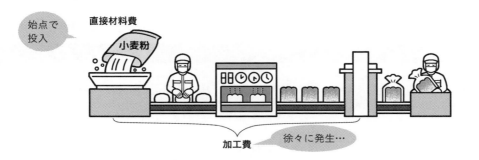

始点で投入

直接材料費

小麦粉

加工費　徐々に発生…

設例 12-2

当社はパンを大量生産している。次の資料により，月末仕掛品の加工費，完成品の加工費を求めなさい。

（資　料）

1．生産データ

月初仕掛品	0	個	
当 月 投 入	4		
合　計	4	個	
月末仕掛品	2		（50%）
完 成 品	2	個	

2．原価データ

	加 工 費
月初仕掛品	0 円
当月投入	600 円

なお，（　　）内の数値は加工進捗度である。

〈解答・解説〉

加工費とは，直接材料に加工を施して完成品にするためにかかった原価であり，直接材料費とは違って，加工作業を行うにつれて徐々に発生する原価です。したがって，加工費の計算においては，途中までしか加工していない月末仕掛品の加工量を完成品の加工量に直した場合，何個分に相当するのかを計算する必要があります。

月末仕掛品2個(半分の仕上がり具合)の加工費 ＝ 完成品？個分

この計算を行うには，月末仕掛品がどの程度仕上がっているか，その仕上がり具合を知る必要があります。これを進捗度といい，完成品の仕上がり具合を1または100%とした場合，月末仕掛品の仕上がり具合がどの程度であるかを小数（0.5など）や分数（$\frac{1}{2}$など）やパーセント（50%など）で表します。

特に加工費の計算に用いられる進捗度を，加工進捗度または仕上り程度といい，これが完成品に対する月末仕掛品の原価の負担割合となります。

また，仕掛品の数量を加工進捗度を利用して完成品の数量に直したとき，それを仕掛品の完成品換算量といいます。加工費の計算では，月末仕掛品の完成品換算量を使って月末仕掛品が負担すべき加工費の金額を計算します。

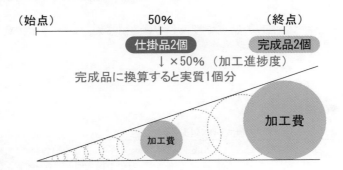

この場合，次のように月末仕掛品の加工費を計算します。

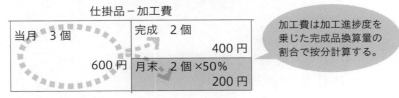

月末仕掛品の加工費：$\dfrac{600円}{2個 + 1個（完成品換算量）} \times 1個（完成品換算量）= 200円$

完成品の加工費：600円 − 200円 = 400円

ここが
POINT

加工費は，完成品の数量と月末仕掛品の完成品換算量の割合で原価を按分する（加工進捗度を乗じた完成品換算量の比で原価を按分する）。

設例 12-3

次の資料により，月末仕掛品原価，完成品原価，完成品単位原価を求めなさい。

（資料）

1．生産データ

月初仕掛品	0	個
当月投入	4	
合計	4	個
月末仕掛品	2	（50%）
完成品	2	個

2．原価データ

	直接材料費	加 工 費
月初仕掛品	0 円	0 円
当月投入	600 円	600 円

なお，材料はすべて工程の始点で投入している。また，（　　）内の数値は加工進捗度である。

〈解答・解説〉

(1) 直接材料費の按分

仕掛品－直接材料費

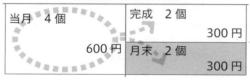

直接材料費（始点投入）は数量の割合で按分する。

$$月末仕掛品直接材料費：\frac{600 円}{2 個 + 2 個} \times 2 個 = 300 円$$

完 成 品 直 接 材 料 費：600 円 － 300 円 ＝ 300 円

(2) 加工費の按分

仕掛品－加工費

加工費は加工進捗度を乗じた完成品換算量の割合で按分する。

(注)この3個のことを当月投入完成品換算量といい，今月の加工作業は完成品の数量で何個分だったかを表します。その計算は貸借差引（完成2個＋月末仕掛品の完成品換算量1個）で求めます。

$$月末仕掛品加工費：\frac{600 円}{2 個 + 2 個 \times 50\%} \times 2 個 \times 50\% = 200 円$$

完 成 品 加 工 費：600 円 － 200 円 ＝ 400 円

(3) まとめ

月末仕掛品原価：300 円 ＋ 200 円 ＝ 500 円

完 成 品 原 価：300 円 ＋ 400 円 ＝ 700 円

完成品単位原価：700 円 ÷ 2 個 ＝ 350 円／個

6 原価計算表と仕掛品勘定

　総合原価計算においても，通常，総合原価計算表が作成され，仕掛品勘定の記入が行われます。なお，総合原価計算表と仕掛品勘定の記入および仕訳を示すと次のようになります。

総 合 原 価 計 算 表　　（単位：円）

	直接材料費	加 工 費	合 　 計
月初仕掛品原価	0	0	0
当 月 製 造 費 用	600	600	1,200
計	600	600	1,200
月末仕掛品原価	300	200	500
完 成 品 原 価	300	400	700
完成品単位原価	150	200	350

(1) 勘定記入

仕　掛　品

前 月 繰 越	0	製　　　品	700
材　　　料	600	次 月 繰 越	500
加 工 費	600		
	1,200		1,200

　　当月の月末仕掛品原価は翌月に繰り越され，翌月の月初仕掛品原価となります。

(2) 仕訳

① 直接材料費の振り替え

（仕　　　掛　　　品）	600	（材　　　　　料）	600

② 加工費の配賦

（仕　　　掛　　　品）	600	（加　　工　　費）	600

③ 完成品原価の振り替え

（製　　　　　品）	700	（仕　　　掛　　　品）	700

次の10月の資料にもとづいて，(1)総合原価計算表を作成し，(2)仕掛品勘定の記入を完成し，および(3)完成品原価を振り替えるための仕訳を示しなさい。

(資　料)

1．生産データ

月初仕掛品　　0個
当月投入　100
合　計　100個
月末仕掛品　50　(20%)
完成品　50個

2．原価データ

	直接材料費	加 工 費
月初仕掛品	0円	0円
当月投入	10,680円	6,480円

なお，材料はすべて工程の始点で投入している。また，(　　)内の数値は加工進捗度である。

(1)

総 合 原 価 計 算 表　　(単位：円)

	直接材料費	加 工 費	合　計
月初仕掛品原価	0	0	0
当月製造費用	10,680	6,480	17,160
計	10,680	6,480	17,160
月末仕掛品原価			
完 成 品 原 価			
完成品単位原価			

(2)

仕 掛 品

前 月 繰 越	(	)	製　　　　品	(	)
材　　　　料	(	)	次 月 繰 越	(	)
加 工 費	(	)			
	(	)		(	)

(3)

借方科目	金 額	貸方科目	金 額

MEMO

13 総合原価計算（Ⅱ）

Theme

Check ここでは，月初仕掛品がある場合の月末仕掛品の計算について学習します。

■ 月初仕掛品がある場合の計算

　これまでは，月初仕掛品がない場合を前提として月末仕掛品原価および完成品原価の計算方法について学習してきましたが，実際には月末仕掛品は次月に繰り越され，翌月の月初仕掛品となります。

　したがって，月末仕掛品原価および完成品原価の計算は，当月製造費用のほかに月初仕掛品原価を考慮する必要があります。月初仕掛品がある場合の月末仕掛品原価の計算方法には，平均法と先入先出法があります。

1. 平均法

平均法とは，月初仕掛品と当月投入分の合計から平均的に製品が完成するという仮定にもとづいて，月末仕掛品原価および完成品原価を計算する方法です。

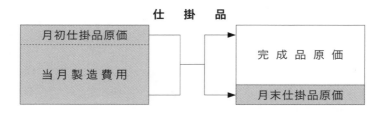

〈計算式〉

$$月末仕掛品直接材料費 = \frac{月初仕掛品直接材料費 + 当月直接材料費}{完成品数量 + 月末仕掛品数量} \times 月末仕掛品数量$$

（注）計算式の分母は，月初仕掛品数量＋当月投入数量でもよいです。

$$月末仕掛品加工費 = \frac{月初仕掛品加工費 + 当月加工費}{完成品数量 + 月末仕掛品の完成品換算量} \times \begin{array}{c}月末仕掛品の\\完成品換算量\end{array}$$

（注）計算式の分母は，月初仕掛品の完成品換算量＋当月投入完成品換算量でもよいです。

ここが POINT

　当月投入数量（当月投入完成品換算量）は，仕掛品勘定（生産データ）の貸借差引で求めること。

　次の11月の資料により，平均法によって，月末仕掛品原価，完成品原価，完成品単位原価を求めなさい。

（資　料）

1．生産データ

月初仕掛品	50 個	（20％）
当 月 投 入	75	
合　　計	125 個	
月末仕掛品	25	（80％）
完 成 品	100 個	

2．原価データ

	直接材料費	加 工 費
月初仕掛品	5,340 円	1,080 円
当 月 投 入	8,160 円	14,520 円

　なお，材料はすべて工程の始点で投入している。また，（　　）内の数値は加工進捗度である。

〈解答・解説〉

(1)　**直接材料費の按分**

仕掛品－直接材料費

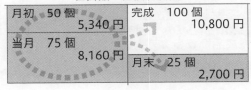

月初　50 個 5,340 円	完成　100 個 10,800 円
当月　75 個 8,160 円	月末　25 個 2,700 円

直接材料費（始点投入）は数量の割合で按分する。

月末仕掛品直接材料費：$\dfrac{5,340\text{円} + 8,160\text{円}}{100\text{個} + 25\text{個}} \times 25\text{個} = 2,700\text{円}$

　（注）計算式の分母は，50個＋75個でもよいです。

完成品直接材料費：$(5,340\text{円} + 8,160\text{円}) - 2,700\text{円} = 10,800\text{円}$

(2)　**加工費の按分**

仕掛品－加工費

月初　50 個×20％ 1,080 円	完成　100 個 13,000 円
当月　110 個（差引） 14,520 円	月末　25 個×80％ 2,600 円

加工費は加工進捗度を乗じた完成品換算量の割合で按分する。

月末仕掛品加工費：$\dfrac{1,080\text{円} + 14,520\text{円}}{100\text{個} + 25\text{個} \times 80\%} \times 25\text{個} \times 80\% = 2,600\text{円}$

　（注）計算式の分母は，50個×20％＋110個でもよいです。

完成品加工費：$(1,080\text{円} + 14,520\text{円}) - 2,600\text{円} = 13,000\text{円}$

(3)　**まとめ**

月末仕掛品原価：$2,700\text{円} + 2,600\text{円} = 5,300\text{円}$

完 成 品 原 価：$10,800\text{円} + 13,000\text{円} = 23,800\text{円}$

完成品単位原価：$23,800\text{円} \div 100\text{個} = 238\text{円}/\text{個}$

2. 先入先出法

先入先出法とは，先に投入したもの（月初仕掛品）があればこれを優先的に完成させ，それが完了した後に当月投入分を完成させていくという仮定にもとづいて，月末仕掛品原価および完成品原価を計算する方法です。

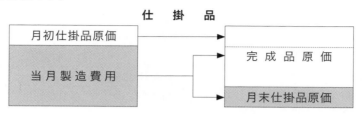

〈計算式〉

$$月末仕掛品直接材料費 = \frac{当月直接材料費}{\left(完成品数量 - \begin{array}{c}月初仕掛品\\数\quad量\end{array}\right) + \begin{array}{c}月末仕掛品\\数\quad量\end{array}} \times 月末仕掛品数量$$

（注）計算式の分母は，当月投入数量でもよいです。

$$月末仕掛品加工費 = \frac{当月加工費}{\left(完成品数量 - \begin{array}{c}月初仕掛品の\\完成品換算量\end{array}\right) + \begin{array}{c}月末仕掛品の\\完成品換算量\end{array}} \times \begin{array}{c}月末仕掛品の\\完成品換算量\end{array}$$

（注）計算式の分母は，当月投入完成品換算量でもよいです。

ここが
POINT

先入先出法の場合，通常，月末仕掛品原価は当月製造費用から計算される。

次の11月の資料により，先入先出法によって，月末仕掛品原価，完成品原価，完成品単位原価を求めなさい。

（資 料）

1．生産データ

月初仕掛品	50個	(20%)
当月投入	75	
合 計	125個	
月末仕掛品	25	(80%)
完成品	100個	

2．原価データ

	直接材料費	加 工 費
月初仕掛品	5,340円	1,080円
当月投入	8,160円	14,520円

なお，材料はすべて工程の始点で投入している。また，（　　）内の数値は加工進捗度である。

〈解答・解説〉

(1) **直接材料費の按分**

仕掛品 − 直接材料費

月初 50個 5,340円	完成 100個 10,780円
当月 75個 8,160円	月末 25個 2,720円

直接材料費（始点投入）は数量の割合で按分する。

月末仕掛品直接材料費： $\dfrac{8,160円}{(100個 - 50個) + 25個} \times 25個 = 2,720円$

（注）計算式の分母は，75個でもよいです。

完成品直接材料費：$(5,340円 + 8,160円) - 2,720円 = 10,780円$

(2) **加工費の按分**

仕掛品 − 加工費

月初 50個×20% 1,080円	完成 100個 12,960円
当月 110個（差引） 14,520円	月末 25個×80% 2,640円

加工費は加工進捗度を乗じた完成品換算量の割合で按分する。

月末仕掛品加工費： $\dfrac{14,520円}{(100個 - 50個 \times 20\%) + 25個 \times 80\%} \times 25個 \times 80\% = 2,640円$

（注）計算式の分母は，110個でもよいです。

完成品加工費：$(1,080円 + 14,520円) - 2,640円 = 12,960円$

(3) **まとめ**

月末仕掛品原価：2,720円 + 2,640円 = 5,360円

完成品原価：10,780円 + 12,960円 = 23,740円

完成品単位原価：23,740円 ÷ 100個 = 237.4円／個

次の資料にもとづいて，(1)平均法により総合原価計算表を作成し，仕掛品勘定の記入を完成しなさい。また，(2)先入先出法により総合原価計算表を作成しなさい。

(資　料)

1．生産データ

月初仕掛品	500 個	(20%)	
当月投入	3,000		
合計	3,500 個		
月末仕掛品	1,000	(50%)	
完成品	2,500 個		

2．原価データ

	直接材料費	加工費
月初仕掛品	235,000 円	60,500 円
当月投入	1,515,000 円	2,189,500 円

なお，材料はすべて工程の始点で投入している。また，(　　)内の数値は加工進捗度である。

(1)　平均法

総 合 原 価 計 算 表　　　　　(単位：円)

	直接材料費	加 工 費	合　　計
月初仕掛品原価	235,000	60,500	295,500
当月製造費用	1,515,000	2,189,500	3,704,500
計	1,750,000	2,250,000	4,000,000
月末仕掛品原価			
完 成 品 原 価			
完成品単位原価			

仕　掛　品

前 月 繰 越	295,500	製　　　　品（　　　　）	
材　　　料	1,515,000	次 月 繰 越（　　　　）	
加　工　費	2,189,500		
	4,000,000	（　　　　）	

(2)　先入先出法

総 合 原 価 計 算 表　　　　　(単位：円)

	直接材料費	加 工 費	合　　計
月初仕掛品原価	235,000	60,500	295,500
当月製造費用	1,515,000	2,189,500	3,704,500
計	1,750,000	2,250,000	4,000,000
月末仕掛品原価			
完 成 品 原 価			
完成品単位原価			

2 直接材料の投入方法

　これまでは，直接材料は製品の製造を開始する段階で用意される（始点で投入される）ものとして学習を進めてきました。しかし，材料の投入方法は始点で投入する場合のほかに，工程途中の特定点，または工程の終点で投入する場合や工程を通じて平均的に投入する場合もあります。

1. 工程途中の特定点で投入するとき

　直接材料を工程の特定点（たとえば50％の地点）で投入するときは，月末仕掛品が追加された直接材料の投入点を通過しているかどうか（月末仕掛品に追加された直接材料が使用されているかどうか）で判断します。

　月末仕掛品が直接材料の投入点を通過していれば，月末仕掛品にも直接材料が使われているため，月末仕掛品と完成品に数量の割合で按分します。一方，通過していなければ月末仕掛品には使われていないため，全額を完成品原価とします。

2. 工程の終点で投入するとき

　直接材料を終点で投入する場合は，投入した直接材料は，すべて完成品のみに対して使用した直接材料といえます。したがって，発生した直接材料費は，全額を完成品原価とします。

3. 工程を通じて平均的に投入するとき

　直接材料を工程を通じて平均的に投入するとは，直接材料が加工の進行にともなって徐々に投入されるということです。この場合の直接材料費の計算は，加工費の計算とまったく同じ計算を行います。すなわち，加工進捗度を加味した完成品換算量をもって月末仕掛品と完成品とに按分計算します。

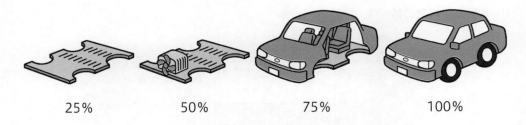

| 25% | 50% | 75% | 100% |

ここが POINT

　直接材料の投入方法は，必ずチェックすること。
(1) 材料の投入時点 ≦ 月末仕掛品進捗度
　　完成品と月末仕掛品に数量の割合で按分する。
(2) 材料の投入時点 ＞ 月末仕掛品進捗度
　　すべて完成品原価とする。
(3) 工程を通じて平均的に投入
　　完成品と月末仕掛品に完成品換算量の割合で按分する。

次の資料により，平均法によって，月末仕掛品原価，完成品原価，完成品単位原価を求めなさい。

（資　料）

1．生産データ

月初仕掛品	50 個	（20％）
当月投入	75	
合　計	125 個	
月末仕掛品	25	（80％）
完成品	100 個	

2．原価データ

月初仕掛品原価

A 直接材料費	5,340 円
B 直接材料費	540 円
C 直接材料費	0 円
D 直接材料費	0 円
加　工　費	1,080 円

当月製造費用

A 直接材料費	8,160 円
B 直接材料費	7,260 円
C 直接材料費	8,000 円
D 直接材料費	3,300 円
加　工　費	14,520 円

なお，A直接材料は工程の始点で投入し，B直接材料は工程を通じて平均的に投入し，C直接材料は工程の進捗度50％の地点で投入され，D直接材料は工程の終点で投入している。また，（　　）内の数値は加工進捗度である。

〈解答・解説〉

(1)　**A直接材料費の按分**

仕掛品－A直接材料費

月初　50 個 5,340 円	完成　100 個 10,800 円
当月　75 個 8,160 円	月末　25 個 2,700 円

工程の始点投入は，完成品と月末仕掛品に数量の割合で按分する。

月末仕掛品A直接材料費：$\dfrac{5,340 円 + 8,160 円}{100 個 + 25 個} \times 25 個 = 2,700 円$

（注）計算式の分母は，50個＋75個でもよいです。

完成品A直接材料費：$(5,340 円 + 8,160 円) - 2,700 円 = 10,800 円$

(2) **B直接材料費の按分**

仕掛品－B直接材料費

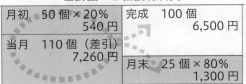

| 月初 50個×20% 540円 | 完成 100個 6,500円 |
| 当月 110個（差引） 7,260円 | 月末 25個×80% 1,300円 |

> 平均的投入は，完成品換算量の割合で按分する（加工費と同じ計算をする）。

月末仕掛品B直接材料費： $\dfrac{540円 + 7,260円}{100個 + 25個 \times 80\%} \times 25個 \times 80\% = 1,300円$

（注）計算式の分母は，50個×20％＋110個でもよいです。

完成品B直接材料費：$(540円 + 7,260円) - 1,300円 = 6,500円$

(3) **C直接材料費の按分**

仕掛品－C直接材料費

| 月初 0個* 0円 | 完成 100個 6,400円 |
| 当月 125個（差引） 8,000円 | 月末 25個 1,600円 |

> 工程途中の定点投入は投入点を通過したものに数量の割合で按分する。

* C直接材料は工程の進捗度50％の地点で投入されているため，進捗度20％の月初仕掛品には前月においてC直接材料は投入されていません。よって，C直接材料の月初仕掛品数量は0個となり，月初仕掛品原価も0円となります。

月末仕掛品C直接材料費： $\dfrac{8,000円}{100個 + 25個} \times 25個 = 1,600円$

（注）計算式の分母は，125個でもよいです。

完成品C直接材料費：$0円 + 8,000円 - 1,600円 = 6,400円$

(4) **D直接材料費の按分**

仕掛品－D直接材料費

| 月初 0個 0円 | 完成 100個 3,300円 |
| 当月 100個（差引） 3,300円 | 月末 0個 0円 |

> 終点投入は全額を完成品原価とする。

月末仕掛品D直接材料費：0円

完成品D直接材料費：3,300円

（工程の終点投入のため，全額を完成品原価とします。）

(5) **加工費の按分**

仕掛品－加工費

月初　50個×20%　1,080円	完成　100個　13,000円
当月　110個（差引）14,520円	月末　25個×80%　2,600円

> 加工費は加工進捗度を乗じた完成品換算量の割合で按分する。

月末仕掛品加工費： $\dfrac{1,080円 + 14,520円}{100個 + 25個 \times 80\%} \times 25個 \times 80\% = 2,600円$

（注）計算式の分母は，50個×20%＋110個でもよいです。

完成品加工費：$(1,080円 + 14,520円) - 2,600円 = 13,000円$

(6) **まとめ**

月末仕掛品原価： <u>2,700円</u> ＋ <u>1,300円</u> ＋ <u>1,600円</u> ＋ <u>　0円　</u> ＋ <u>2,600円</u> ＝ 8,200円
　　　　　　　　 A直接材料費　B直接材料費　C直接材料費　D直接材料費　　加工費

完成品原価： <u>10,800円</u> ＋ <u>6,500円</u> ＋ <u>6,400円</u> ＋ <u>3,300円</u> ＋ <u>13,000円</u>
　　　　　　　 A直接材料費　B直接材料費　C直接材料費　D直接材料費　　加工費

　　　　　　　＝ 40,000円

完成品単位原価：40,000円 ÷ 100個 ＝ 400円／個

（参　考）

総合原価計算表と仕掛品勘定の記入を示すと，次のとおりです。

総合原価計算表　　　　　　　（単位：円）

	A直接材料費	B直接材料費	C直接材料費	D直接材料費	加　工　費	合　計
月初仕掛品原価	5,340	540	0	0	1,080	6,960
当月製造費用	8,160	7,260	8,000	3,300	14,520	41,240
計	13,500	7,800	8,000	3,300	15,600	48,200
月末仕掛品原価	2,700	1,300	1,600	0	2,600	8,200
完成品原価	10,800	6,500	6,400	3,300	13,000	40,000
完成品単位原価	108	65	64	33	130	400

仕　掛　品

前　月　繰　越	6,960	製　　　　品	40,000
A 直 接 材 料 費	8,160	次　月　繰　越	8,200
B 直 接 材 料 費	7,260		
C 直 接 材 料 費	8,000		
D 直 接 材 料 費	3,300		
加　　工　　費	14,520		
	48,200		48,200

3 加工費の予定配賦

総合原価計算の場合にも，個別原価計算で製造間接費を予定配賦したのと同様に，加工費を予定配賦することがあります。ここでは，加工費を予定配賦（正常配賦）する方法について説明します。

加工費の予定配賦の計算手続は，次のとおりです。

(1) 予定配賦率の決定（会計年度期首）

通常，会計年度期首に１年間の予定加工費（加工費予算）を１年間の予定配賦基準数値で除して，加工費の予定配賦率を算定します。

$$予定配賦率 = \frac{１年間の予定加工費}{１年間の予定配賦基準数値}$$

(2) 予定配賦額の計算（各原価計算期間）

予定配賦率に実際配賦基準数値を乗じて，加工費の予定配賦額を計算します。

$$予定配賦額 = 予定配賦率 × 実際配賦基準数値$$

（仕　掛　品）	××	（加　工　費）	××

(3) 実際発生額の計算（各原価計算期間）

加工費の実際発生額を集計します。

（加　工　費）	××	（材　料）	××
		（賃　金）	××
		（経　費）	××

(4) 加工費配賦差異の計上（各原価計算期間）

加工費の予定配賦額と実際発生額の差額を加工費配賦差異（原価差異）として把握します。なお，原価差異は，下記算式の結果がマイナスならば借方差異（不利差異），プラスならば貸方差異（有利差異）と判断します。

$$加工費配賦差異 = 予定配賦額 － 実際発生額$$

不利差異の場合（予定配賦額＜実際発生額）

加工費勘定の借方残高を加工費配賦差異勘定へ振り替えます。

（加工費配賦差異）	××	（加　工　費）	××

(5) 売上原価に賦課（会計年度末）

加工費配賦差異は，原則として，会計年度末において，売上原価に加減算します（売上原価に賦課します）。

不利差異の場合

（売　上　原　価）	××	（加工費配賦差異）	××

147

〈勘定連絡図〉

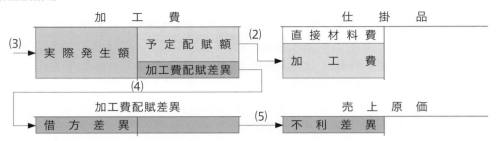

（注）借方差異（不利差異）の場合

　後述する「テーマ15」「テーマ16」の総合原価計算および「テーマ20」の直接原価計算においても，加工費（または製造間接費）を予定配賦することがありますが，基本的な考え方はすべて同様です。

設例 13-4

　次の資料により，平均法によって，仕掛品勘定および加工費勘定を作成しなさい。なお，加工費は直接作業時間を配賦基準として予定配賦している。

（資　料）

1．生産データ

月初仕掛品	50	個（20％）
当月投入	75	
合　計	125	個
月末仕掛品	25	（80％）
完　成　品	100	個

2．原価データ

	直接材料費	加　工　費
月初仕掛品	5,340 円	1,060 円
当月投入	8,160 円	? 円

　なお，材料はすべて工程の始点で投入している。また，（　　）内の数値は加工進捗度である。

3．加工費年間予定額　　　　　　180,000 円
　予定直接作業時間（年間）　18,000 時間

4．加工費当月実際額　　　　　　14,520 円
　実際直接作業時間（月間）　　1,430 時間

〈解答・解説〉

仕　掛　品

前月繰越	6,400	製　　品	23,600
材　　料	8,160	次月繰越	5,260
加 工 費	14,300		
	28,860		28,860

加　工　費

諸　　口	14,520	仕 掛 品	14,300
		加工費配賦差異	220
	14,520		14,520

(1)　**当月加工費の計算**

① 　予定配賦率の算定

　　直接作業時間を配賦基準として加工費を予定配賦しています。よって，年間予定直接作業時間および加工費年間予定額をもとに，加工費の予定配賦率を算定します。

$$予定配賦率：\frac{加工費年間予定額180,000円}{年間予定直接作業時間18,000時間} = 10円/時間$$

② 　予定配賦額の計算

　　算定した予定配賦率に当月の実際直接作業時間を乗じて，予定配賦額を計算します。

$$予定配賦額：\underline{10円/時間} \times \underline{1,430\ 時間} = 14,300\ 円$$
　　　　　　　予定配賦率　　実際直接作業時間

(仕　　掛　　品)	14,300	(加　　工　　費)	14,300

(2)　**完成品原価および月末仕掛品原価の計算**

① 　直接材料費の按分

仕掛品－直接材料費

月初　50 個 5,340 円	完成　100 個 10,800 円
当月　75 個 8,160 円	月末　25 個 2,700 円

直接材料費（始点投入）は数量の割合で按分する。

$$月末仕掛品直接材料費：\frac{5,340円 + 8,160円}{100個 + 25個} \times 25\ 個 = 2,700\ 円$$

（注）計算式の分母は，50個＋75個でもよいです。

完成品直接材料費：$(5,340\ 円 + 8,160\ 円) - 2,700\ 円 = 10,800\ 円$

② 加工費の按分

仕掛品-加工費

月初 50個×20% 1,060円	完成 100個 12,800円
当月 110個（差引） 14,300円	
	月末 25個×80% 2,560円

> 加工費は加工進捗度を乗じた完成品換算量の割合で按分する。

月末仕掛品加工費：$\dfrac{1,060円 + 14,300円}{100個 + 25個 \times 80\%} \times 25個 \times 80\% = 2,560円$

（注）計算式の分母は，50個×20％＋110個でもよいです。

完成品加工費：$(1,060円 + 14,300円) - 2,560円 = 12,800円$

③ まとめ

月末仕掛品原価：$2,700円 + 2,560円 = 5,260円$

完成品原価：$10,800円 + 12,800円 = 23,600円$

完成品単位原価：$23,600円 \div 100個 = 236円／個$

（製　　　　品）	23,600	（仕　　掛　　品）	23,600

(3) **加工費配賦差異の計上**

加工費配賦差異：$\underset{\text{予定配賦額}}{\underline{14,300円}} - \underset{\text{実際発生額}}{\underline{14,520円}} = \triangle 220円$（借方差異）

（加工費配賦差異）	220	（加　　工　　費）	220

〈勘定連絡図〉

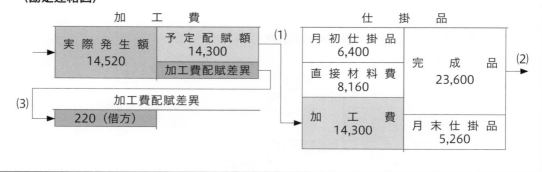

加　　工　　費

| 実際発生額
14,520 | 予定配賦額
14,300 |
| | 加工費配賦差異 |

(1)

(3) 加工費配賦差異
220（借方）

仕　　掛　　品

月初仕掛品 6,400	完　成　品 23,600
直接材料費 8,160	
加　　工　　費 14,300	月末仕掛品 5,260

(2)

MEMO

複合問題 ❺

目標時間：20分

費目別計算＋総合原価計算

　製品Aを量産する当工場では，実際総合原価計算制度を採用している。次の月間の資料にもとづいて，各勘定の記入を完成させなさい。なお，加工費については予定配賦している。

[資　料]

1．生産データ

$$
\begin{array}{llr}
月 初 仕 掛 品 & 50 & 個（20\%）\\
当 月 投 入 & \underline{75} & 個 \\
合 　 計 & 125 & 個 \\
月 末 仕 掛 品 & \underline{25} & 個（80\%）\\
当 月 完 成 & \underline{100} & 個
\end{array}
$$

　月末仕掛品の評価方法は平均法による。なお，材料はすべて工程の始点で投入している。また，（　　）内の数値は加工進捗度である。

2．材料費

　　月初有高：1,500円　当月仕入高：9,000円　月末有高：1,840円

　　（当月消費額のうち8,160円は直接材料費である）

3．労務費

　　賃　金 … 月初未払額：900円　当月支払額：6,000円　月末未払額：600円

　　　　　　　（当月消費額はすべて直接労務費である）

　　給　料 … 月初未払額：200円　当月支払額：2,700円　月末未払額：100円

4．経　費

　　電気・ガス・水道料 … 920円　　　　外注加工賃 …　500円

　　減価償却費 … 3,770円　　　　　　　福利厚生費 …　530円

5．加工費の予定配賦額は14,300円である。

6．販売データ

$$
\begin{array}{llr}
月 初 製 品 & 20 & 個 \\
当 月 完 成 & \underline{100} & 個 \\
合 　 計 & 120 & 個 \\
月 末 製 品 & \underline{10} & 個 \\
当 月 販 売 & \underline{110} & 個
\end{array}
$$

　売上原価の計算は先入先出法による。

7．棚卸資産

　　仕掛品 … 月初有高：6,400円（うち直接材料費5,340円）

　　製　品 … 月初有高：4,000円

材　　料

月 初 有 高	（　　　　　）	直 接 材 料 費	（　　　　　）
当 月 仕 入 高	（　　　　　）	間 接 材 料 費	（　　　　　）
		月 末 有 高	（　　　　　）
	（　　　　　）		（　　　　　）

加　工　費

間 接 材 料 費	（　　　　　）	予 定 配 賦 額	（　　　　　）
直 接 労 務 費	（　　　　　）	原 価 差 異	（　　　　　）
間 接 労 務 費	（　　　　　）		
直 接 経 費	（　　　　　）		
間 接 経 費	（　　　　　）		
	（　　　　　）		（　　　　　）

仕　掛　品

月 初 有 高	（　　　　　）	当 月 完 成 高	（　　　　　）
直 接 材 料 費	（　　　　　）	月 末 有 高	（　　　　　）
加 工 費	（　　　　　）		
	（　　　　　）		（　　　　　）

製　　品

月 初 有 高	（　　　　　）	当 月 販 売 高	（　　　　　）
当 月 完 成 高	（　　　　　）	月 末 有 高	（　　　　　）
	（　　　　　）		（　　　　　）

解答・解説333ページ

CHALLENGE!

複合問題

14 Theme 総合原価計算（Ⅲ）

Check ここでは，仕損や減損などが生じる場合の計算について学習します。

1 仕 損

1. 仕損とは

　仕損とは，製品の加工に失敗し，一定の品質や規格を満たさない不合格品が発生してしまうことをいい，その不合格品を仕損品といいます。

2. 正常仕損

　総合原価計算を行っている企業では，通常，仕損品が発生してもこれを補修して完成品に回復させることをしません。なぜなら，1種類の製品を連続して大量に生産しており，製品の加工中にある程度の仕損品が生じることを承知のうえで生産を行っている場合がほとんどだからです。このように，通常発生することがやむを得ない程度の仕損品の発生を正常仕損といいます。

　正常仕損にかかった原価（仕損品を作ったためにかかった直接材料費および加工費）は，その評価額を控除したうえで，完成品や月末仕掛品を製造するのに必要な原価として，完成品や月末仕掛品といった良品の原価の中に含めなければなりません。

(注)「評価額」については後述します。

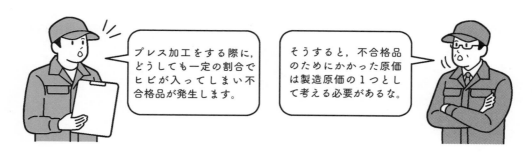

154

2 正常仕損費の処理（仕損品の評価額がない場合）

　正常仕損にかかった原価（正常仕損費）を製造原価の１つとして完成品や月末仕掛品に負担させる場合，正常仕損の発生を無視することによって，自動的に負担させる方法があります。このような計算の方法を正常仕損度外視法といいます。

　正常仕損費は，正常仕損が製造工程のどこで発生したかによって，完成品の原価にのみ含めるか，完成品と月末仕掛品の両方の原価に含めるかを決定します。

　正常仕損費を完成品の原価にのみ含めることを，完成品のみ負担といいます。また，完成品と月末仕掛品の両方の原価に含めることを，両者負担といいます。

1. 完成品のみ負担の場合

　正常仕損が工程の終点，または月末仕掛品の加工進捗度より後の地点で発生した場合，月末仕掛品は仕損の発生点を通過していません。したがって，正常仕損費はすべて完成品を製造するためにかかった原価と考えられるので，正常仕損費は完成品のみに負担させます。

$$月末仕掛品直接材料費 = \frac{当月直接材料費}{(完成品数量 + 正常仕損数量) + 月末仕掛品数量} \times 月末仕掛品数量$$

$$月末仕掛品加工費 = \frac{当月加工費}{\left(完成品数量 + \begin{matrix}正常仕損の\\完成品換算量\end{matrix}\right) + \begin{matrix}月末仕掛品の\\完成品換算量\end{matrix}} \times \begin{matrix}月末仕掛品の\\完成品換算量\end{matrix}$$

ここが
POINT

　検定試験において，「完成品のみ負担」または「両者負担」の判断が問題の指示として与えられた場合には，指示どおりに解答すること。

　当社は，アルミを材料（直接材料）とし，これを裁断，プレス（型抜き），組み立てることによりアルミの椅子を製造している。なお，加工進捗度50％の地点で行われるプレス（型抜き）作業により，製品の一部に仕損が発生する。

　以下の資料にもとづき，月末仕掛品原価，完成品原価を計算しなさい。

（資　料）

1．生産データ

月初仕掛品	0 脚
当月投入	16
合　計	16 脚
仕　損	2
月末仕掛品	5　（40％）
完成品	9 脚

2．原価データ

	直接材料費	加　工　費
月初仕掛品	0 円	0 円
当月投入	5,600 円	6,600 円

（注1）材料はすべて工程の始点で投入している。また，（　　）内の数値は加工進捗度である。

（注2）加工進捗度50％の地点で仕損が発生している。これは，通常発生する程度のもの（正常仕損）である。なお，仕損品の評価額はゼロである。

〈解答・解説〉

(1)　**正常仕損の負担関係の把握**

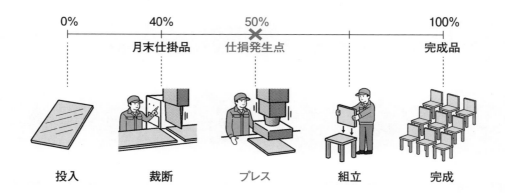

0%	40%	50%		100%
	月末仕掛品	仕損発生点		完成品
投入	裁断	プレス	組立	完成

　仕損の原因となっているプレス加工は加工進捗度50％の地点で行われています。

　月末仕掛品（加工進捗度40％）に対してはまだプレス加工が行われていないため，プレス加工により発生した仕損品はすべて完成品を製造するために発生したものと考えられます。

　したがって，正常仕損費は完成品のみに負担させます。

(2)　**完成品原価および月末仕掛品原価の計算**

　完成品のみに正常仕損費を負担させるための計算は次のようになります。

① **直接材料費の按分**

仕掛品－直接材料費

当月投入　16 脚	完　　成　9 脚 3,850 円
	正常仕損　2 脚 ―
5,600 円	月　　末　5 脚 1,750 円

正常仕損量を完成品とみなすことで，正常仕損費を完成品のみに負担させます。

月末仕掛品直接材料費：$\dfrac{5,600\,円}{(9\,脚 + 2\,脚) + 5\,脚} \times 5\,脚 = 1,750\,円$

完成品直接材料費：$5,600\,円 - 1,750\,円 = 3,850\,円$

　当月の直接材料費16脚分を，完成品9脚に正常仕損品2脚を含めた11脚分と月末仕掛品5脚分とで按分します。

② **加工費の按分**

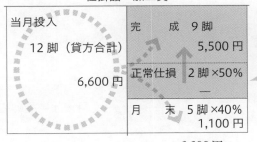

仕掛品－加工費

当月投入 12 脚（貸方合計）	完　　成　9 脚 5,500 円
	正常仕損　2 脚 ×50% ―
6,600 円	月　　末　5 脚 ×40% 1,100 円

正常仕損量（完成品換算量）を完成品とみなすことで，正常仕損費を完成品のみに負担させます。

月末仕掛品加工費：$\dfrac{6,600\,円}{(9\,脚 + 2\,脚 \times 50\%) + 5\,脚 \times 40\%} \times 5\,脚 \times 40\% = 1,100\,円$

完成品加工費：$6,600\,円 - 1,100\,円 = 5,500\,円$

　当月の加工費12脚分（9脚＋1脚＋2脚）を完成品9脚に正常仕損品1脚を含めた10脚分と月末仕掛品2脚分とで按分します。

（3）**まとめ**

月末仕掛品原価：$1,750\,円 + 1,100\,円 = 2,850\,円$

完成品原価：$3,850\,円 + 5,500\,円 = 9,350\,円$

ここが POINT

　　正常仕損費の処理は，次の2点をチェックすることがポイントである。

（1）正常仕損の負担関係の把握

　　月末仕掛品が，仕損発生点を通過しているかどうかで判断する。

（2）完成品原価および月末仕掛品原価の計算

　　正常仕損の数量を，計算上，どのように取り扱うのか。

2. 両者負担の場合

　正常仕損が工程の始点，または月末仕掛品の加工進捗度より前の地点で発生している場合，完成品も月末仕掛品も仕損の発生点を通過しています。したがって，正常仕損費は完成品と月末仕掛品の両者を製造するためにかかった原価と考えられるので，正常仕損費は完成品と月末仕掛品の両者に負担させます。

　なお，工程途中の一定点で仕損が発生していても，その発生点を把握していないケースがあります。この場合，正常仕損費は，計算の便宜上，両者負担とします。

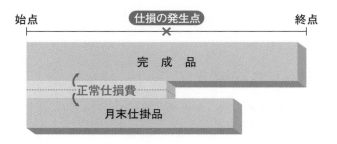

$$月末仕掛品直接材料費 = \frac{当月直接材料費}{完成品数量 + 月末仕掛品数量} × 月末仕掛品数量$$

$$月末仕掛品加工費 = \frac{当月加工費}{完成品数量 + 月末仕掛品の完成品換算量} × 月末仕掛品の完成品換算量$$

設例 14-2

　当社は，アルミを材料（直接材料）とし，これを裁断，プレス（型抜き），組み立てることによりアルミの椅子を製造している。なお，加工進捗度50％の地点で行われるプレス（型抜き）作業により，製品の一部に仕損が発生する。以下の資料にもとづき，月末仕掛品原価，完成品原価を計算しなさい。

（資　料）

1．生産データ

月初仕掛品	0	脚
当月投入	16	
合　計	16	脚
仕　損	2	
月末仕掛品	5	(60%)
完成品	9	脚

2．原価データ

	直接材料費	加 工 費
月初仕掛品	0 円	0 円
当月投入	5,600 円	6,600 円

（注1）材料は工程の始点で投入している。（　　）内の数値は加工進捗度である。

（注2）加工進捗度50％の地点で仕損が発生している。これは，通常発生する程度のもの（正常仕損）である。なお，仕損品の評価額はゼロである。

〈解答・解説〉

(1) 正常仕損の負担関係の把握

仕損の原因となっているプレス加工は加工進捗度50％の地点で行われるため，プレス加工により発生した仕損品は完成品と月末仕掛品の両者を製造するために発生したものと考えられます。

したがって，正常仕損費は完成品と月末仕掛品の両者に負担させます。

(2) 完成品原価および月末仕掛品原価の計算

完成品と月末仕掛品の両者に正常仕損費を負担させるための計算は次のようになります。

① 直接材料費の按分

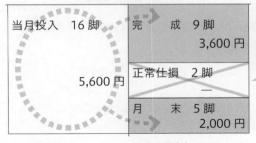

$$月末仕掛品直接材料費： \frac{5,600円}{9脚＋5脚} ×5脚＝2,000円$$

完 成 品 直 接 材 料 費：5,600円－2,000円＝3,600円

当月投入した16脚分の直接材料費のうち仕損品2脚分を無視して，完成品9脚分と月末仕掛品5脚分で按分します。

② 加工費の按分

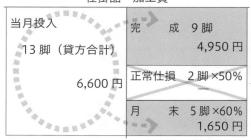

仕掛品－加工費

当月投入 13脚（貸方合計） 6,600円	完成 9脚 4,950円
	正常仕損 2脚×50%
	月末 5脚×60% 1,650円

正常仕損量（完成品換算量）を計算上無視することで，正常仕損費を自動的に完成品と月末仕掛品の両者に負担させます。

月末仕掛品加工費：$\dfrac{6{,}600円}{9脚 + 5脚 \times 60\%} \times 5脚 \times 60\% = 1{,}650円$

完 成 品 加 工 費：$6{,}600円 - 1{,}650円 = 4{,}950円$

　当月に投入した13脚分（9脚＋1脚＋3脚）の加工費のうち，仕損品1脚分を無視して，完成品9脚分と月末仕掛品3脚分とで按分します。

(3) まとめ

　　月末仕掛品原価：$2{,}000円 + 1{,}650円 = 3{,}650円$

　　完 成 品 原 価：$3{,}600円 + 4{,}950円 = 8{,}550円$

3 月初仕掛品がある場合の正常仕損費の処理（平均法）

　これまでは，月初仕掛品がない場合を前提として，正常仕損が生じた場合の計算方法について説明してきました。ここでは，月初仕掛品がある場合の正常仕損費の計算方法を，平均法によって学習します。

1. 完成品のみ負担の場合

　平均法は，月初仕掛品と当月投入分の合計から平均的に製品が完成するという仮定にもとづいて，月末仕掛品原価および完成品原価を計算する方法です。

　平均法により，正常仕損費を完成品のみに負担させる場合，次のように計算します。

$$月末仕掛品直接材料費 = \frac{月初仕掛品直接材料費 + 当月直接材料費}{(完成品数量 + 正常仕損数量) + 月末仕掛品数量} \times 月末仕掛品数量$$

　　(注) 計算式の分母は，月初仕掛品数量＋当月投入数量でもよいです。

$$月末仕掛品加工費 = \frac{月初仕掛品加工費 + 当月加工費}{\left(完成品数量 + \begin{array}{c}正常仕損の\\完成品換算量\end{array}\right) + \begin{array}{c}月末仕掛品の\\完成品換算量\end{array}} \times \begin{array}{c}月末仕掛品の\\完成品換算量\end{array}$$

　　(注) 計算式の分母は，月初仕掛品の完成品換算量＋当月投入完成品換算量でもよいです。

次の資料により，平均法によって，月末仕掛品原価，完成品原価，完成品単位原価を求めなさい。

（資　料）

1．生産データ

月初仕掛品	50 個（20％）
当 月 投 入	85
合　　計	135 個
仕　　損	10
月末仕掛品	25　（80％）
完 成 品	100 個

2．原価データ

	直接材料費	加 工 費
月初仕掛品	5,340 円	1,080 円
当 月 投 入	8,160 円	14,520 円

（注1）直接材料はすべて工程の始点で投入している。また，（　）内の数値は加工進捗度である。

（注2）工程の終点で仕損が発生している。これは，通常発生する程度のもの（正常仕損）である。なお，仕損品の評価額はゼロである。

〈解答・解説〉

（1）　**正常仕損の負担関係の把握**

月末仕掛品は正常仕損の発生点を通過していないため，完成品のみ負担となる。

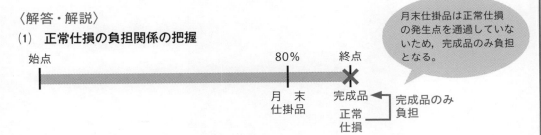

（2）　**完成品原価および月末仕掛品原価の計算**

仕掛品－直接材料費

月初 50 個 5,340 円	完成 100 個 11,000 円
当月 85 個 8,160 円	仕損 10 個
	月末 25 個 2,500 円

仕掛品－加工費

月初 50 個×20％ 1,080 円	完成 100 個 13,200 円
当月 120 個（差引） 14,520 円	仕損 10 個×100％
	月末 25 個×80％ 2,400 円

①　**直接材料費の按分**

月末仕掛品直接材料費： $\dfrac{5,340円 + 8,160円}{(100個 + 10個) + 25個} \times 25個 = 2,500円$

（注）計算式の分母は，50個＋85個でもよいです。

完成品直接材料費：（5,340円 + 8,160円）－ 2,500円 = 11,000円

② **加工費の按分**

月末仕掛品加工費：$\dfrac{1{,}080\text{円}+14{,}520\text{円}}{(100\text{個}+10\text{個}\times100\%)+25\text{個}\times80\%}\times25\text{個}\times80\%=2{,}400\text{円}$

（注）計算式の分母は，50個×20％＋120個でもよいです。

完成品加工費：$(1{,}080\text{円}+14{,}520\text{円})-2{,}400\text{円}=13{,}200\text{円}$

(3) **まとめ**

月末仕掛品原価：2,500円＋2,400円＝4,900円

完成品原価：11,000円＋13,200円＝24,200円

完成品単位原価：24,200円÷100個＊＝242円／個

＊ 計算上の完成品110個で除さないように注意してください。

ここが POINT

　加工費の計算に際して，仕損の数量にも加工進捗度を加味する（乗じる）ことに注意すること。

2. 両者負担の場合

平均法により，正常仕損費を完成品と月末仕掛品の両者に負担させる場合，次のように計算します。

$$月末仕掛品直接材料費 = \frac{月初仕掛品直接材料費 + 当月直接材料費}{完成品数量 + 月末仕掛品数量} \times 月末仕掛品数量$$

（注）計算式の分母は，（月初仕掛品数量＋当月投入数量）－正常仕損数量でもよいです。

$$月末仕掛品加工費 = \frac{月初仕掛品加工費 + 当月加工費}{完成品数量 + 月末仕掛品の完成品換算量} \times \begin{array}{c}月末仕掛品の\\完成品換算量\end{array}$$

（注）計算式の分母は，（月初仕掛品の完成品換算量＋当月投入完成品換算量）－正常仕損の完成品換算量でもよいです。

設例 14-4

次の資料により，平均法によって，月末仕掛品原価，完成品原価，完成品単位原価を求めなさい。

（資　料）

1．生産データ

月初仕掛品	50	個（20%）
当月投入	85	
合　計	135	個
仕　損	10	
月末仕掛品	25	（80%）
完　成　品	100	個

2．原価データ

	直接材料費	加　工　費
月初仕掛品	5,340 円	1,080 円
当月投入	8,160 円	14,520 円

（注1）直接材料はすべて工程の始点で投入している。また，（　　）内の数値は加工進捗度である。

（注2）加工進捗度50%の地点で仕損が発生している。これは，通常発生する程度のもの（正常仕損）である。なお，仕損品の評価額はゼロである。

〈解答・解説〉

(1) **正常仕損の負担関係の把握**

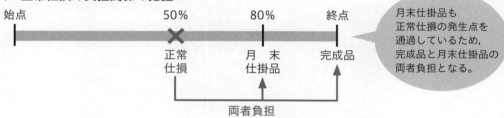

163

(2) **完成品原価および月末仕掛品原価の計算**

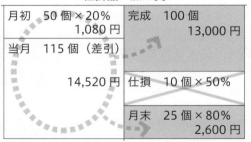

仕掛品－直接材料費

月初 50個 5,340円	完成 100個 10,800円
当月 85個 8,160円	仕損 10個
	月末 25個 2,700円

仕掛品－加工費

月初 50個×20% 1,080円	完成 100個 13,000円
当月 115個（差引） 14,520円	仕損 10個×50%
	月末 25個×80% 2,600円

① **直接材料費の按分**

月末仕掛品直接材料費：$\dfrac{5,340円＋8,160円}{100個＋25個}×25個＝2,700円$

　（注）計算式の分母は,（50個＋85個）－10個でもよいです。

完成品直接材料費：$(5,340円＋8,160円)－2,700円＝10,800円$

② **加工費の按分**

月末仕掛品加工費：$\dfrac{1,080円＋14,520円}{100個＋25個×80\%}×25個×80\%＝2,600円$

　（注）計算式の分母は,（50個×20％＋115個）－10個×50％でもよいです。

完成品加工費：$(1,080円＋14,520円)－2,600円＝13,000円$

(3) **まとめ**

月末仕掛品原価：$2,700円＋2,600円＝5,300円$

完成品原価：$10,800円＋13,000円＝23,800円$

完成品単位原価：$23,800円÷100個＝238円／個$

4 月初仕掛品がある場合の正常仕損費の処理（先入先出法）

　ここでは，月初仕掛品がある場合の正常仕損費の計算方法を，先入先出法によって学習します。

1. 完成品のみ負担の場合

　先入先出法は，先に投入したもの（月初仕掛品）があればこれを優先的に完成させ，それが完了した後に当月投入分を完成させていくという仮定にもとづいて，月末仕掛品原価および完成品原価を計算する方法です。

　なお，先入先出法を採用している場合には，通常，仕損はすべて当月投入分より生じていると仮定を設けて計算していきます。

　先入先出法により正常仕損費を完成品のみに負担させる場合，次のように計算します。

$$月末仕掛品直接材料費 = \frac{当月直接材料費}{\left(完成品数量 - 月初仕掛品数量 + 正常仕損数量\right) + 月末仕掛品数量} \times 月末仕掛品数量$$

　　（注）計算式の分母は，当月投入数量でもよいです。

$$月末仕掛品加工費 = \frac{当月加工費}{\left(完成品数量 - 月初仕掛品の完成品換算量 + 正常仕損の完成品換算量\right) + 月末仕掛品の完成品換算量} \times 月末仕掛品の完成品換算量$$

　　（注）計算式の分母は，当月投入完成品換算量でもよいです。

設例 **14-5**

　次の資料により，先入先出法によって，月末仕掛品原価，完成品原価，完成品単位原価を求めなさい。

（資　料）

1．生産データ

月初仕掛品	50 個	（20%）
当月投入	85	
合　計	135 個	
仕　損	10	
月末仕掛品	25	（80%）
完成品	100 個	

2．原価データ

	直接材料費	加　工　費
月初仕掛品	5,340 円	1,080 円
当月投入	8,160 円	14,520 円

　（注1）直接材料はすべて工程の始点で投入している。また，（　　）内の数値は加工進捗度である。

　（注2）工程の終点で仕損が発生している。これは，通常発生する程度のもの（正常仕損）である。なお，仕損品の評価額はゼロである。

〈解答・解説〉

(1) 正常仕損の負担関係の把握

> 月末仕掛品は正常仕損の発生点を通過していないため，完成品のみ負担となる。

始点　　　　　　　　　　　　80%　　　終点

月末　　　　完成品
仕掛品　　　正常
　　　　　　仕損　　← 完成品のみ負担

(2) 完成品原価および月末仕掛品原価の計算

仕掛品－直接材料費

月初　50 個 5,340 円	完成　100 個
当月　85 個 8,160 円	11,100 円
	仕損　10 個
	月末　25 個 2,400 円

仕掛品－加工費

月初　50 個×20% 1,080 円	完成　100 個
当月　120 個（差引） 14,520 円	13,180 円
	仕損　10 個×100%
	月末　25 個×80% 2,420 円

① 直接材料費の按分

$$月末仕掛品直接材料費：\frac{8,160 円}{(100 個 - 50 個 + 10 個) + 25 個} \times 25 個 = 2,400 円$$

（注）計算式の分母は，85個でもよいです。

完成品直接材料費：(5,340 円 + 8,160 円) - 2,400 円 = 11,100 円

② 加工費の按分

$$月末仕掛品加工費：\frac{14,520 円}{(100 個 - 50 個 \times 20\% + 10 個 \times 100\%) + 25 個 \times 80\%}$$

$$\times 25 個 \times 80\% = 2,420 円$$

（注）計算式の分母は，120個でもよいです。

完成品加工費：(1,080 円 + 14,520 円) - 2,420 円 = 13,180 円

(3) まとめ

月末仕掛品原価：2,400 円 + 2,420 円 = 4,820 円

完成品原価：11,100 円 + 13,180 円 = 24,280 円

完成品単位原価：24,280 円 ÷ 100 個* = 242.8 円／個

＊　計算上の完成品110個で除さないように注意してください。

166

2. 両者負担の場合

先入先出法により正常仕損費を完成品と月末仕掛品の両者に負担させる場合，次のように計算します。

$$\text{月末仕掛品直接材料費} = \frac{\text{当月直接材料費}}{\left(\text{完成品数量} - \text{月初仕掛品数量}\right) + \text{月末仕掛品数量}} \times \text{月末仕掛品数量}$$

（注）計算式の分母は，当月投入数量－正常仕損数量でもよいです。

$$\text{月末仕掛品加工費} = \frac{\text{当月加工費}}{\left(\text{完成品数量} - \text{月初仕掛品の完成品換算量}\right) + \text{月末仕掛品の完成品換算量}} \times \text{月末仕掛品の完成品換算量}$$

（注）計算式の分母は，当月投入完成品換算量－正常仕損の完成品換算量でもよいです。

設例 14-6

次の資料により，先入先出法によって，月末仕掛品原価，完成品原価，完成品単位原価を求めなさい。

（資　料）

1．生産データ

月初仕掛品	50 個（20%）
当月投入	85
合　計	135 個
仕　損	10
月末仕掛品	25　（80%）
完成品	100 個

2．原価データ

	直接材料費	加工費
月初仕掛品	5,340 円	1,080 円
当月投入	8,160 円	14,520 円

（注1）直接材料はすべて工程の始点で投入している。また，（　）内の数値は加工進捗度である。

（注2）加工進捗度50%の地点で仕損が発生している。これは，通常発生する程度のもの（正常仕損）である。なお，仕損品の評価額はゼロである。

〈解答・解説〉

(1)　正常仕損の負担関係の把握

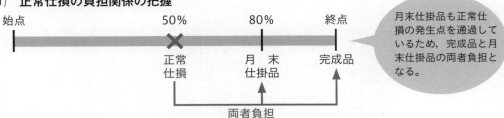

月末仕掛品も正常仕損の発生点を通過しているため，完成品と月末仕掛品の両者負担となる。

(2) **完成品原価および月末仕掛品原価の計算**

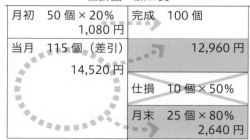

仕掛品－直接材料費

月初 50個 5,340円	完成 100個
当月 85個 8,160円	10,780円
	仕損 10個
	月末 25個 2,720円

仕掛品－加工費

月初 50個×20% 1,080円	完成 100個
当月 115個（差引） 14,520円	12,960円
	仕損 10個×50%
	月末 25個×80% 2,640円

① **直接材料費の按分**

月末仕掛品直接材料費：$\dfrac{8,160円}{(100個 - 50個) + 25個} \times 25個 = 2,720円$

（注）計算式の分母は，85個－10個でもよいです。

完成品直接材料費：$(5,340円 + 8,160円) - 2,720円 = 10,780円$

② **加工費の按分**

月末仕掛品加工費：$\dfrac{14,520円}{(100個 - 50個×20\%) + 25個×80\%} \times 25個×80\% = 2,640円$

（注）計算式の分母は，115個－10個×50%でもよいです。

完成品加工費：$(1,080円 + 14,520円) - 2,640円 = 12,960円$

(3) **まとめ**

月末仕掛品原価：$2,720円 + 2,640円 = 5,360円$

完成品原価：$10,780円 + 12,960円 = 23,740円$

完成品単位原価：$23,740円 ÷ 100個 = 237.4円／個$

解答・解説294ページ

次の資料にもとづいて，平均法により，総合原価計算表を作成しなさい。

（資　料）

1．生産データ

月初仕掛品	600 個（1/5）
当月投入	1,020
合　計	1,620 個
仕　損	120
月末仕掛品	300（4/5）
完成品	1,200 個

2．原価データ

	直接材料費	加工費
月初仕掛品	1,602,000 円	324,000 円
当月投入	2,448,000 円	4,356,000 円

　なお，直接材料はすべて工程の始点で投入している。また，（　　）内の数値は加工進捗度であり，仕損品の処分価値はゼロである。

〔問1〕正常仕損が終点で発生した場合

総合原価計算表　　　　　　　（単位：円）

	直接材料費	加工費	合　計
月初仕掛品原価	1,602,000	324,000	1,926,000
当月製造費用	2,448,000	4,356,000	6,804,000
計	4,050,000	4,680,000	8,730,000
月末仕掛品原価			
完成品原価			
完成品単位原価			

〔問2〕正常仕損が加工進捗度2/3の地点で発生した場合

総合原価計算表　　　　　　　（単位：円）

	直接材料費	加工費	合　計
月初仕掛品原価	1,602,000	324,000	1,926,000
当月製造費用	2,448,000	4,356,000	6,804,000
計	4,050,000	4,680,000	8,730,000
月末仕掛品原価			
完成品原価			
完成品単位原価			

次の資料にもとづいて，先入先出法により，総合原価計算表を作成しなさい。

（資　料）

1．生産データ

月初仕掛品　　600個（1/5）
当月投入　1,020
合　計　1,620個
仕　損　　120
月末仕掛品　　300　　（4/5）
完成品　1,200個

2．原価データ

	直接材料費	加 工 費
月初仕掛品	1,602,000 円	324,000 円
当月投入	2,448,000 円	4,356,000 円

なお，直接材料はすべて工程の始点で投入している。また，（　　）内の数値は加工進捗度であり，仕損品の処分価値はゼロである。

〔問1〕正常仕損が終点で発生した場合

総 合 原 価 計 算 表　　　　　　（単位：円）

	直接材料費	加 工 費	合　計
月初仕掛品原価	1,602,000	324,000	1,926,000
当月製造費用	2,448,000	4,356,000	6,804,000
計	4,050,000	4,680,000	8,730,000
月末仕掛品原価			
完 成 品 原 価			
完成品単位原価			

〔問2〕正常仕損が加工進捗度2/3の地点で発生した場合

総 合 原 価 計 算 表　　　　　　（単位：円）

	直接材料費	加 工 費	合　計
月初仕掛品原価	1,602,000	324,000	1,926,000
当月製造費用	2,448,000	4,356,000	6,804,000
計	4,050,000	4,680,000	8,730,000
月末仕掛品原価			
完 成 品 原 価			
完成品単位原価			

5 正常仕損費の処理（仕損品の評価額がある場合）

　正常仕損が発生した場合，仕損品という形のあるものが残っており，仕損品がいくらかの金額で売却処分できる場合があります。たとえば訳あり品として販売される製品などがこれにあたります。仕損品がいくらかの金額で売却できる場合，この金額を仕損品評価額といいます。

　正常仕損が発生し，仕損品に評価額がある場合は，正常仕損にかかった原価から仕損品評価額を差し引いた金額を正常仕損費として完成品や月末仕掛品の中に含めていきます。

1. 完成品のみ負担の場合

　正常仕損が月末仕掛品の加工進捗度より後の地点で発生している場合，正常仕損費は完成品のみが負担するので，月末仕掛品原価を計算した後に完成品原価から正常仕損品の評価額を控除します。

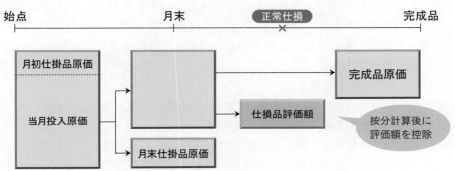

2. 両者負担の場合

　正常仕損が月末仕掛品の加工進捗度より前の地点で発生している場合，正常仕損費を完成品と月末仕掛品の両者が負担するので，正常仕損品の評価額を製造費用より控除してから，月末仕掛品原価および完成品原価を計算します。

　なお，工程途中の一定点で仕損が発生していても，その発生点を把握していないケースがあります。この場合，正常仕損費は計算の便宜上，両者負担とします。

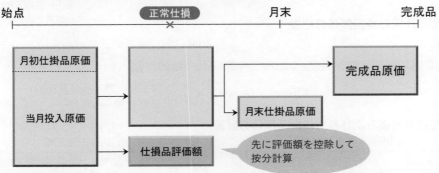

ここが
POINT

正常仕損費の処理において，仕損品に評価額がある場合，この仕損品評価額を控除するタイミングがポイントである。

次の資料により，平均法によって，各問いに答えなさい。

（資　料）

1．生産データ

月初仕掛品	50 個（20%）
当月投入	85
合　計	135 個
仕　損	10
月末仕掛品	25　（80%）
完 成 品	100 個

2．原価データ

	直接材料費	加 工 費
月初仕掛品	5,340 円	1,080 円
当月投入	8,160 円	14,520 円

（注1）直接材料はすべて工程の始点で投入している。また，（　　）内の数値は加工進捗度である。

（注2）仕損は，通常発生する程度のもの（正常仕損）であり，1個あたり30円の処分価格がある。

〔問1〕正常仕損品の評価額を計算しなさい。

〔問2〕正常仕損が終点で発生した場合の，月末仕掛品原価，完成品原価および完成品単位原価を計算しなさい。

〔問3〕正常仕損の発生点が加工進捗度50%の場合の，月末仕掛品原価，完成品原価および完成品単位原価を計算しなさい。なお，正常仕損品の評価額は全額直接材料費の計算で控除する。

〈解答・解説〉

〔問1〕正常仕損品評価額：30 円 / 個 × 10 個〈仕損品数量〉= 300 円

（注）仕損品評価額は，発生したときの資産価値であるため，その計算については加工進捗度を考慮する必要はありません。

〔問2〕

> 月末仕掛品は正常仕損の発生点を通過していないため，完成品のみ負担となる。

(1)　**正常仕損の負担関係の把握**

始点　　　　　　　　　　　　　　　80%　　　　終点

月末仕掛品　　完成品・正常仕損 →完成品のみ負担

(2)　**完成品原価および月末仕掛品原価の計算**

仕掛品－直接材料費

月初　50 個　5,340 円	完成　100 個　11,000 円
当月　85 個　8,160 円	仕損　10 個
	月末　25 個　2,500 円

仕掛品－加工費

月初　50 個×20%　1,080 円	完成　100 個　13,200 円
当月　120 個（差引）　14,520 円	仕損　10 個×100%
	月末　25 個×80%　2,400 円

① **直接材料費の按分**

月末仕掛品直接材料費：$\dfrac{5,340\text{円}+8,160\text{円}}{(100\text{個}+10\text{個})+25\text{個}}\times 25\text{個}=2,500\text{円}$

(注) 計算式の分母は，50個＋85個でもよいです。

完 成 品 直 接 材 料 費：$(5,340\text{円}+8,160\text{円})-2,500\text{円}=11,000\text{円}$

② **加工費の按分**

月 末 仕 掛 品 加 工 費：$\dfrac{1,080\text{円}+14,520\text{円}}{(100\text{個}+10\text{個}\times100\%)+25\text{個}\times80\%}\times 25\text{個}\times80\%=2,400\text{円}$

(注) 計算式の分母は，50個×20％＋120個でもよいです。

完 成 品 加 工 費：$(1,080\text{円}+14,520\text{円})-2,400\text{円}=13,200\text{円}$

(3) **まとめ**

月末仕掛品原価：$2,500\text{円}+2,400\text{円}=4,900\text{円}$

完 成 品 原 価：$11,000\text{円}+13,200\text{円}-\boxed{300\text{円}}\langle\text{正常仕損品評価額}\rangle=23,900\text{円}$

完成品単位原価：$23,900\text{円}\div100\text{個}=239\text{円}/\text{個}$

〔問３〕

(1) **正常仕損の負担関係の把握**

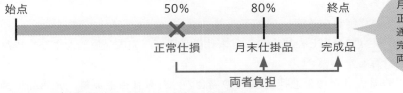

月末仕掛品も
正常仕損の発生点を
通過しているため，
完成品と月末仕掛品の
両者負担となる。

(2) **完成品原価および月末仕掛品原価の計算**

仕掛品－直接材料費

月初 50個 5,340円	完成 100個 10,560円
当月 85個 8,160円 △300円 正常仕損品評価額	仕損 10個
	月末 25個 2,640円

仕掛品－加工費

月初 50個×20% 1,080円	完成 100個 13,000円
当月 115個（差引） 14,520円	仕損 10個×50%
	月末 25個×80% 2,600円

① **直接材料費の按分**

月末仕掛品直接材料費：$\dfrac{5,340\text{円}+8,160\text{円}-300\text{円}}{100\text{個}+25\text{個}}\times 25\text{個}=2,640\text{円}$

(注) 計算式の分母は，(50個＋85個)－10個でもよいです。

完 成 品 直 接 材 料 費：$(5,340\text{円}+8,160\text{円}-\boxed{300\text{円}})-2,640\text{円}=10,560\text{円}$

② **加工費の按分**

月 末 仕 掛 品 加 工 費：$\dfrac{1,080\text{円}+14,520\text{円}}{100\text{個}+25\text{個}\times80\%}\times 25\text{個}\times80\%=2,600\text{円}$

(注) 計算式の分母は，(50個×20％＋115個)－10個×50％でもよいです。

完 成 品 加 工 費：$(1,080\text{円}+14,520\text{円})-2,600\text{円}=13,000\text{円}$

(3) **まとめ**

月末仕掛品原価：$2,640\text{円}+2,600\text{円}=5,240\text{円}$

完 成 品 原 価：$10,560\text{円}+13,000\text{円}=23,560\text{円}$

完成品単位原価：$23,560\text{円}\div100\text{個}=235.6\text{円}/\text{個}$

次の資料により，先入先出法によって，各問いに答えなさい。

（資　料）

1．生産データ

月初仕掛品　　50 個（20%）
当 月 投 入　　85
　合　　計　　135 個
仕　　　損　　10
月末仕掛品　　25　　（80%）
完　成　品　　100 個

2．原価データ

	直接材料費	加 工 費
月初仕掛品	5,340 円	1,080 円
当 月 投 入	8,160 円	14,520 円

（注1）直接材料はすべて工程の始点で投入している。また，（　　）内の数値は加工進捗度である。

（注2）仕損は，通常発生する程度のもの（正常仕損）であり，1個あたり30円の処分価格がある。

〔問1〕正常仕損品の評価額を計算しなさい。

〔問2〕正常仕損が終点で発生した場合の，月末仕掛品原価，完成品原価および完成品単位原価を計算しなさい。

〔問3〕正常仕損の発生点が加工進捗度50%の場合の，月末仕掛品原価，完成品原価および完成品単位原価を計算しなさい。なお，正常仕損品の評価額は全額直接材料費の計算で控除する。

〈解答・解説〉

〔問1〕正常仕損品評価額：30 円／個 × 10 個〈仕損品数量〉＝ 300 円

（注）仕損評価額は，発生したときの資産価値であるため，その計算については加工進捗度を考慮する必要はありません。

〔問2〕完成品のみ負担

(1)　**完成品原価および月末仕掛品原価の計算**

仕掛品 − 直接材料費

月初　50 個 5,340 円	完成　100 個
当月　85 個 8,160 円	11,100 円
	仕損　10 個
	月末　25 個 2,400 円

仕掛品 − 加工費

月初　50 個×20% 1,080 円	完成　100 個
当月　120 個（差引）14,520 円	13,180 円
	仕損　10 個×100%
	月末　25 個×80% 2,420 円

① **直接材料費の按分**

月末仕掛品直接材料費：$\dfrac{8,160\text{円}}{(100\text{個}-50\text{個}+10\text{個})+25\text{個}} \times 25\text{個} = 2,400\text{円}$

（注）計算式の分母は，85個でもよいです。

完 成 品 直 接 材 料 費：$(5,340\text{円}+8,160\text{円})-2,400\text{円}=11,100\text{円}$

② **加工費の按分**

月 末 仕 掛 品 加 工 費：$\dfrac{14,520\text{円}}{(100\text{個}-50\text{個}\times20\%+10\text{個}\times100\%)+25\text{個}\times80\%} \times 25\text{個}$

$\times 80\% = 2,420\text{円}$

（注）計算式の分母は，120個でもよいです。

完 成 品 加 工 費：$(1,080\text{円}+14,520\text{円})-2,420\text{円}=13,180\text{円}$

⑵ **まとめ**

月末仕掛品原価：$2,400\text{円}+2,420\text{円}=4,820\text{円}$

完 成 品 原 価：$11,100\text{円}+13,180\text{円}-\boxed{300\text{円}}\langle\text{正常仕損品評価額}\rangle = 23,980\text{円}$

完成品単位原価：$23,980\text{円}÷100\text{個}=239.8\text{円}／個$

〔問3〕両者負担

⑴ **完成品原価および月末仕掛品原価の計算**

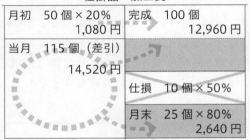

①　**直接材料費の按分**

月末仕掛品直接材料費：$\dfrac{8,160\text{円}-300\text{円}}{(100\text{個}-50\text{個})+25\text{個}} \times 25\text{個} = 2,620\text{円}$

（注）計算式の分母は，85個−10個でもよいです。

完 成 品 直 接 材 料 費：$(5,340\text{円}+8,160\text{円}-\boxed{300\text{円}})-2,620\text{円}=10,580\text{円}$

②　**加工費の按分**

月 末 仕 掛 品 加 工 費：$\dfrac{14,520\text{円}}{(100\text{個}-50\text{個}\times20\%)+25\text{個}\times80\%} \times 25\text{個}\times80\% = 2,640\text{円}$

（注）計算式の分母は，115個−10個×50％でもよいです。

完 成 品 加 工 費：$(1,080\text{円}+14,520\text{円})-2,640\text{円}=12,960\text{円}$

⑵ **まとめ**

月末仕掛品原価：$2,620\text{円}+2,640\text{円}=5,260\text{円}$

完 成 品 原 価：$10,580\text{円}+12,960\text{円}=23,540\text{円}$

完成品単位原価：$23,540\text{円}÷100\text{個}=235.4\text{円}／個$

6 総合原価計算における減損

1. 減損とは

　製品の加工中に原材料の一部が蒸発，粉散，ガス化，煙化などの原因によって消失してしまう，あるいは製品化しない無価値な部分が発生してしまうことを減損といいます。

　たとえば，パックの牛乳を製造している企業では，投入した生の牛乳に熱処理を加えて殺菌をするため，牛乳の一部が蒸発してしまいます。

2. 正常減損

　通常，製造活動の工程において，製品の加工中にある程度の減損は生じます。このような通常発生することがやむを得ない程度の減損のことを正常減損といいます。

　この正常減損はやむを得ない減損であり，通常発生することを承知のうえで製造を行っているので，減損にかかった原価（減損してしまった直接材料費とそれが減損するまでにかかった加工費）も，完成品や月末仕掛品を製造するのに必要な原価です。

　そこで，正常な減損にかかった原価（正常減損費といいます）は完成品や月末仕掛品といった良品の原価の中に含めなければなりません。

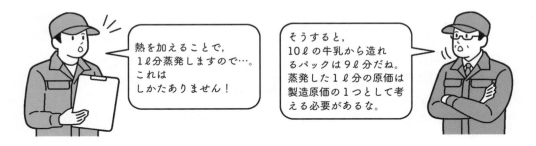

3. 正常減損費の処理

　正常減損費を完成品や月末仕掛品に負担させる方法の1つに，正常減損の発生を無視することによって，自動的に負担させる方法があります。このような計算の方法を正常減損度外視法といいます。

　具体的には，正常仕損費の処理における「評価額がない場合」と同様に計算します。

次の資料にもとづいて，先入先出法により，総合原価計算表を作成しなさい。

（資　料）

1．生産データ

月初仕掛品	600 kg	(1/5)
当月投入	1,020	
合　計	1,620 kg	
減　損	120	
月末仕掛品	300	(4/5)
完成品	1,200 kg	

2．原価データ

	直接材料費	加　工　費
月初仕掛品	1,602,000 円	324,000 円
当月投入	2,448,000 円	4,356,000 円

なお，直接材料はすべて工程の始点で投入している。また，（　　　）内の数値は加工進捗度である。

〔問１〕正常減損が終点で発生した場合

総 合 原 価 計 算 表　　　　　（単位：円）

	直接材料費	加　工　費	合　　計
月初仕掛品原価	1,602,000	324,000	1,926,000
当月製造費用	2,448,000	4,356,000	6,804,000
計	4,050,000	4,680,000	8,730,000
月末仕掛品原価			
完 成 品 原 価			
完成品単位原価			

〔問２〕正常減損が加工進捗度2/3の地点で発生した場合

総 合 原 価 計 算 表　　　　　（単位：円）

	直接材料費	加　工　費	合　　計
月初仕掛品原価	1,602,000	324,000	1,926,000
当月製造費用	2,448,000	4,356,000	6,804,000
計	4,050,000	4,680,000	8,730,000
月末仕掛品原価			
完 成 品 原 価			
完成品単位原価			

15 総合原価計算（Ⅳ）

Theme

Check ここでは，複数の工程がある場合の総合原価計算について学習します。

■ 工程別総合原価計算とは

企業は連続する2つ以上の加工作業によって製品を製造する場合があります。このとき，総合原価計算では，製品製造のための一つ一つの作業を工程という区分で区切っていきます。

たとえば，パン製造業でチョコレートパンを製造する場合，その作業工程は，生地を練り，これを焼き上げる工程と，これにチョコレートを注入し製品として包装する工程の2つに大きく分けることができます。

> （注）工程とは「製造作業の区分（作業を行う場所）」であり，個別原価計算で学習した「製造部門」にあたりますが，これを総合原価計算では「工程」とよんでいます。
> また，各工程の作業を終了したものを工程完了品（または工程完成品）といいます。

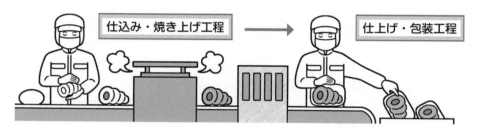

このように，製品の製造を2つ以上の連続する工程により行う場合，その工程ごとに原価を計算する総合原価計算を工程別総合原価計算といいます。この計算方法を用いれば工程ごとに原価が計算されるので，製品の原価をより正確に計算できるとともに，工程ごとの原価の管理に役立てることができます。

② 工程別総合原価計算の手続き

工程別総合原価計算では，原価を工程ごとに繰り返し計算し，最終的な完成品の原価を算出していきます。ここでは製造工程が2つある場合を例に，その具体的な計算方法を説明します。

1. 第1工程の計算

最初の工程である第1工程では，始点で直接材料を投入し，その材料に加工を行い第1工程完了品を産出します。したがって，第1工程の計算は単純総合原価計算と同様の計算により，第1工程の月末仕掛品原価と工程完了品原価を算出し，第1工程完了品原価を第2工程に振り替えます。

2. 第2工程の計算

第2工程では，第1工程完了品を受け入れ，第2工程の始点で投入することによって，さらなる加工を行い，最終的な完成品を産出します。したがって，第2工程の計算では，第1工程から

振り替えられてきた第1工程完了品原価を含めた最終的な完成品原価を算出します。このとき，第1工程完了品原価を第2工程では前工程費といいます。

この前工程費は，第2工程の始点で投入される直接材料とみなして第2工程の月末仕掛品と完成品に数量の割合で按分します。また，第2工程の加工費は第2工程の月末仕掛品と完成品に完成品換算量の割合で按分し，第2工程の月末仕掛品原価と完成品原価を計算します。

このような工程別総合原価計算の方法を累加法といいます。

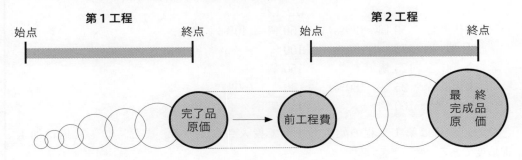

③ 勘定連絡図

工程別総合原価計算では，工程という作業区分（作業を行う場所）ごとに完成品原価を計算するため，仕掛品勘定は工程の数だけ設定する必要があります。そして，工程ごとに月末仕掛品原価および工程完了品原価を繰り返し計算し，最終的な完成品原価を算出します。

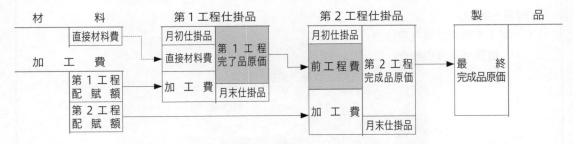

（注）工程別総合原価計算の場合にも，加工費（または製造間接費）を，個別原価計算と同様に部門別（工程別）に集計するので，「テーマ10　部門別個別原価計算（Ⅰ）」「テーマ11　部門別個別原価計算（Ⅱ）」を参照してください。

また，加工費（または製造間接費）を予定配賦することがあります。

ここが
POINT

工程別総合原価計算（累加法）は，工程の数だけ単純総合原価計算を繰り返せばよい。その際，前工程費は次の工程の始点で投入される直接材料費の計算と同様に行う。

　次の資料により，月末仕掛品原価，完成品原価，完成品単位原価を求めなさい。月末仕掛品の評価は，第1工程では平均法，第2工程では先入先出法によって行う。

（資　料）

1．生産データ

	第1工程		第2工程	
月初仕掛品	50個	（20％）	50個	（40％）
当月投入	75		100	
合　計	125個		150個	
月末仕掛品	25	（80％）	40	（50％）
完成品	100個		110個	

　なお，材料は第1工程の始点ですべて投入されている。また，（　　）内は加工進捗度である。

2．原価データ

	第1工程		第2工程	
	直接材料費	加工費	前工程費	加工費
月初仕掛品	5,340円	1,080円	12,120円	3,450円
当月投入	8,160	14,520	？	15,950

〈解答・解説〉

⑴　**第1工程の計算（平均法）**

　①　**直接材料費の按分**

第1工程仕掛品－直接材料費

月初　50個 5,340円	完了　100個 10,800円
当月　75個 8,160円	月末　25個 2,700円

月末仕掛品直接材料費：$\dfrac{5,340円＋8,160円}{100個＋25個} × 25個 = 2,700円$

　（注）計算式の分母は，50個＋75個でもよいです。

完了品直接材料費：（5,340円＋8,160円）－2,700円 = 10,800円

　②　**加工費の按分**

第1工程仕掛品－加工費

月初　50個×20% 1,080円	完了　100個 13,000円
当月　110個（差引） 14,520円	月末　25個×80% 2,600円

180

月末仕掛品加工費：$\dfrac{1,080\,円 + 14,520\,円}{100\,個 + 25\,個 \times 80\%} \times 25\,個 \times 80\% = 2,600\,円$

（注）計算式の分母は，50個×20％＋110個でもよいです。

完了品加工費：$(1,080\,円 + 14,520\,円) - 2,600\,円 = 13,000\,円$

③ **まとめ**

月末仕掛品原価：$2,700\,円 + 2,600\,円 = 5,300\,円$

完了品原価：$10,800\,円 + 13,000\,円 = 23,800\,円$

完了品単位原価：$23,800\,円 \div 100\,個 = 238\,円/個$

（第2工程仕掛品）	23,800	（第1工程仕掛品）	23,800

(2) **第2工程の計算（先入先出法）**

① **前工程費の按分**

第2工程仕掛品－前工程費

月初　50個 12,120円	完成　110個 26,400円
当月　100個 23,800円	月末　40個 9,520円

> 前工程費は第2工程の始点で投入される直接材料費の計算と同様に数量の割合で按分する。

月末仕掛品前工程費：$\dfrac{23,800\,円}{(110\,個 - 50\,個) + 40\,個} \times 40\,個 = 9,520\,円$

（注）計算式の分母は，100個でもよいです。

完成品前工程費：$(12,120\,円 + 23,800\,円) - 9,520\,円 = 26,400\,円$

② **加工費の按分**

第2工程仕掛品－加工費

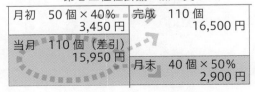

月初　50個×40％ 3,450円	完成　110個 16,500円
当月　110個（差引） 15,950円	月末　40個×50％ 2,900円

月末仕掛品加工費：$\dfrac{15,950\,円}{(110\,個 - 50\,個 \times 40\%) + 40\,個 \times 50\%} \times 40\,個 \times 50\% = 2,900\,円$

（注）計算式の分母は，110個でもよいです。

完成品加工費：$(3,450\,円 + 15,950\,円) - 2,900\,円 = 16,500\,円$

③ **まとめ**

月末仕掛品原価：$9,520\,円 + 2,900\,円 = 12,420\,円$

完成品原価：$26,400\,円 + 16,500\,円 = 42,900\,円$

完成品単位原価：$42,900\,円 \div 110\,個 = 390\,円/個$

（製　　　品）	42,900	（第2工程仕掛品）	42,900

次の資料により，工程別の仕掛品勘定を完成させなさい。ただし，第1工程は平均法，第2工程は先入先出法によること。

（資　料）

	第1工程	第2工程
月初仕掛品	100 個 (1/2)	400 個 (1/2)
当月投入	5,000	4,900
合　計	5,100 個	5,300 個
月末仕掛品	200 （1/4)	400 （3/4)
完成品	4,900 個	4,900 個

なお，材料は第1工程の始点においてすべて投入されており，（　）内の数値は加工進捗度を示している。

仕掛品－第1工程

月 初 有 高:		次 工 程 振 替 高:	
直 接 材 料 費	58,000	直 接 材 料 費	（　　　）
加 工 費	9,500	加 工 費	（　　　）
小 計	67,500	小 計	（　　　）
当 月 製 造 費 用:		月 末 有 高:	
直 接 材 料 費	3,002,000	直 接 材 料 費	（　　　）
加 工 費	980,500	加 工 費	（　　　）
小 計	3,982,500	小 計	（　　　）
合 計	4,050,000	合 計	（　　　）

仕掛品－第2工程

月 初 有 高:		当 月 完 成 高:	
前 工 程 費	369,000	前 工 程 費	（　　　）
加 工 費	119,000	加 工 費	（　　　）
小 計	488,000	小 計	（　　　）
当 月 製 造 費 用:		月 末 有 高:	
前 工 程 費	（　　　）	前 工 程 費	（　　　）
加 工 費	1,750,000	加 工 費	（　　　）
小 計	（　　　）	小 計	（　　　）
合 計	（　　　）	合 計	（　　　）

部門別個別原価計算との違い（工程別に集計される原価）

工程別総合原価計算では，一原価計算期間に各製造工程に集計された原価を完成品と月末仕掛品に按分計算する必要があるため，通常，すべての原価要素を工程別に集計します。これに対し部門別個別原価計算では，製造直接費は比較的正確に製品に対して集計できることから，通常，製造間接費が部門別に集計されます。

4 半製品

工程別総合原価計算において，各工程の作業を完了したものを工程完了品とよびますが，この工程完了品の全量が必ずすぐに次の工程へ投入されるわけではありません。

工程完了品のうち，次の工程へ投入されないで倉庫に保管されたものを半製品といいます。

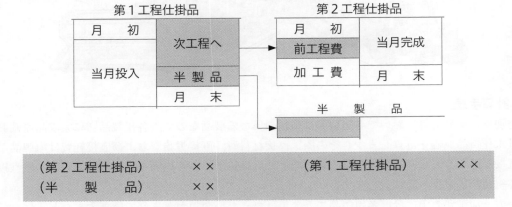

設例 15-2

第1工程完了品100個（@238円）のうち，75個は第2工程へ投入したが，25個は第2工程へ投入せずに倉庫に保管した。

この場合の第2工程振替高（前工程費）および半製品原価を計算しなさい。

〈解答・解説〉

第2工程振替高（前工程費）：@238円×75個＝17,850円

半製品原価：@238円×25個＝5,950円

（参 考）

第1工程完了品原価の振替仕訳は，次のようになります。

| （第2工程仕掛品） | 17,850 | （第1工程仕掛品） | 23,800 |
| （半 製 品） | 5,950 | | |

16 総合原価計算（Ⅴ）

Theme

> **Check** ここでは，製品の種類が２種類以上ある場合や製品に等級がある場合の計算について学習します。

1 組別総合原価計算

1. 組別総合原価計算とは

組別総合原価計算とは，同一工場内で種類の異なる２種類以上の製品を連続して大量に生産する企業で用いられる総合原価計算です。なお，組別総合原価計算では，製品種類のことを組とよび，製品種類ごとにA組製品やB組製品とします。

2. 計算手続

組別総合原価計算において各組製品は種類の異なる製品なので，各組製品別に完成品原価および月末仕掛品原価を計算します。その際，直接材料費，直接労務費および直接経費は組製品ごとに直接集計できます。このような組製品ごとに直接集計できる原価を組直接費といい，組直接費は各組製品に賦課（直課）します。

一方，加工費の中には，各組製品ごとに集計できない金額が含まれています。たとえば，各組製品が共通の機械を使用して製造を行っているとき，その機械の使用に関する製造間接費（減価償却費など）がこれにあたります。

このような，組製品ごとに直接集計できない原価を組間接費といい，組間接費は各組製品に配賦します。

この各組製品ごとに製造原価を集計する手続きは，個別原価計算に準じて行われます。その後，各組製品ごとに集計された製造原価をもとに月末仕掛品原価および完成品原価を計算しますが，これは単純総合原価計算と同様に計算すればよいです。

3. 勘定連絡図

組別総合原価計算の勘定連絡図には，次の２つの形式があります。

〈その１〉 組間接費＝製造間接費とする場合

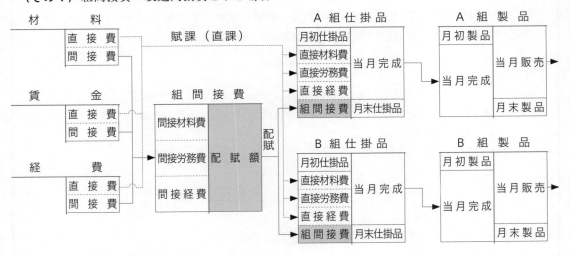

（注）配賦後の組間接費は加工費として扱います。

〈その２〉 組間接費＝加工費とする場合

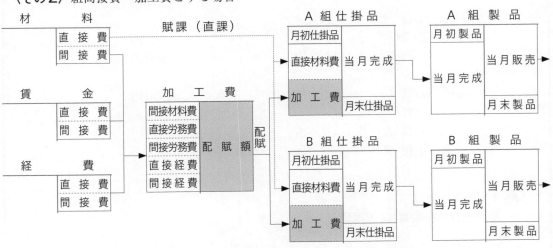

（注）組別総合原価計算の場合にも，個別原価計算で製造間接費を予定配賦したのと同様に，組間接費
（または加工費）を予定配賦することがあります。

ここが
POINT

組別総合原価計算では，組間接費（または加工費）の配賦がポイントである。

次の資料により，A組製品とB組製品についての月末仕掛品原価，完成品原価，完成品単位原価を求めなさい。なお，組間接費の配賦は機械運転時間を基準に行い，月末仕掛品の評価は，A組製品は平均法，B組製品は先入先出法によって行う。

（資　料）

1．生産データ

	A組製品		B組製品	
月初仕掛品	50 個	（20％）	20 個	（75％）
当月投入	75		120	
合　計	125 個		140 個	
月末仕掛品	25	（80％）	40	（50％）
完成品	100 個		100 個	
機械運転時間	500 時間		200 時間	

なお，直接材料は工程の始点においてすべて投入されており，（　）内の数値は加工進捗度を示している。

2．原価データ

	A組製品	B組製品
月初仕掛品		
直接材料費	5,340 円	900 円
加工費	1,080 円	800 円
当月投入		
直接材料費	8,160 円	4,800 円
加工費		
組直接費	4,520 円	2,300 円
組間接費	14,000 円	

〈解答・解説〉

⑴　組間接費の各組製品への配賦

A組製品への配賦額：$14,000 円 \times \dfrac{500 時間}{500 時間 + 200 時間} = 10,000 円$

B組製品への配賦額：$14,000 円 \times \dfrac{200 時間}{500 時間 + 200 時間} = 4,000 円$

（A　組　仕　掛　品）	10,000	（組　間　接　費）	14,000
（B　組　仕　掛　品）	4,000		

(2)　A組製品の完成品原価および月末仕掛品原価の計算（平均法）

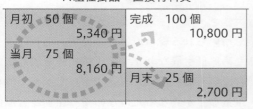

A組仕掛品－直接材料費

月初　50個	完成　100個
5,340円	10,800円
当月　75個	
8,160円	月末　25個
	2,700円

A組仕掛品－加工費

月初　50個×20%	完成　100個
1,080円	13,000円
当月　110個（差引）	
4,520円	月末　25個×80%
10,000円	2,600円

月末仕掛品直接材料費：$\dfrac{5,340円 + 8,160円}{100個 + 25個} \times 25個 = 2,700円$

　（注）計算式の分母は，50個＋75個でもよいです。

完成品直接材料費：$(5,340円 + 8,160円) - 2,700円 = 10,800円$

月末仕掛品加工費：$\dfrac{1,080円 + 4,520円 + 10,000円}{100個 + 25個 \times 80\%} \times 25個 \times 80\% = 2,600円$

　（注）計算式の分母は，50個×20％＋110個でもよいです。

完成品加工費：$(1,080円 + 4,520円 + 10,000円) - 2,600円 = 13,000円$

月末仕掛品原価：$2,700円 + 2,600円 = 5,300円$

完成品原価：$10,800円 + 13,000円 = 23,800円$

完成品単位原価：$23,800円 \div 100個 = 238円/個$

（A　組　製　品）　　23,800	（A　組　仕　掛　品）　　23,800

(3)　B組製品の完成品原価および月末仕掛品原価の計算（先入先出法）

B組仕掛品－直接材料費

月初　20個	完成　100個
900円	4,100円
当月　120個	
4,800円	月末　40個
	1,600円

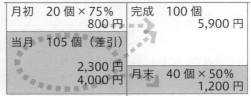

B組仕掛品－加工費

月初　20個×75%	完成　100個
800円	5,900円
当月　105個（差引）	
2,300円	月末　40個×50%
4,000円	1,200円

月末仕掛品直接材料費：$\dfrac{4,800円}{(100個 - 20個) + 40個} \times 40個 = 1,600円$

　（注）計算式の分母は，120個でもよいです。

完成品直接材料費：$(900円 + 4,800円) - 1,600円 = 4,100円$

月末仕掛品加工費：$\dfrac{2,300円 + 4,000円}{(100個 - 20個 \times 75\%) + 40個 \times 50\%} \times 40個 \times 50\% = 1,200円$

　（注）計算式の分母は，105個でもよいです。

完成品加工費：$(800円 + 2,300円 + 4,000円) - 1,200円 = 5,900円$

月末仕掛品原価：$1,600円 + 1,200円 = 2,800円$

完成品原価：$4,100円 + 5,900円 = 10,000円$

完成品単位原価：$10,000円 \div 100個 = 100円/個$

（B　組　製　品）　　10,000	（B　組　仕　掛　品）　　10,000

2 等級別総合原価計算

1. 等級別総合原価計算とは

等級別総合原価計算とは，同じ種類の製品でも大きさ・厚さ・重量などが異なる製品（等級製品といいます）を，連続して大量に生産する企業で用いられる総合原価計算です。

等級製品は，同じ製品でも大きさなどが異なるため原価も異なります。正確に等級製品ごとの原価を計算するのであれば，先に学習した組別総合原価計算を用いるべきです。しかし，等級製品は同じ種類の製品であり，ただ大きさ，厚さ，重量などが異なるだけなので，組別総合原価計算より簡便な計算をすることが認められています。

2. 等価係数の決定

等価係数とは，等級製品のいずれかを基準製品として，基準製品を 1 としたときの等級製品ごとの原価の負担割合をいいます。なお，等価係数は，原価の発生と関係のある各等級製品の大きさや厚さ，重量などにもとづいて決定されます。

たとえば，清涼飲料水の製造工場において，2 ℓ のペットボトルの原価を 1 とすると，1.5 ℓ のペットボトルの原価は0.75，1 ℓ のペットボトルの原価は0.5というような関係があります。

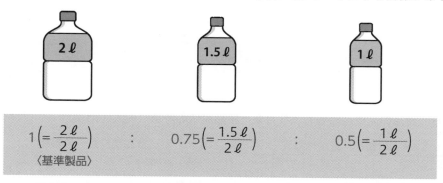

そこで，この等級製品ごとの等価係数を利用すれば，より簡便に各等級製品の完成品原価を計算することができます。

3. 計算手続

等級別総合原価計算では，通常，次のような手順により計算が行われます。
(1) 等級製品全部の完成品原価を単純総合原価計算と同様に計算します。
(2) 各等級製品の生産量に等価係数を乗じた積数を求め，等級製品全部の完成品原価を積数の割合で各等級製品に按分します。

> 積数＝各等級製品の生産量×等価係数
> 　　　⬆
> 各等級製品の基準製品への換算量

(3) 等級製品ごとに按分された完成品原価を，その等級製品の完成品数量で除して完成品単位原価を求めます。

4. 勘定連絡図

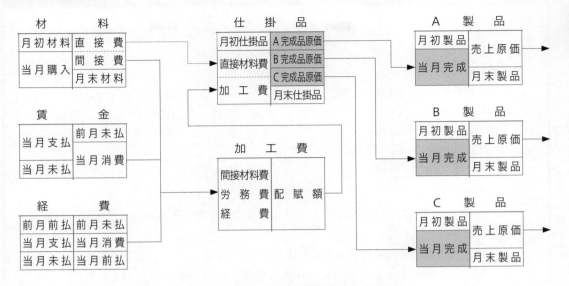

(注) 等級別総合原価計算の場合にも，加工費(または製造間接費)を予定配賦することがあります。

ここが
POINT

　勘定連絡図の中で，いまどの部分を詳しくみているかを意識しながら学習することが重要である。

次の資料をもとに，各等級製品の完成品原価および完成品単位原価を計算しなさい。

（資　料）

1．生産データ

月初仕掛品　　50 個（20%）
当 月 投 入　　75
　合　計　　　125 個
月末仕掛品　　25　　（80%）
完 成 品　　100 個

2．原価データ

	直接材料費	加 工 費
月初仕掛品	5,340 円	1,080 円
当 月 投 入	8,160 円	14,520 円

3．その他のデータ

(1) 材料はすべて工程の始点で投入される。また，生産データの（　）内の数値は加工進捗度を示している。

(2) 月末仕掛品の評価方法は平均法による。

(3) 完成品100個は，A製品20個，B製品40個，C製品40個に区別される。

(4) 等価係数は次のとおりである。

A製品：B製品：C製品 = 1 : 0.75 : 0.5

〈解答・解説〉

(1) **等級製品全部の完成品原価**

① **直接材料費の按分**

仕掛品－直接材料費

| 月初　50 個 5,340 円 | 完成　100 個 10,800 円 |
| 当月　75 個 8,160 円 | 月末　25 個 2,700 円 |

月末仕掛品直接材料費： $\dfrac{5,340 \text{円} + 8,160 \text{円}}{100 \text{個} + 25 \text{個}} \times 25 \text{個} = 2,700 \text{円}$

(注)計算式の分母は，50個+75個でもよいです。

完 成 品 直 接 材 料 費：$(5,340 \text{円} + 8,160 \text{円}) - 2,700 \text{円} = 10,800 \text{円}$

② **加工費の按分**

仕掛品－加工費

| 月初　50 個×20% 1,080 円 | 完成　100 個 13,000 円 |
| 当月　110 個（差引）14,520 円 | 月末　25 個×80% 2,600 円 |

月末仕掛品加工費： $\dfrac{1,080 \text{円} + 14,520 \text{円}}{100 \text{個} + 25 \text{個} \times 80\%} \times 25 \text{個} \times 80\% = 2,600 \text{円}$

(注) 計算式の分母は，50個×20% +110個でもよいです。

完 成 品 加 工 費：$(1,080 \text{円} + 14,520 \text{円}) - 2,600 \text{円} = 13,000 \text{円}$

③　まとめ

月末仕掛品原価：2,700 円＋ 2,600 円＝ 5,300 円

完 成 品 原 価：10,800 円＋ 13,000 円＝ 23,800 円

(2)　等級製品ごとの完成品原価および完成品単位原価の算定

	生産量		等価係数		積数	完成品原価	単位原価
A 製品	20 個	×	1	=	20	① 6,800 円	④340 円/個
B 製品	40 個	×	0.75	=	30	②10,200 円	⑤255 円/個
C 製品	40 個	×	0.5	=	20	③ 6,800 円	⑥170 円/個
					70	23,800 円	

〈各等級製品への完成品原価の按分〉

①　　A 製品：$23,800 円 × \dfrac{20}{20 + 30 + 20} = 6,800 円$

②　　B 製品：$23,800 円 × \dfrac{30}{20 + 30 + 20} = 10,200 円$

③　　C 製品：$23,800 円 × \dfrac{20}{20 + 30 + 20} = 6,800 円$

〈各等級製品の完成品単位原価〉

④　　A 製品：　6,800 円 ÷ 20 個 ＝ 340 円/個

⑤　　B 製品：10,200 円 ÷ 40 個 ＝ 255 円/個

⑥　　C 製品：　6,800 円 ÷ 40 個 ＝ 170 円/個

(3)　完成品原価の振り替え

（A　　製　　品）	6,800	（仕　　掛　　品）	23,800
（B　　製　　品）	10,200		
（C　　製　　品）	6,800		

（参　考）

仕掛品勘定の記入を示すと，次のようになります。

仕　掛　品

前　月　繰　越	6,420	A　　製　　品	6,800
材　　　料	8,160	B　　製　　品	10,200
加　工　費	14,520	C　　製　　品	6,800
		次　月　繰　越	5,300
	29,100		29,100

解答・解説297ページ

　次の資料により，Ａ組製品とＢ組製品についての(1)組別総合原価計算表を完成させ，(2)完成品原価を振り替えるための仕訳を示しなさい。なお，組間接費の配賦は機械運転時間を基準に行い，月末仕掛品の評価は，Ａ組製品は先入先出法，Ｂ組製品は平均法により行う。

(資　料)

1．生産データ

	Ａ組製品		Ｂ組製品	
月 初 仕 掛 品	30kg	(5/6)	20kg	(3/4)
当 月 投 入	120		120	
合　　計	150kg		140kg	
月 末 仕 掛 品	50	(2/5)	40	(1/2)
完　成　品	100kg		100kg	
機械運転時間	1,500時間		300時間	

　　なお，直接材料は始点においてすべて投入されており，（　　）内の数値は加工進捗度を示している。

2．原価データ

	Ａ組製品	Ｂ組製品
月 初 仕 掛 品		
直 接 材 料 費	15,000円	5,400円
加 工 費	21,850円	2,240円
当 月 投 入		
直 接 材 料 費	84,000円	24,000円
加 工 費	20,750円	10,000円
組 間 接 費	72,000円	

(1)
　　　　　　　　　　　組別総合原価計算表　　　　（単位：円）

	Ａ 組 製 品	Ｂ 組 製 品
月 初 仕 掛 品 原 価		
当 月 直 接 材 料 費		
当 月 加 工 費		
合　　　計		
差引：月末仕掛品原価		
完 成 品 原 価		
完 成 品 単 位 原 価		

(2)

借方科目	金　額	貸方科目	金　額

基本例題33

解答・解説298ページ

当工場では，単一工程により等級製品を量産している。次の今月の資料を用いて，(1)等級別の総合原価計算を行い，各等級製品の完成品総合原価と完成品単位原価を求め，(2)完成品原価を振り替えるための仕訳を示しなさい。なお，完成品単位原価は小数点以下第1位まで示すこと。

（資　料）

1．生産データ

月初仕掛品	600個	(2/3)
当月投入	5,000	
計	5,600個	
月末仕掛品	1,600	(3/8)
完成品	4,000個	

2．原価データ

	直接材料費	加工費
月初仕掛品原価	500,000円	300,000円
当月製造費用	3,000,000円	2,520,000円

3．完成品数量の内訳

A製品　1,500個，B製品　1,000個，C製品　1,500個

4．等価係数

A製品：B製品：C製品＝1：0.8：0.6

5．その他

(1) 直接材料は工程の始点ですべて投入される。

(2) 生産データの（　　）の数値は加工進捗度である。

(3) 月末仕掛品の評価方法は先入先出法による。

(1)

（単位：円）

	完成品総合原価	完成品単位原価
A製品		
B製品		
C製品		
合　計		

(2)

借方科目	金　額	貸方科目	金　額

17 財務諸表

Theme

Check ここでは，工企業における財務諸表の作成方法について学習します。

1 勘定連絡図と財務諸表

工企業では，製品の原価を原価計算によって計算し，計算結果を工業簿記によって帳簿に記録します。その後，財務諸表を作成・報告します。工企業が会計年度末において外部報告用に作成する財務諸表には，損益計算書と貸借対照表のほかに製造原価報告書があります。これらの財務諸表の記載内容は工業簿記の勘定記録にもとづいて作成され，製造原価報告書は仕掛品勘定と対応し，損益計算書は損益勘定，その売上原価の内訳は製品勘定の記録とそれぞれ対応しています。

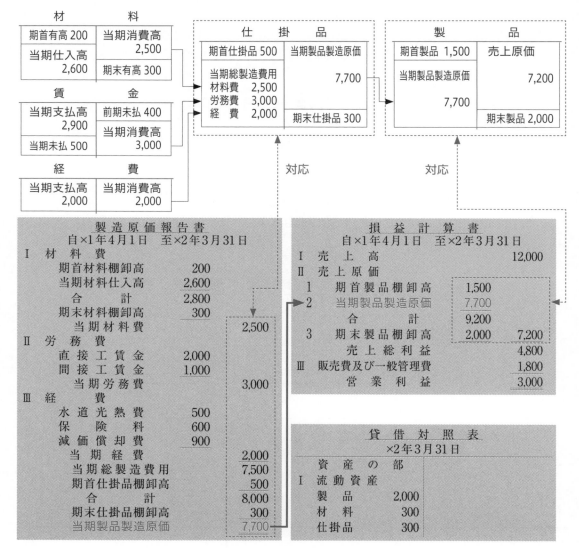

2 工企業の財務諸表

1. 損益計算書

商企業の損益計算書と工企業の損益計算書は，売上原価の表示方法に違いがあります。

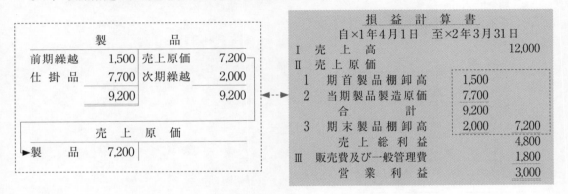

損益計算書（商企業）		
I 売 上 高		×××
II 売 上 原 価		
1 期首商品棚卸高	×××	
2 当期商品仕入高	×××	
合 計	×××	
3 期末商品棚卸高	×××	×××
売 上 総 利 益		×××
III 販売費及び一般管理費		×××
営 業 利 益		×××
⋮		⋮

損益計算書（工企業）		
I 売 上 高		×××
II 売 上 原 価		
1 期首製品棚卸高	×××	
2 当期製品製造原価	×××	
合 計	×××	
3 期末製品棚卸高	×××	×××
売 上 総 利 益		×××
III 販売費及び一般管理費		×××
営 業 利 益		×××
⋮		⋮

なお，製品勘定の記録と損益計算書の売上原価の内訳は次のように対応しています。

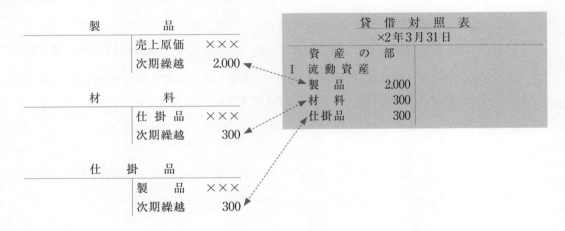

製 品			
前期繰越	1,500	売上原価	7,200
仕 掛 品	7,700	次期繰越	2,000
	9,200		9,200

売 上 原 価			
製 品	7,200		

損 益 計 算 書 自×1年4月1日 至×2年3月31日		
I 売 上 高		12,000
II 売 上 原 価		
1 期首製品棚卸高	1,500	
2 当期製品製造原価	7,700	
合 計	9,200	
3 期末製品棚卸高	2,000	7,200
売 上 総 利 益		4,800
III 販売費及び一般管理費		1,800
営 業 利 益		3,000

(注) 上記は実際配賦を前提としたひな形を示していますが，このほかに予定配賦によるひな形もあります。

2. 貸借対照表

工企業の貸借対照表には，商企業の商品に代えて，製品，材料，仕掛品といった製造業特有の棚卸資産があるところに特徴があります。

製 品			
		売上原価	×××
		次期繰越	2,000

材 料			
		仕掛品	×××
		次期繰越	300

仕 掛 品			
		製 品	×××
		次期繰越	300

貸 借 対 照 表 ×2年3月31日	
資 産 の 部	
I 流 動 資 産	
製 品	2,000
材 料	300
仕 掛 品	300

3. 製造原価報告書

工企業の損益計算書に表示される当期製品製造原価（当期の完成品原価）は，当期の製造活動にもとづいて原価計算をすることにより計算されたものです。

そこで，工企業においては損益計算書と貸借対照表の2つの財務諸表に加えて，当期製品製造原価の内訳明細を明らかにするための報告書として，製造原価報告書（製造原価明細書）を作成します。

工業簿記において，当期製品製造原価の内訳は仕掛品勘定に記録されているため，製造原価報告書は仕掛品勘定を報告書形式で表したものともいえます。具体的には，次のような2種類の形式があります。

(1) 形態別分類による製造原価報告書

材　料

前　期　繰　越	当 期 消 費 高
当　期　仕　入　高	
	次　期　繰　越

賃　金

	前　期　繰　越
当　期　支　払　高	当 期 消 費 高
次　期　繰　越	

経　費

前　期　前　払	前　期　未　払
当　期　支　払　高 （または 発生高）	当 期 消 費 高
当　期　未　払	当　期　前　払

製 造 原 価 報 告 書
自×1年4月1日　至×2年3月31日

Ⅰ	材　料　費		
	期首材料棚卸高	200	
	当期材料仕入高	2,600	
	合　　計	2,800	
	期末材料棚卸高	300	
	当 期 材 料 費		2,500
Ⅱ	労　務　費		
	直 接 工 賃 金	2,000	
	間 接 工 賃 金	1,000	
	当 期 労 務 費		3,000
Ⅲ	経　　費		
	水 道 光 熱 費	500	
	保　険　料	600	
	減 価 償 却 費	900	
	当 期 経 費		2,000
	当 期 総 製 造 費 用		7,500
	期首仕掛品棚卸高		500
	合　　　計		8,000
	期末仕掛品棚卸高		300
	当期製品製造原価		7,700

仕掛品勘定に対応 ◀------------------

（注）上記は実際配賦を前提としたひな形を示していますが，このほかに予定配賦によるひな形もあります。

　この形式によると，各費目（材料費，労務費，経費）を直接費と間接費に分類する必要がないため，各費目ごとに消費高を計算すればよいです。

(2) **製品との関連における分類による製造原価報告書**

製 造 間 接 費			
賃　　　金	1,000	仕掛品	3,000
水道光熱費	500		
保 険 料	600		
減価償却費	900		
	3,000		3,000

仕　　掛　　品			
前期繰越	500	製　　品	7,700
材　　料	2,500	次期繰越	300
賃　　金	2,000		
▶製造間接費	3,000		
	8,000		8,000

製 造 原 価 報 告 書		
自×1年4月1日　至×2年3月31日		
Ⅰ　直 接 材 料 費		
期首材料棚卸高	200	
当期材料仕入高	2,600	
合　　　計	2,800	
期末材料棚卸高	300	2,500
Ⅱ　直 接 労 務 費		2,000
Ⅲ　製 造 間 接 費		
間 接 工 賃 金	1,000	
水 道 光 熱 費	500	
保 険 料	600	
減 価 償 却 費	900	3,000
当期総製造費用		7,500
期首仕掛品棚卸高		500
合　　　計		8,000
期末仕掛品棚卸高		300
当期製品製造原価		7,700

（注）上記は実際配賦を前提としたひな形を示していますが，このほかに予定配賦によるひな形もあります。

　　この形式によると，各費目を直接費の消費額と間接費の消費額とに分類する必要があります。

ここが
POINT

　　工企業の場合，原価計算期間にあわせて，月次財務諸表を作成することがある。その場合，財務諸表上の「期首，当期，期末」はそれぞれ「月初，当月，月末」と表示する。

　次に示してあるのは，当社の期末における総勘定元帳の記録である。この記録にもとづき，製造原価報告書と損益計算書を作成しなさい。なお，製造間接費は実際配賦している。

（勘定記録）

材　　料

前期繰越	200	仕 掛 品	2,500
買 掛 金	2,600	次期繰越	300
	2,800		2,800

仕　掛　品

前期繰越	500	製　　品	7,700
材　　料	2,500	次期繰越	300
賃　　金	2,000		
製造間接費	3,000		
	8,000		8,000

賃　　金

諸　　口	2,900	前期繰越	400
次期繰越	500	仕 掛 品	2,000
		製造間接費	1,000
	3,400		3,400

製　　品

前期繰越	1,500	売上原価	7,200
仕 掛 品	7,700	次期繰越	2,000
	9,200		9,200

製 造 間 接 費

賃　　金	1,000	仕 掛 品	3,000
水道光熱費	500		
保 険 料	600		
減価償却費	900		
	3,000		3,000

売 上 原 価

| 製　　品 | 7,200 | 損　　益 | 7,200 |

損　　益

| 売上原価 | 7,200 | 売　　上 | 12,000 |

〈解答・解説〉

製 造 原 価 報 告 書		
Ⅰ 直 接 材 料 費		
期首材料棚卸高	200	
当期材料仕入高	2,600	
合　　計	2,800	
期末材料棚卸高	300	2,500
Ⅱ 直 接 労 務 費		2,000
Ⅲ 製 造 間 接 費		
間 接 工 賃 金	1,000	
水 道 光 熱 費	500	
保 　 険 　 料	600	
減 価 償 却 費	900	3,000
当 期 総 製 造 費 用		7,500
期首仕掛品棚卸高		500
合　　計		8,000
期末仕掛品棚卸高		300
当 期 製 品 製 造 原 価		7,700

損 益 計 算 書		
Ⅰ 売 上 高		12,000
Ⅱ 売 上 原 価		
1 期首製品棚卸高	1,500	
2 当期製品製造原価	7,700	
合　　計	9,200	
3 期末製品棚卸高	2,000	7,200
売 上 総 利 益		4,800

〈勘定連絡図〉

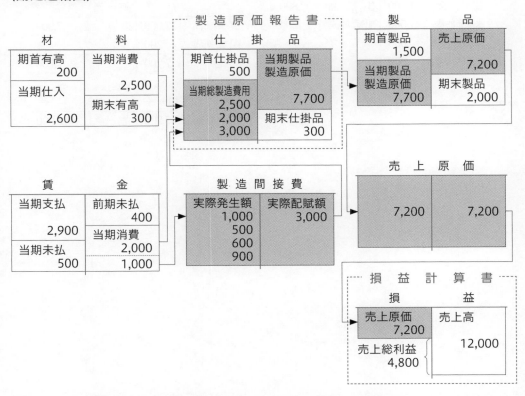

　次に示してあるのは，当社の期末における総勘定元帳の記録である。この記録にもとづき，製造原価報告書と損益計算書を作成しなさい。なお，製造間接費は予定配賦している。また，原価差異は当期の売上原価に賦課する。

（勘定記録）

材		料	
前期繰越	200	仕 掛 品	2,500
買 掛 金	2,600	次期繰越	300
	2,800		2,800

仕		掛 品	
前期繰越	500	製 品	7,500
材 料	2,500	次期繰越	300
賃 金	2,000		
製造間接費	2,800		
	7,800		7,800

賃		金	
諸 口	2,900	前期繰越	400
次期繰越	500	仕 掛 品	2,000
		製造間接費	1,000
	3,400		3,400

製		品	
前期繰越	1,500	売上原価	7,000
仕 掛 品	7,500	次期繰越	2,000
	9,000		9,000

製 造 間 接 費			
賃 金	1,000	仕 掛 品	2,800
水道光熱費	500	配賦差異	200
保 険 料	600		
減価償却費	900		
	3,000		3,000

売 上 原 価			
製 品	7,000	損 益	7,200
配賦差異	200		
	7,200		7,200

損		益	
売上原価	7,200	売 上	12,000

〈解答・解説〉

製造原価報告書		
Ⅰ 直接材料費		
期首材料棚卸高	200	
当期材料仕入高	2,600	
合　　　計	2,800	
期末材料棚卸高	300	2,500
Ⅱ 直接労務費		2,000
Ⅲ 製造間接費		
間接工賃金	1,000	
水道光熱費	500	
保険料	600	
減価償却費	900	
合　　　計	3,000	
製造間接費配賦差異	200	2,800
当期総製造費用		7,300
期首仕掛品棚卸高		500
合　　　計		7,800
期末仕掛品棚卸高		300
当期製品製造原価		7,500

損益計算書		
Ⅰ 売上高		12,000
Ⅱ 売上原価		
1 期首製品棚卸高	1,500	
2 当期製品製造原価	7,500	
合　　　計	9,000	
3 期末製品棚卸高	2,000	
差　　　引	7,000	
4 原価差異	200	7,200
売上総利益		4,800

〈勘定連絡図〉

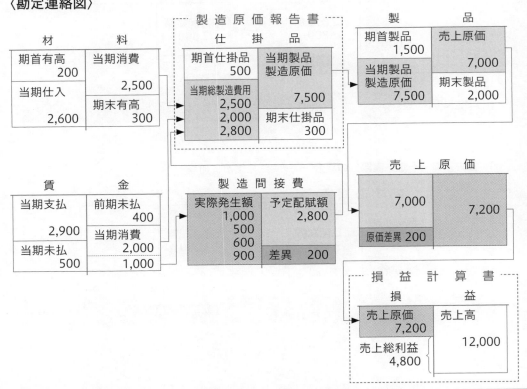

★supplement
原価差異の表示方法

1. 製造原価報告書

製造間接費を予定配賦しているときの製造原価報告書における表示は，仕掛品勘定との対応関係から予定配賦額が計上されます。その際，製造間接費の内訳を費目別に表示する場合には，いったん実際発生額で表示しておき，これに製造間接費配賦差異を加算（または減算）することで予定配賦額に修正します。そのため，借方差異（不利差異）のときは実際発生額から減算し，貸方差異（有利差異）のときは実際発生額に加算することになります。

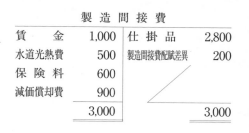

(1) **借方差異（予定＜実際）の場合** …… 実際発生額から減算

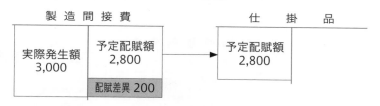

(2) **貸方差異（予定＞実際）の場合** …… 実際発生額に加算

202

2．損益計算書

　原価差異（製造間接費配賦差異など）が発生している場合の損益計算書における表示は，まず予定の売上原価を計算し，原価差異を加算（または減算）して最終的な売上原価を表示します。そのため，借方差異（不利差異）のときは予定の売上原価に加算し，貸方差異（有利差異）のときは予定の売上原価から減算することになります。

製	品		
前期繰越	1,500	売上原価	7,000
仕 掛 品	7,500	次期繰越	2,000
	9,000		9,000

	損 益 計 算 書（一部）		
Ⅱ	売 上 原 価		
1	期首製品棚卸高	1,500	
2	当期製品製造原価	7,500	
	合 計	9,000	
3	期末製品棚卸高	2,000	
	差 引	7,000	
4	原 価 差 異	200	7,200

売 上 原 価		
製 品	7,000	
原価差異	200	

(1) 借方差異（予定＜実際）の場合 …… 売上原価に加算

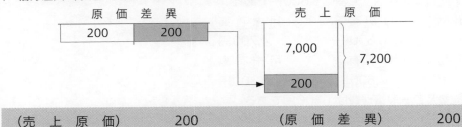

（売　上　原　価）　　　200　　　　（原　価　差　異）　　　200

(2) 貸方差異（予定＞実際）の場合 …… 売上原価から減算

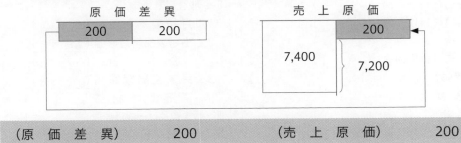

（原　価　差　異）　　　200　　　　（売　上　原　価）　　　200

ここが
POINT

　　財務諸表上，原価差異を加算するか減算するかは，勘定連絡図との対応関係から判断するとよい。

　なお，原価差異の基本的な考え方は「テーマ04　材料費（Ⅱ）」を参照してください。

基本例題**34**

解答・解説299ページ

次の資料にもとづき，当月の製造原価報告書および損益計算書を作成しなさい。なお，製造間接費は実際配賦している。

（資　料）

1. 材　料

	月 初 有 高	当月仕入高	月 末 有 高
直接材料	600円	2,400円	500円

2. 賃　金

	月初未払額	当月支払額	月末未払額
直接工賃金	750円	3,600円	650円
間接工賃金	100円	900円	200円

（注）直接工賃金の消費額はすべて直接労務費である。

3. 経　費

水道光熱費（測定額）	900円
保険料（支払額）	1,700円
減価償却費（月額）	3,000円

4. 製造間接費の実際配賦額は6,600円である。

5. 仕掛品

月 初 有 高	月 末 有 高
6,500円	4,700円

6. 製　品

月 初 有 高	月 末 有 高
7,600円	6,300円

7. 販売費及び一般管理費は1,300円である。

```
          月次製造原価報告書     （単位：円）
         自×年12月1日　至×年12月31日
Ⅰ 直 接 材 料 費
    月初材料棚卸高　（        ）
    当月材料仕入高　（        ）
    合　　　計　　　（        ）
    月末材料棚卸高　（        ）（        ）
Ⅱ 直 接 労 務 費            （        ）
Ⅲ 製 造 間 接 費
    間 接 工 賃 金 （        ）
    水 道 光 熱 費 （        ）
    保　険　料 （        ）
    減 価 償 却 費 （        ）（        ）
      当 月 総 製 造 費 用    （        ）
      月初仕掛品棚卸高        （        ）
      合　　　計            （        ）
      月末仕掛品棚卸高        （        ）
      当月製品製造原価        （        ）
```

```
          月 次 損 益 計 算 書   （単位：円）
         自×年12月1日　至×年12月31日
Ⅰ 売 上 高                    25,000
Ⅱ 売 上 原 価
  1  月初製品棚卸高 （        ）
  2  当月製品製造原価（        ）
      合　　　計　　（        ）
  3  月末製品棚卸高 （        ）（        ）
      売 上 総 利 益          （        ）
Ⅲ 販売費及び一般管理費          （        ）
      営 業 利 益              （        ）
```

次の資料にもとづき，当月の製造原価報告書および損益計算書を作成しなさい。なお，製造間接費は予定配賦している。また，原価差異は当月の売上原価に賦課する。

（資　料）

1．材　料　　　月初有高　　　　当月仕入高　　　　月末有高
　　直接材料　　　600円　　　　2,400円　　　　　500円

2．賃　金　　　月初未払額　　　当月支払額　　　月末未払額
　　直接工賃金　　750円　　　　3,600円　　　　　650円
　　間接工賃金　　100円　　　　900円　　　　　　200円
　　（注）直接工賃金の消費額はすべて直接労務費である。

3．経　費
　　水道光熱費（測定額）　　　　　900円
　　保険料（支払額）　　　　　　1,700円
　　減価償却費（月額）　　　　　3,000円

4．製造間接費の予定配賦額は6,900円である。

5．仕掛品　　　月初有高　　　　月末有高
　　　　　　　6,500円　　　　4,700円

6．製　品　　　月初有高　　　　月末有高
　　　　　　　7,600円　　　　6,300円

7．販売費及び一般管理費は1,300円である。

月次製造原価報告書	（単位：円）
自×年12月1日　至×年12月31日	

Ⅰ　直接材料費
　　月初材料棚卸高　（　　　　）
　　当月材料仕入高　（　　　　）
　　　合　　計　　　（　　　　）
　　月末材料棚卸高　（　　　　）（　　　　）
Ⅱ　直接労務費　　　　　　　　　（　　　　）
Ⅲ　製造間接費
　　間接工賃金　（　　　　）
　　水道光熱費　（　　　　）
　　保　険　料　（　　　　）
　　減価償却費　（　　　　）
　　　合　　計　（　　　　）
　　製造間接費配賦差異（　　　　）（　　　　）
　　　当月総製造費用　　　　（　　　　）
　　　月初仕掛品棚卸高　　　（　　　　）
　　　　合　　計　　　　　　（　　　　）
　　　月末仕掛品棚卸高　　　（　　　　）
　　　当月製品製造原価　　　（　　　　）

月次損益計算書	（単位：円）
自×年12月1日　至×年12月31日	

Ⅰ　売　上　高　　　　　　　　25,000
Ⅱ　売上原価
　1　月初製品棚卸高（　　　　）
　2　当月製品製造原価（　　　　）
　　　合　　計　　（　　　　）
　3　月末製品棚卸高（　　　　）
　　　差　　引　　（　　　　）
　4　原価差異（　　　　）（　　　　）
　　　売上総利益　（　　　　）
Ⅲ　販売費及び一般管理費　（　　　　）
　　　営業利益　　　（　　　　）

18 標準原価計算（Ⅰ）
Theme

> **Check** ここでは，標準原価計算の目的やその基本的な考え方，勘定記入法について学習します。

1 実際原価計算と標準原価計算

　これまで学習してきた原価計算は，実際にかかった原価（実際原価）をそのまま集計して製品の原価を計算する方法でした。これを実際原価計算といいます。この実際原価計算においても，材料などの消費額の計算で消費単価を一定にして計算するために予定価格を用いて実際価格との差異を把握することはありましたが，消費量については目標となる数量を設定していなかったので，製品原価の中に無駄や不能率が入り込み，原価管理にはあまり役立ちませんでした。

　これに対して標準原価計算とは，製品の原価を実際にかかった原価（実際原価）ではなく，あらかじめ目標となる原価（標準原価）を定め，標準原価によって製品原価を計算する方法です。標準原価計算は，製品をより安く効率的に製造し，原価をできるかぎり低く抑えていこうという原価管理に役立てることを目的とする原価計算です。

　そこで，標準原価計算では無駄や不能率を排除した「目標となる価格と数量」を用いて標準原価を計算し，これと実際原価とを比較して，その差額（原価差異）を計算・分析することによって無駄や不能率を改善していきます。

2 標準原価計算の手続き

　標準原価計算の計算手続は，次のとおりです。

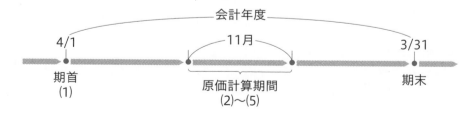

(1) 原価標準の設定（会計年度期首）

　生産活動の開始前などにあらかじめ製品１個あたりの目標原価を設定しておきます。この製品１個あたりの目標原価を原価標準とよびます。

> 原価標準：製品１個あたりの標準原価

(2) 標準原価の計算（各原価計算期間）

　生産データにもとづいて，完成品と月末仕掛品および当月製造費用について標準原価を計算します。

> 標準原価＝原価標準×製品生産量

(注)「原価標準」と「標準原価」では用語の意味が異なることに注意しましょう。原価標準は製品１個あたりの標準原価であり，標準原価は原価標準に生産データの数値を乗じた金額をいいます。

(3) 実際原価の計算（各原価計算期間）

　直接材料費，直接労務費，製造間接費について実際原価を計算します。

(4) 原価差異の計算・分析（各原価計算期間）

　当月製造費用（当月投入）に対する標準原価と実際原価を比較して，その差額を標準原価差異として把握し，これを分析します。なお，原価差異は，下記算式の結果がマイナスならば借方差異（不利差異），プラスならば貸方差異（有利差異）と判断します。

> 標準原価差異＝標準原価−実際原価

(5) 原価報告（各原価計算期間）

　分析した結果をまとめて報告し，必要に応じて原価の改善を行います。

〈例〉

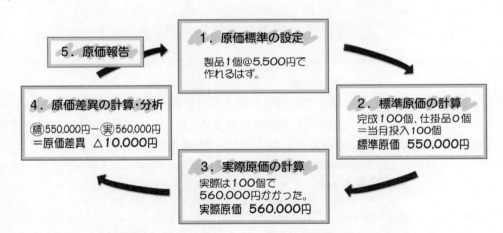

　なお，標準原価計算にも実際原価計算と同様に，個別原価計算と総合原価計算がありますが，２級工業簿記では，標準総合原価計算を学習します。

3 原価標準の設定

　原価標準とは，製品１個あたりの目標原価であり，通常，直接材料費，直接労務費，製造間接費の３つの原価要素に分けて設定されます。この原価標準は，単なる見積りではなく，科学的・統計的な分析調査にもとづいて定められます。

(1) 製品１個あたりの標準直接材料費

製品１個あたりの標準直接材料費	＝	直接材料の標準単価（価格）×	製品１個あたりの標準直接材料消費量

① 標 準 単 価（価 格）… 予定価格または過去の実績に将来の価格変動を加味して定められた消費単価
② 標準直接材料消費量 … 材料を無駄なく使用した場合の製品１個あたりの目標直接材料消費量

(2) 製品１個あたりの標準直接労務費

製品１個あたりの標準直接労務費	＝	直接工の標準賃率×	製品１個あたりの標準直接作業時間

① 標 準 賃 率 … 直接工の予定平均賃率または過去の実績に将来の変動を加味して定められた消費賃率
② 標準直接作業時間 … 直接工が作業を無駄なく行った場合の製品１個あたりの目標直接作業時間

(3) 製品１個あたりの標準製造間接費

製品１個あたりの標準製造間接費	＝	製造間接費の標準配賦率	×	製品１個あたりの標準操業度

① 標 準 配 賦 率 … 予定配賦率または過去の実績に将来の変動を加味して定められた配賦率
② 標 準 操 業 度 … 製造間接費の配賦基準に直接作業時間を用いている場合には，上記の標準直接労務費での製品１個あたりの標準直接作業時間

　なお，原価要素ごとに設定された原価標準は，次の標準原価カードにまとめられます。

	標準原価カード			
		（標準単価）	（標 準 消 費 量）	
直接材料費 {	直接材料費	100円/kg	5kg	500円
		（標準賃率）	（標準直接作業時間）	
加 工 費 {	直接労務費	200円/時間	10時間	2,000円
		（標準配賦率）	（標準直接作業時間）	
	製造間接費	300円/時間	10時間	3,000円
	製品１個あたり標準製造原価			5,500円

　(注) 標準原価計算では，通常，加工費を直接労務費と製造間接費とに分けて計算します。

4 標準原価の計算

1．完成品原価の計算

標準原価計算では，毎月の完成品原価はつねに標準原価により計算します。この計算は，標準原価カードにまとめられた製品1個あたりの標準原価（原価標準）と完成品数量にもとづいて，次のように行われます。

完成品原価 ＝ 製品1個あたりの標準原価（原価標準）× 完成品数量

ここが
POINT

標準総合原価計算では，完成品原価は原価標準×完成品数量で計算されるため，実際総合原価計算のように，平均法や先入先出法を用いた原価の按分計算は行わない。

2．仕掛品原価の計算

月末仕掛品原価も，完成品原価と同様につねに標準原価により計算します。その際，直接労務費および製造間接費は加工費であるため，月末仕掛品の数量に加工進捗度を加味した月末仕掛品の完成品換算量を用いて計算します。

月末仕掛品
原価

直接材料費：製品1個あたりの標準直接材料費 × 月末仕掛品数量
直接労務費：製品1個あたりの標準直接労務費 × 月末仕掛品換算量
製造間接費：製品1個あたりの標準製造間接費 × 月末仕掛品換算量

（注）直接材料費について，直接材料が加工に応じて平均的に投入される場合には，換算量を用いて計算します。
また，月初仕掛品は，前月の月末仕掛品であるため，標準原価で計算されています。

3．当月製造費用の計算

標準原価計算では，当月製造費用，すなわち当月投入の直接材料費，直接労務費および製造間接費について，製品1個あたりの標準原価（原価標準）に当月投入量を乗じてその標準原価を算出します。なお，直接労務費と製造間接費は加工費であるため，当月投入の数値は完成品換算量を用いて計算します。また，当月投入換算量は，月初および月末の仕掛品換算量を把握した後，生産データの差し引き計算をもって算出します。

当月製造
費用

標準直接材料費：製品1個あたりの標準直接材料費 × 当月投入数量
標準直接労務費：製品1個あたりの標準直接労務費 × 当月投入換算量
標準製造間接費：製品1個あたりの標準製造間接費 × 当月投入換算量

ここが
POINT

仕掛品原価および当月製造費用の計算において，直接労務費および製造間接費は加工費であるため，実際総合原価計算のときと同様に，加工進捗度を加味した完成品換算量を用いて計算する。

標準原価計算を採用している当社の次の資料により，完成品原価，月末仕掛品原価および月初仕掛品原価を求めなさい。

（資　料）

(1) 製品1個あたりの標準原価は，次のように標準原価カードにまとめられている。

	（標準単価）	（標準消費量）	
直接材料費	100円/kg	5kg	500円
	（標準賃率）	（標準直接作業時間）	
直接労務費	200円/時間	10時間	2,000円
	（標準配賦率）	（標準直接作業時間）	
製造間接費	300円/時間	10時間	3,000円
製品1個あたり標準製造原価			5,500円

(2) 当月の生産実績は次のとおりである。

月初仕掛品	20 個（50％）
当月投入	120
合　計	140 個
月末仕掛品	40　（50％）
完成品	100 個

なお，材料はすべて工程の始点で投入している。また，（　）内の数値は加工進捗度である。

〈解答・解説〉

① 完成品原価：5,500円/個×100個＝550,000円

② 月末仕掛品原価

直接材料費：	500円/個×40個	＝	20,000円
直接労務費：	2,000円/個×40個×50％＝		40,000円
製造間接費：	3,000円/個×40個×50％＝		60,000円
			120,000円

また，月初仕掛品も次のように標準原価で計算されます。

③ 月初仕掛品原価

直接材料費：	500円/個×20個	＝	10,000円
直接労務費：	2,000円/個×20個×50％＝		20,000円
製造間接費：	3,000円/個×20個×50％＝		30,000円
			60,000円

当工場では製品Ａを連続大量生産している。次のそれぞれの場合における完成品原価および月末仕掛品原価を求めなさい。

問1　当工場が標準原価計算を採用している場合

問2　当工場が実際原価計算を採用している場合（月末仕掛品の評価方法：平均法）

（資　料）

1.　製品Ａの標準原価カード

	（標準単価）	（標準消費量）	
直接材料費	100円/kg	5kg	500円
	（標準賃率）	（標準直接作業時間）	
直接労務費	200円/時間	10時間	2,000円
	（標準配賦率）	（標準直接作業時間）	
製造間接費	300円/時間	10時間	3,000円
	製品Ａ1個あたり標準製造原価		5,500円

2.　当月の生産実績は次のとおりである。

```
月初仕掛品      20 個 （50%）
当月着手      120
  合  計     140 個
月末仕掛品      40     （50%）
完 成 品     100 個
```

材料はすべて工程の始点で投入している。また，（　　）内の数値は加工進捗度である。

3.　当月の実際原価データ

	直接材料費	直接労務費	製造間接費
月初仕掛品	11,320円	20,640円	31,600円
当月投入	68,200円	226,800円	350,000円

問1　標準原価計算を採用している場合

完成品原価：☐☐☐☐☐☐☐☐ 円

月末仕掛品原価：☐☐☐☐☐☐☐☐ 円

問2　実際原価計算を採用している場合

完成品原価：☐☐☐☐☐☐☐☐ 円

月末仕掛品原価：☐☐☐☐☐☐☐☐ 円

5 勘定記入の方法

　標準原価計算では，仕掛品勘定の貸方（完成品原価および仕掛品原価）は標準原価で記入します。また，完成品原価が標準原価で製品勘定へ振り替えられるので，製品勘定も標準原価で記入します。

　なお，仕掛品勘定の借方に集計される当月製造費用，すなわち，当月投入の直接材料費・直接労務費・製造間接費をどのような金額で記入するのかで，パーシャル・プランとシングル・プランという勘定記入の方法があります。

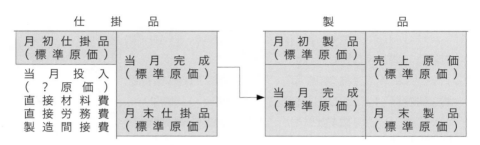

1. パーシャル・プラン

　パーシャル・プランとは，仕掛品勘定の当月投入（各原価要素の当月消費額）を実際原価で記入する方法です。

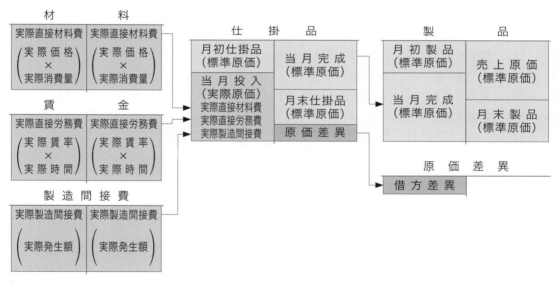

（注）借方差異（不利差異）の場合

　この方法によると，当月の標準原価と実際原価の差額である原価差異は，仕掛品勘定で把握されます。

標準原価計算を採用している当社の資料により，仕掛品勘定の記入を行いなさい。

（資　料）

1．製品1個あたりの標準原価は，次のように標準原価カードにまとめられている。

	（標 準 単 価）	（標 準 消 費 量）	
直接材料費	100円/kg	5kg	500円
	（標 準 賃 率）	（標準直接作業時間）	
直接労務費	200円/時間	10時間	2,000円
	（標 準 配 賦 率）	（標準直接作業時間）	
製造間接費	300円/時間	10時間	3,000円
	製品1個あたり標準製造原価		5,500円

2．当月の生産実績は次のとおりである。

月初仕掛品	20 個	（50%）
当月投入	120	
合　計	140 個	
月末仕掛品	40	（50%）
完成品	100 個	

なお，材料はすべて工程の始点で投入している。また，（　　）内の数値は加工進捗度である。

3．当月の実際発生額は次のとおりであり，仕掛品勘定の当月投入を実際原価で記入する方法（パーシャル・プラン）による。

実際直接材料費	68,200円
実際直接労務費	226,800円
実際製造間接費	350,000円

4．原価差異を振り替える。

〈解　答〉

仕　掛　品

前 月 繰 越	60,000	製　　品	550,000
材　　料	68,200	次 月 繰 越	120,000
賃　　金	226,800	原 価 差 異	35,000
製造間接費	350,000		
	705,000		705,000

〈解　説〉

(1)　生産データの整理

生産データ（数量）		
月初　20個	完成　100個	
当月投入　120個	月末　40個	

生産データ（換算量）		
月初　20個×50％＝10個	完成　100個	
当月投入　差引：110個	月末　40個×50％＝20個	

(2)　仕訳

①　完成品原価の振り替え

標準原価をもって，完成品原価を仕掛品勘定から製品勘定へ振り替えます。

（製　　　品）	550,000	（仕　掛　品）	550,000

完成品原価：5,500円／個×100個＝550,000円

②　当月製造費用の振り替え

パーシャル・プランの場合，実際発生額をもって，直接材料費，直接労務費および製造間接費の配賦額を仕掛品勘定へ振り替えます。

（仕　掛　品）	645,000	（材　　　料）	68,200
		（賃　　　金）	226,800
		（製 造 間 接 費）	350,000

③　原価差異の振り替え

パーシャル・プランの場合，仕掛品勘定の貸借差額として標準原価差異が把握されるため，標準原価差異を仕掛品勘定から原価差異勘定へ振り替えます。

（原 価 差 異）	35,000	（仕　掛　品）	35,000

基本例題37

当社は，標準原価計算制度を採用している。次の資料にもとづいて，パーシャル・プランにより，仕掛品勘定，原価差異勘定および製品勘定の（　　）内に適当な金額を記入しなさい。

（資　料）

1. 製品Yの標準原価カード

	（標準単価）		（標準消費量）		
直接材料費	100円/kg	×	25kg	=	2,500円
	（標準賃率）		（標準作業時間）		
直接労務費	1,250円/時間	×	2時間	=	2,500円
	（標準配賦率）		（標準作業時間）		
製造間接費	1,500円/時間	×	2時間	=	3,000円
	製品Y1個あたりの標準製造原価				8,000円

2. 当月の生産データ

月初仕掛品	300 個（1/2）	月末仕掛品	100 個（1/2）
当月投入	900 個	完成品	1,100 個

材料はすべて工程の始点で投入している。また，（　　）内の数値は加工進捗度である。

3. 月初製品在庫　200個，月末製品在庫　300個

4. 当月の実際発生額
   (1) 直接材料費実際発生額　　　2,420,000円
   (2) 直接労務費実際発生額　　　2,520,000円
   (3) 製造間接費実際発生額　　　3,250,000円

仕　掛　品

前 月 繰 越	（　　　　）	製　　　　品	（　　　　）
材　　　　料	（　　　　）	次 月 繰 越	（　　　　）
賃　　　　金	（　　　　）	原 価 差 異	（　　　　）
製 造 間 接 費	（　　　　）		
原 価 差 異	（　　　　）		
	（　　　　）		（　　　　）

原　価　差　異

仕　掛　品	（　　　　）	仕　掛　品	（　　　　）

製　　　品

前 月 繰 越	（　　　　）	売 上 原 価	（　　　　）
仕　掛　品	（　　　　）	次 月 繰 越	（　　　　）
	（　　　　）		（　　　　）

（注）記入不要な（　　）内には——を記入すること。

2. シングル・プラン

　シングル・プランとは，仕掛品勘定の当月投入（各原価要素の当月消費額）を標準原価で記入する方法です。この方法によると，当月の標準原価と実際原価の差額である原価差異は，直接材料費差異，直接労務費差異，製造間接費差異の別に各原価要素勘定（材料勘定，賃金勘定，製造間接費勘定）で把握されます。

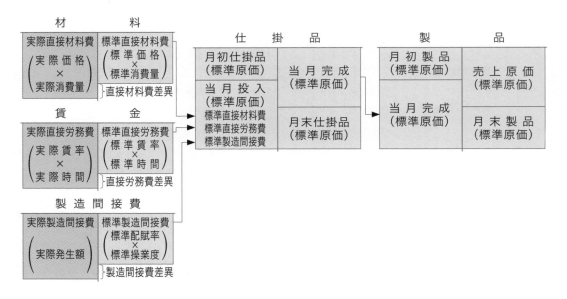

設例 18-3

　標準原価計算を採用している当社の資料により，仕掛品勘定の記入を行いなさい。

（資　料）

1．製品1個あたりの標準原価は，次のように標準原価カードにまとめられている。

	（標準単価）	（標準消費量）	
直接材料費	100円/kg	5kg	500円
	（標準賃率）	（標準直接作業時間）	
直接労務費	200円/時間	10時間	2,000円
	（標準配賦率）	（標準直接作業時間）	
製造間接費	300円/時間	10時間	3,000円
	製品1個あたり標準製造原価		5,500円

2. 当月の生産実績は次のとおりである。

月初仕掛品	20 個	（50%）
当 月 投 入	120	
合　　計	140 個	
月末仕掛品	40	（50%）
完 成 品	100 個	

なお，材料はすべて工程の始点で投入している。また，（　　）内の数値は加工進捗度である。

3. 当月の実際発生額は次のとおりであり，仕掛品勘定の当月投入を標準原価で記入する方法（シングル・プラン）による。

実際直接材料費	68,200 円
実際直接労務費	226,800 円
実際製造間接費	350,000 円

4. 原価差異を振り替える。

〈解　答〉

仕　掛　品

前 月 繰 越	60,000	製　　　品	550,000
材　　　料	60,000	次 月 繰 越	120,000
賃　　　金	220,000		
製 造 間 接 費	330,000		
	670,000		670,000

〈解　説〉

(1)　**生産データの整理**

生産データ（数量）

月初 　　20 個	完成 　　100 個
当月投入 　　120 個	月末 　　40 個

生産データ（換算量）

月初 20個×50%＝10個	完成 　　100 個
当月投入 　差引：110個	月末 40個×50%＝20個

(2)　**仕訳**

①　**完成品原価の振り替え**

標準原価をもって，完成品原価を仕掛品勘定から製品勘定へ振り替えます。

（製　　　　　品）	550,000	（仕　掛　品）	550,000

完成品原価：5,500 円／個×100 個＝550,000 円

②　**当月製造費用の振り替え**

シングル・プランの場合，標準原価をもって，直接材料費，直接労務費および製造間接費の配賦額を仕掛品勘定へ振り替えます。

（仕　掛　品）	610,000	（材　　　料）	60,000
		（賃　　　金）	220,000
		（製 造 間 接 費）	330,000

直接材料費：　500円/個×当月投入（数　量）120個＝60,000円

直接労務費：2,000円/個×当月投入（換算量）110個＝220,000円

製造間接費：3,000円/個×当月投入（換算量）110個＝330,000円

③　原価差異の振り替え

　　シングル・プランの場合，材料勘定，賃金勘定，製造間接費勘定の貸借差額として標準原価差異が把握されるため，標準原価差異を各原価要素の勘定から原価差異勘定へ振り替えます。

（原　価　差　異）	35,000	（材　　　料）	8,200
		（賃　　　金）	6,800
		（製 造 間 接 費）	20,000

直接材料費の差異：60,000円－68,200円＝△8,200円（借方差異）

直接労務費の差異：220,000円－226,800円＝△6,800円（借方差異）

製造間接費の差異：330,000円－350,000円＝△20,000円（借方差異）

MEMO

19 標準原価計算（Ⅱ）
Theme

Check ここでは，標準原価計算における原価差異の計算と分析および財務諸表の作成について学習します。

1 標準原価差異の把握と分析

標準原価差異は，当月投入に対する標準原価と実際原価を比較し，直接材料費差異，直接労務費差異および製造間接費差異として把握します。そのうえで，原価管理に役立てるため，それぞれの内容を以下のように分析します。

標準原価差異の把握	差 異 分 析
標準直接材料費－実際直接材料費＝直接材料費差異	価格差異，数量差異
標準直接労務費－実際直接労務費＝直接労務費差異	賃率差異，時間差異
標準製造間接費－実際製造間接費＝製造間接費差異	予算差異，能率差異，操業度差異

設例 19-1

標準原価計算を採用する当社の次の資料により，当月の直接材料費差異，直接労務費差異，製造間接費差異を求めなさい。なお，仕掛品勘定の記入はパーシャル・プランによること。

（資　料）

(1) 製品1個あたりの標準原価は，次のように標準原価カードにまとめられている。

		（標 準 単 価）	（標 準 消 費 量）	
直接材料費		100円/kg	5kg	500円
		（標 準 賃 率）	（標準直接作業時間）	
直接労務費		200円/時間	10時間	2,000円
		（標 準 配 賦 率）	（標準直接作業時間）	
製造間接費		300円/時間	10時間	3,000円
	製品1個あたり標準製造原価			5,500円

(2) 当月の生産実績は次のとおりである。

月初仕掛品	20 個（50％）	月末仕掛品	40 個（50％）
当 月 投 入	120 個	完 成 品	100 個

なお，材料はすべて工程の始点で投入している。また，（　）内の数値は加工進捗度である。

(3) 当月の実際発生額は次のとおりである。

実際直接材料費	68,200円	（110円/kg×620kg）
実際直接労務費	226,800円	（210円/時間×1,080時間）
実際製造間接費	350,000円	

〈解答・解説〉

標準原価差異は，当月製造費用（当月投入）に対する標準原価と実際原価を比較することにより把握します。

(1) 直接材料費差異

生産データ（数量）

月初 20個	完成 100個
当月投入 120個	月末 40個

標準直接材料費	実際消費額	直接材料費差異
@500円/個×120個＝60,000円 −	68,200円 ＝	△8,200円（借方差異）

(2) 直接労務費差異および製造間接費差異

生産データ（換算量）

月初 20個×50%＝10個	完成 100個
差引：当月投入 110個	月末 40個×50%＝20個

標準直接労務費	実際消費額	直接労務費差異
@2,000円/個×110個＝220,000円 −	226,800円 ＝	△6,800円（借方差異）

標準製造間接費	実際発生額	製造間接費差異
@3,000円/個×110個＝330,000円 −	350,000円 ＝	△20,000円（借方差異）

❷ 直接材料費差異の分析

　標準直接材料費と実際直接材料費（実際消費額）の差額である直接材料費差異は，さらに，原因別に価格差異と数量差異に分析します。なお，原価差異の分析は，下記算式の結果がマイナスならば借方差異（不利差異），プラスならば貸方差異（有利差異）と判断します。

(1)　価格差異

　価格差異とは，材料の市価の変動などが原因で，標準単価と実際単価が異なったために発生する差異であり，管理不能な企業外部の原因によって発生することが多いです。

　なお，直接材料の標準単価と実際単価との差額に実際消費数量を乗じて計算します。

> 価格差異 ＝（標準単価 － 実際単価）× 実際消費数量

(2)　数量差異

　数量差異とは，材料の無駄づかいなどが原因で，標準消費量と実際消費量が異なったために発生する差異であり，管理可能な企業内部の原因によって発生することが多いです。

　なお，直接材料の標準単価に標準消費数量と実際消費数量との差を乗じて計算します。

> 数量差異 ＝ 標準単価 ×（標準消費数量 － 実際消費数量）

　（注）数量差異は，消費量差異ともいいます。

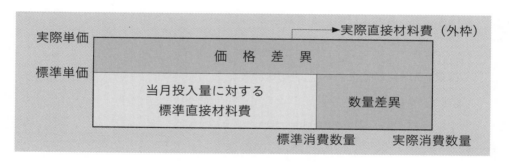

設例 19-2

　標準原価計算を採用している当社の資料により，直接材料費差異を分析しなさい。

（資　料）

(1)　製品１個あたりの標準直接材料費は次のとおりである。

　　　　　　　　　　　（標準単価）（標準消費量）
　　　直接材料費　　100円／kg　×　5kg　＝　　500円

(2)　当月の生産実績は次のとおりである。

　　　月初仕掛品　　　　20個（50％）
　　　当月投入　　　　　120
　　　　合　計　　　　　140個　　　　　　なお，材料はすべて工程の始点で投入し
　　　月末仕掛品　　　　40　（50％）　　ている。また，（　）内の数値は加工進
　　　完成品　　　　　　100個　　　　　　捗度である。

222

(3) 当月の直接材料費の実際発生額は次のとおりである。
　　実際直接材料費　　　68,200円（110円/kg×620kg）

〈解答・解説〉
　「製品1個」あたりで計算した標準直接材料費を「材料1単位」あたりの計算に修正
して，直接材料の標準消費量を算出します。

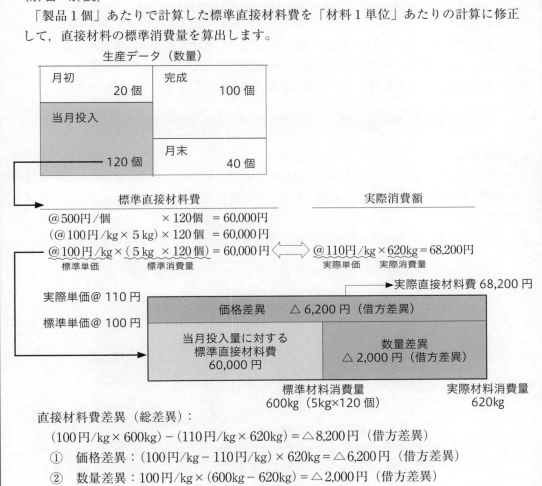

直接材料費差異（総差異）：
　　(100円/kg×600kg)－(110円/kg×620kg)＝△8,200円（借方差異）
　①　価格差異：(100円/kg－110円/kg)×620kg＝△6,200円（借方差異）
　②　数量差異：100円/kg×(600kg－620kg)＝△2,000円（借方差異）

3 直接労務費差異の分析

　標準直接労務費と実際直接労務費（実際消費額）の差額である直接労務費差異は，さらに，原因別に賃率差異と時間差異に分析します。なお，原価差異の分析は，下記算式の結果がマイナスならば借方差異（不利差異），プラスならば貸方差異（有利差異）と判断します。

(1) **賃率差異**
　　賃率差異とは，直接工の賃率の改定などが原因で，標準賃率と実際賃率が異なったために発生する差異であり，管理不能な企業外部の原因によって発生することが多いです。
　　なお，標準賃率と実際賃率との差額に実際直接作業時間を乗じて計算します。

$$賃率差異 ＝（標準賃率 － 実際賃率）× 実際直接作業時間$$

(2) **時間差異**
　　時間差異とは，直接工の作業能率の低下などが原因で，標準直接作業時間と実際直接作業時間が異なったために発生する差異であり，管理可能な企業内部の原因によって発生することが多いです。
　　なお，標準賃率に標準直接作業時間と実際直接作業時間との差を乗じて計算します。

$$時間差異 ＝ 標準賃率 ×（標準直接作業時間 － 実際直接作業時間）$$

（注）時間差異は，作業時間差異ともいいます。

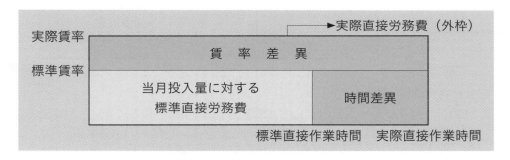

設例 19-3

　標準原価計算を採用している当社の資料により，直接労務費差異を分析しなさい。
（資　料）
(1) 製品1個あたりの標準直接労務費は次のとおりである。

　　　　　　　　　　　　（標準賃率）　　（標準直接作業時間）
　直接労務費　　　200円／時間　　×　　10時間　＝　2,000円

(2) 当月の生産実績は次のとおりである。

月初仕掛品　　　 20 個（50％）
当 月 投 入　　　 120
　合　　計　　　 140 個
月末仕掛品　　　 40　（50％）
完 成 品　　　 100 個

なお，材料はすべて工程の始点で投入している。また，（　　）内の数値は加
工進捗度である。

(3) 当月の直接労務費の実際発生額は次のとおりである。

実際直接労務費　　 226,800 円（210 円／時間×1,080 時間）

〈解答・解説〉

「製品１個」あたりで計算した標準直接労務費を「賃率１時間」あたりの計算に修正
して，直接労務費の標準作業時間を算出します。

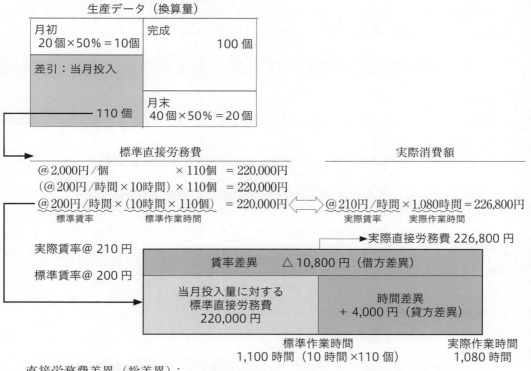

直接労務費差異（総差異）：

（200 円／時間×1,100 時間）−（210 円／時間×1,080 時間）＝△6,800 円（借方差異）

① 　賃率差異：（200 円／時間−210 円／時間）×1,080 時間＝△10,800 円（借方差異）
② 　時間差異：200 円／時間×（1,100 時間−1,080 時間）＝＋4,000 円（貸方差異）

4 製造間接費差異の分析

標準製造間接費と実際製造間接費（実際発生額）の差額である製造間接費差異は，さらに，原因別に予算差異，操業度差異および能率差異に分析します。なお，原価差異の分析は，下記算式の結果がマイナスならば借方差異（不利差異），プラスならば貸方差異（有利差異）と判断します。

1. 公式法変動予算による差異分析

(1) 予算差異

予算差異とは，製造間接費の予算管理の良否が原因で発生する差異であり，製造間接費の予算許容額と実際発生額の差額として計算します。

$$予算差異 ＝ 予算許容額 － 実際発生額$$

（注）予算許容額＝変動費率×実際操業度＋固定費予算額

(2) 操業度差異

操業度差異とは，生産設備の利用状況の良否が原因で固定費から発生する差異であり，固定費率に実際操業度と基準操業度の差を乗じて計算します。

$$操業度差異 ＝ 固定費率 ×（実際操業度 － 基準操業度）$$

(3) 能率差異

能率差異とは，標準操業度と実際操業度が異なったために発生する差異であり，作業能率の良否などを表す差異です。

なお，標準配賦率に標準操業度と実際操業度の差を乗じて計算します。

$$能率差異 ＝ 標準配賦率 ×（標準操業度 － 実際操業度）$$

上記の分析方法は，製造間接費差異を，予算差異，操業度差異，能率差異の３つに分析するため，三分法とよばれます。これに対して，能率差異を変動費の能率差異と固定費の能率差異に分析する方法もあり，これを四分法といいます。

① 変動費能率差異

変動費率に標準操業度と実際操業度の差を乗じて計算します。

$$変動費能率差異 ＝ 変動費率 ×（標準操業度 － 実際操業度）$$

② 固定費能率差異

固定費率に標準操業度と実際操業度の差を乗じて計算します。

$$固定費能率差異 ＝ 固定費率 ×（標準操業度 － 実際操業度）$$

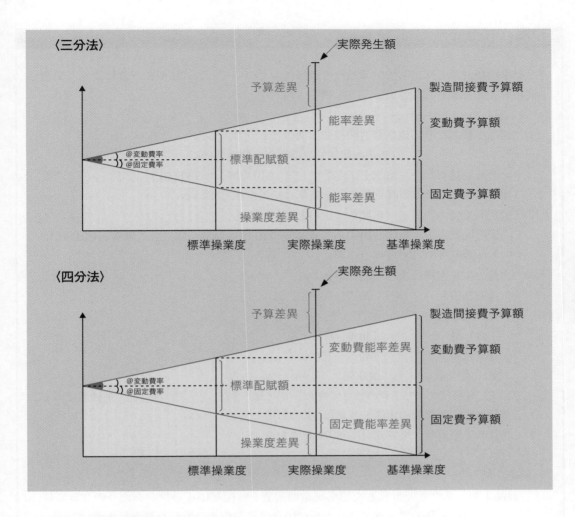

2. 製造間接費差異の分析方法

　公式法変動予算による製造間接費差異の分析方法には，いくつかの方法がありますが，これは差異分析により計算される各差異を把握するうえで，どのようにまとめるかの違いにすぎません。

四分法	三分法(1)	三分法(2)
予　算　差　異	予　算　差　異	予　算　差　異
変 動 費 能 率 差 異	能　率　差　異	能　率　差　異
固 定 費 能 率 差 異		操　業　度　差　異
操　業　度　差　異	操　業　度　差　異	

三分法(1)：能率差異を変動費および固定費の両方から算出する三分法ともいいます。これが上記で述べた三分法です。

三分法(2)：固定費能率差異を操業度差異にまとめてしまう方法であり，能率差異を変動費のみから算出する三分法ともいいます。

標準原価計算を採用している当社の資料にもとづいて，公式法変動予算により，製造間接費差異を分析しなさい。

（資　料）

(1) 製品1個あたりの標準製造間接費は次のとおりである。

　　　　　　　　　　　　　　　（標準配賦率）　（標準直接作業時間）

　　　製造間接費　　　　300円/時間　×　　10時間　＝　3,000円

　　(注) 製造間接費は直接作業時間を基準に標準配賦している。

(2) 製造間接費の予算額（年間）は次のとおりである。

　　　製造間接費予算額4,320,000円（変動費率100円/時間，固定費予算額2,880,000円）

　　　基準操業度14,400時間（年間）

(3) 当月の生産実績は次のとおりである。

　　　　月初仕掛品　　　　　20個　（50％）

　　　　当　月　投　入　　　120

　　　　　合　　計　　　　　140個

　　　　月末仕掛品　　　　　40　　（50％）

　　　　完　　成　　品　　　100個

　　(注) 材料はすべて工程の始点で投入している。また，（　　）内は加工進捗度である。

(4) 当月の製造間接費の実際発生額は350,000円である。

(5) 当月の実際直接作業時間は1,080時間である。

〈解答・解説〉

　「製品1個」あたりで計算した標準製造間接費を「配賦率1単位」あたりの計算に修正して，製造間接費の標準操業度（本問の場合は標準作業時間）を算出します。

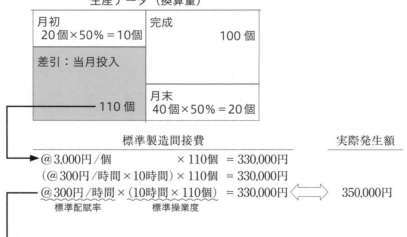

生産データ（換算量）

| 月初 20個×50％＝10個 | 完成 100個 |
| 差引：当月投入 110個 | 月末 40個×50％＝20個 |

標準製造間接費　　　　　　　　　　　　　　実際発生額

　＠3,000円/個　　　　　　　　×110個　＝330,000円

　（＠300円/時間×10時間）×110個　＝330,000円

　＠300円/時間×（10時間×110個）＝330,000円 ⟷ 350,000円

　標準配賦率　　　　　標準操業度

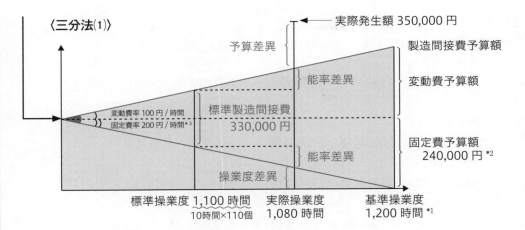

〈三分法(1)〉

実際発生額 350,000 円

予算差異

能率差異

標準製造間接費
330,000 円

能率差異

操業度差異

製造間接費予算額

変動費予算額

固定費予算額
240,000 円 *2

変動費率 100 円 / 時間
固定費率 200 円 / 時間*3

標準操業度 1,100 時間
10時間×110個

実際操業度
1,080 時間

基準操業度
1,200 時間 *1

＊1　基準操業度（月間）：14,400 時間 ÷ 12 か月 = 1,200 時間
＊2　固定費予算額（月間）：2,880,000 円 ÷ 12 か月 = 240,000 円
＊3　固定費率：240,000 円 ÷ 1,200 時間 = 200 円/時間

製造間接費差異（総差異）：

　　（300円/時間 × 1,100 時間）− 350,000円 = △20,000円（借方差異）

①　予算差異：

　　（100円/時間 × 1,080 時間 + 240,000円）− 350,000円 = △2,000円（借方差異）
　　348,000円〈予算許容額〉

②　操業度差異：

　　200円/時間 ×（1,080 時間 − 1,200時間）= △24,000円（借方差異）

③　能率差異：

　　300円/時間 ×（1,100 時間 − 1,080時間）= + 6,000円（貸方差異）

〈四分法〉

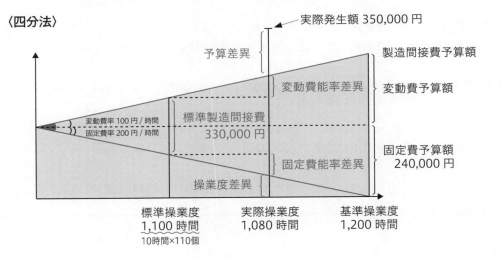

実際発生額 350,000 円

予算差異

変動費能率差異

標準製造間接費
330,000 円

固定費能率差異

操業度差異

製造間接費予算額

変動費予算額

固定費予算額
240,000 円

変動費率 100 円 / 時間
固定費率 200 円 / 時間

標準操業度
1,100 時間
10時間×110個

実際操業度
1,080 時間

基準操業度
1,200 時間

製造間接費差異（総差異）：

（300円/時間 × 1,100時間）− 350,000円 = △20,000円（借方差異）

① 予算差異：

（100円/時間 × 1,080時間 + 240,000円）− 350,000円 = △2,000円（借方差異）
348,000円〈予算許容額〉

② 操業度差異：

200円/時間 ×（1,080時間 − 1,200時間）= △24,000円（借方差異）

③ 変動費能率差異：

100円/時間 ×（1,100時間 − 1,080時間）= ＋2,000円（貸方差異）

④ 固定費能率差異：

200円/時間 ×（1,100時間 − 1,080時間）= ＋4,000円（貸方差異）

〈三分法(2)〉

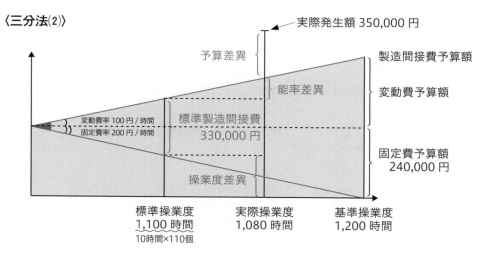

製造間接費差異（総差異）：

（300円/時間 × 1,100時間）− 350,000円 = △20,000円（借方差異）

① 予算差異：

（100円/時間 × 1,080時間 + 240,000円）− 350,000円 = △2,000円（借方差異）
348,000円〈予算許容額〉

② 操業度差異：

200円/時間 ×（1,100時間 − 1,200時間）= △20,000円（借方差異）

③ 能率差異：

100円/時間 ×（1,100時間 − 1,080時間）= ＋2,000円（貸方差異）

3. 固定予算による差異分析

固定予算による場合の製造間接費差異の差異分析図は，次のとおりです。

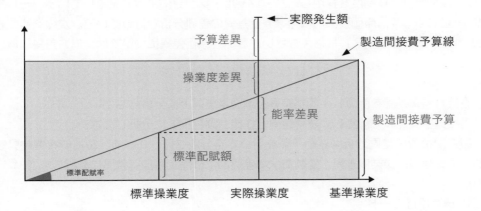

設例 19-5

［設例19－4］にもとづいて，固定予算により，製造間接費差異を分析しなさい。

〈解答・解説〉

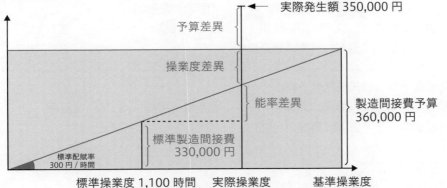

製造間接費差異（総差異）：

$$(300円/時間 \times 1,100時間) - 350,000円 = \triangle 20,000円 （借方差異）$$
　　　標準配賦額　　　　　　実際発生額

① 予算差異：

$$360,000円 - 350,000円 = +10,000円 （貸方差異）$$
　予算許容額　　実際発生額
　（固定予算額）

② 操業度差異：

$$300円/時間 \times (1,080時間 - 1,200時間) = \triangle 36,000円 （借方差異）$$
　標準配賦率　　　実際操業度　　基準操業度

③ 能率差異：

$$300円/時間 \times (1,100時間 - 1,080時間) = +6,000円 （貸方差異）$$
　標準配賦率　　　標準操業度　　実際操業度

231

基本例題38

当社は，標準原価計算制度を採用し，パーシャル・プランによって記帳している。そして，原価管理に役立てるべく，原価要素別に標準原価差異の差異分析を行っている。次の資料にもとづき，次の〔問1〕から〔問3〕に答えなさい。なお，原価差異については，借方差異，貸方差異を示すこと。

〔問1〕 直接材料費差異を計算し，価格差異と消費量差異とに分析しなさい。

〔問2〕 直接労務費差異を計算し，賃率差異と作業時間差異とに分析しなさい。

〔問3〕 製造間接費の差異分析は変動予算を用いて四分法で行っている。製造間接費差異を計算し，予算差異，操業度差異，変動費能率差異および固定費能率差異に分析しなさい。

(資 料)

1. 製品Y標準原価カード

	（標 準 単 価）		（標 準 消 費 量）		
直接材料費	100円/kg	×	25kg	=	2,500円
	（標 準 賃 率）		（標 準 作 業 時 間）		
直接労務費	1,250円/時間	×	2時間	=	2,500円
	（標 準 配 賦 率）		（標 準 作 業 時 間）		
製造間接費	1,500円/時間	×	2時間	=	3,000円
製品Y1個あたり標準製造原価					8,000円

2. 製造間接費予算（公式法変動予算）

変動費率　　　700円/時間　　　　固定費（月額）　1,760,000円
基準操業度　　2,200時間（月間）

3. 当月の生産データ

月初仕掛品　　　300 個　（1/2）
当 月 投 入　　　900 個
合　　計　　1,200 個
月末仕掛品　　　100　　（1/2）
完 成 品　　1,100 個

なお，材料はすべて工程の始点で投入している。また，（　）内は加工進捗度である。

4. 当月の実際発生額

(1) 直接材料費実際発生額　　2,420,000円（110円/kg×22,000kg）
(2) 直接労務費実際発生額　　2,520,000円（1,200円/時間×2,100時間）
(3) 製造間接費実際発生額　　3,250,000円（実際操業度　各自推定）

5 標準原価計算の財務諸表

標準原価計算制度を採用していても，基本的な財務諸表のひな形は「テーマ17　財務諸表」で学習したとおりです。

ここでは，標準原価計算制度における損益計算書の簡単なひな形を示しておきます。

	月 次 損 益 計 算 書		（単位：円）
	自×1年11月1日　至×1年11月30日		
Ⅰ　売　上　高			1,100,000
Ⅱ　売　上　原　価	標準原価		
1　月初製品棚卸高		110,000	
2　当月製品製造原価		550,000	
合　　　計		660,000	
3　月末製品棚卸高		55,000	
差　　　引		605,000	
4　原　価　差　異		35,000	640,000
売　上　総　利　益			460,000

また，内部報告用に，次のように原価差異の分析結果を示すこともあります。

	月 次 損 益 計 算 書			（単位：円）
	自×1年11月1日　至×1年11月30日			
Ⅰ　売　上　高				1,100,000
Ⅱ　売　上　原　価				
1　月初製品棚卸高		110,000		
2　当月製品製造原価		550,000		
合　　　計		660,000		
3　月末製品棚卸高		55,000		
差　　　引		605,000		
4　原　価　差　異				
価　格　差　異	6,200 ［借方］			
数　量　差　異	2,000 ［借方］			
賃　率　差　異	10,800 ［借方］			
時　間　差　異	4,000 ［貸方］			
予　算　差　異	2,000 ［借方］			
操　業　度　差　異	24,000 ［借方］			
変　動　費　能　率　差　異	2,000 ［貸方］			
固　定　費　能　率　差　異	4,000 ［貸方］	35,000 ［借方］		640,000
売　上　総　利　益				460,000

当社は標準原価計算制度を採用し，パーシャル・プランによって記帳している。次に示してあるのは，当月末の総勘定元帳の記録である。この記録にもとづいて，月次損益計算書を作成しなさい。なお，原価差異は当月の売上原価に賦課する。

（勘定記録）

仕 掛 品			
前月繰越	60,000	製　品	550,000
材　料	68,200	次月繰越	120,000
賃　金	226,800	原価差異	35,000
製造間接費	350,000		
	705,000		705,000

製 品			
前月繰越	110,000	売上原価	605,000
仕 掛 品	550,000	次月繰越	55,000
	660,000		660,000

原 価 差 異			
仕 掛 品	35,000	売上原価	35,000

売 上 原 価			
製　品	605,000	月次損益	640,000
原価差異	35,000		
	640,000		640,000

月 次 損 益			
売上原価	640,000	売　上	1,100,000

〈解答・解説〉

月 次 損 益 計 算 書　　　　　　　（単位：円）
自×1年11月1日　至×1年11月30日

Ⅰ　売　上　高			（　1,100,000　）
Ⅱ　売　上　原　価			
1　月初製品棚卸高	（　110,000　）		
2　当月製品製造原価	（　550,000　）		
合　　　計	（　660,000　）		
3　月末製品棚卸高	（　55,000　）		
差　　　引	（　605,000　）		
4　原　価　差　異	（　35,000　）	（　640,000　）	
売　上　総　利　益		（　460,000　）	

解答・解説303ページ

当社は，標準原価計算制度を採用している。次の資料にもとづき，パーシャル・プランによる仕掛品勘定の記入を行うとともに，月次損益計算書を作成しなさい。

（資　料）

1.　製品1個あたりの標準原価は次のように標準原価カードにまとめられている。

	（標 準 単 価）	（標 準 消 費 量）	
直接材料費	100円/kg	5kg	500円
	（標 準 賃 率）	（標準直接作業時間）	
直接労務費	200円/時間	10時間	2,000円
	（標 準 配 賦 率）	（標準直接作業時間）	
製造間接費	300円/時間	10時間	3,000円
製品1個あたり標準製造原価			5,500円

2.　製造間接費の予算額（年間）は次のとおりである。

製造間接費予算額　4,320,000円

（変動費率　100円/時間，固定費予算額　2,880,000円）

基準操業度　14,400時間（年間）

（注）製造間接費は直接作業時間を基準として標準配賦している。なお，製造間接費の差異分析は公式法変動予算を用いて四分法で行っている。

3.　当月の生産実績および販売実績は次のとおりである。

月初仕掛品	20 個 (0.5)	月 初 製 品	20 個
当 月 投 入	120	当 月 完 成	100
合 計	140 個	合 計	120 個
月末仕掛品	40　(0.5)	月 末 製 品	10
当 月 完 成	100 個	当 月 販 売	110 個

なお，材料はすべて工程の始点で投入している。また，（　　）内の数値は加工進捗度である。

4.　当月の実際発生額は次のとおりである。

実際直接材料費　　　　　68,200円　（110円/kg×620kg）

実際直接労務費　　　　226,800円　（210円/時間×1,080時間）

実際製造間接費　　　　350,000円

5.　原価差異については当月の売上原価に加減算するものとする。

6.　製品1個あたりの販売価格は10,000円である。

仕 掛 品

前 月 繰 越	( )	製 品	( )
材 料	( )	次 月 繰 越	( )
賃 金	( )	価 格 差 異	( )
製 造 間 接 費	( )	( )	( )
時 間 差 異	( )	( )	( )
( )	( )	予 算 差 異	( )
( )	( )	( )	( )
	( )		( )

月 次 損 益 計 算 書 （単位：円）
自×1年11月1日 至×1年11月30日

Ⅰ 売 上 高 （ ）

Ⅱ 売 上 原 価

  1 月初製品棚卸高 （ ）

  2 当月製品製造原価 （ ）

     合 計 （ ）

  3 月末製品棚卸高 （ ）

     差 引 （ ）

  4 原 価 差 異

     価 格 差 異 （[ ] ）

     数 量 差 異 （[ ] ）

     賃 率 差 異 （[ ] ）

     時 間 差 異 （[ ] ）

     予 算 差 異 （[ ] ）

     操 業 度 差 異 （[ ] ）

     変 動 費 能 率 差 異 （[ ] ）

     固 定 費 能 率 差 異 （[ ] ） （[ ] ） （ ）

     売 上 総 利 益 （ ）

（注）原価差異については，売上原価に加算する場合は金額の前に［＋］を，減算する場合は金額の前に［－］を付記しなさい。

標準原価計算における差異分析

　差異分析で把握される原価差異のうち，一部の差異は実際個別原価計算で把握した差異と同じものですが，標準原価計算では，あらたに原価管理に有効な資料となる消費能率の良否を表す原価差異が把握されます。

	実際個別原価計算と同じ差異	能率の良否を示す差異
直接材料費差異	価格差異	数量差異
直接労務費差異	賃率差異	時間差異
製造間接費差異	予算差異，操業度差異	変動費能率差異，固定費能率差異

Theme
19

標準原価計算（Ⅱ）

複合問題 ❻
目標時間：20分

実際総合原価計算と標準総合原価計算

　製品Ｙを連続大量生産しているＴ工場では，単純総合原価計算を採用している。次の当月の資料にもとづいて，各問いに答えなさい。

[資　料]

1．当月の生産データ

月初仕掛品	300	個	(1/2)
当月投入	1,800		
合計	2,100	個	
月末仕掛品	200		(1/2)
完成品	1,900	個	

　なお，直接材料は工程の始点ですべて投入される。また，（　　　）内の数値は加工進捗度を示している。

2．当月の実際原価データ

	直接材料費	直接労務費	製造間接費
月初仕掛品原価	2,670,600円	1,800,000円	2,025,000円
当月製造費用	15,761,700円	22,440,000円	25,660,000円

問1　Ｔ工場が実際原価計算を採用しているものとして，仕掛品勘定を完成させなさい。なお，月末仕掛品の評価方法は先入先出法によること。

問2　Ｔ工場がパーシャル・プランによる標準原価計算を継続的に採用しているものとして，仕掛品勘定を完成させなさい。なお，製品Ｙ1個あたりの標準原価カードは次のとおりである。

	（標準単価）		（標準消費量）		
直接材料費	400円/kg	×	20kg	=	8,000円
	（標準賃率）		（標準直接作業時間）		
直接労務費	2,000円/時	×	6時間	=	12,000円
	（標準配賦率）		（標準直接作業時間）		
製造間接費	2,400円/時	×	6時間	=	14,400円
製品Ｙ1個あたりの標準製造原価					34,400円

問3　問2の直接材料費差異を価格差異と数量差異に分析しなさい。なお，材料の実際消費量は35,000kgであった。

238

解 答 欄

問1

仕　掛　品 （単位：円）

前 月 繰 越	6,495,600	製　　　　　　品	（　　　　　）
材　　　　料	（　　　　　）	次 月 繰 越	（　　　　　）
賃　　　　金	（　　　　　）		
製 造 間 接 費	（　　　　　）		
	（　　　　　）		（　　　　　）

問2

仕　掛　品 （単位：円）

前 月 繰 越	6,360,000	製　　　　　　品	（　　　　　）
材　　　　料	（　　　　　）	次 月 繰 越	（　　　　　）
賃　　　　金	（　　　　　）	直 接 材 料 費 差 異	（　　　　　）
製 造 間 接 費	（　　　　　）	直 接 労 務 費 差 異	（　　　　　）
製 造 間 接 費 差 異	（　　　　　）		
	（　　　　　）		（　　　　　）

問3

価 格 差 異：　[　　　　　　　　]　円（　借方，貸方　）

数 量 差 異：　[　　　　　　　　]　円（　借方，貸方　）

（注）借方，貸方のうち不要なものを二重線で消すこと。

解答・解説338ページ

CHALLENGE!
複合問題

20 直接原価計算（Ⅰ）
Theme

Check ここでは，直接原価計算による損益計算書の作成方法について学習します。

1 全部原価計算と直接原価計算

1. 全部原価計算

　これまで学習してきた原価計算であり，製品の製造に要したすべての製造原価をもって製品原価を計算する原価計算の方法を全部原価計算といいます。工企業における公表用の財務諸表は，原則として全部原価計算方式により作成されます。

2. 直接原価計算

　製造原価と販売費及び一般管理費を，変動費と固定費とに分解し，変動製造原価のみで製品原価を計算する原価計算の方法を直接原価計算といいます。直接原価計算は，次の「テーマ21 直接原価計算（Ⅱ）」で学習する短期利益計画の策定に役立つ情報の提供を目的とする原価計算です。

3. 直接原価計算の特徴

① 総原価（製造原価と販売費及び一般管理費）を変動費と固定費とに分解します。

　　　(注) 変動費と固定費の分解は，個別・具体的に判断する必要がありますが，学習の便宜上，以下，「直接材料費」と「直接労務費」はすべて変動費とみなし，解説します。

② 変動製造原価(直接材料費，直接労務費および変動製造間接費)のみで製品原価を計算します。

③ 固定製造原価（固定製造間接費）は製品原価に算入せず，その実際発生額を全額，期間原価として処理します。

④ 損益計算書においては，売上高から変動費（変動売上原価，変動販売費）を差し引いて貢献利益を計算し，さらに，固定費（固定製造原価，固定販売費及び一般管理費）を差し引くことによって営業利益を計算します。

　　　(注) 直接原価計算において，製造原価は製品原価と期間原価に区別されます。製品原価とは，文字どおり，製品の原価として集計された製造原価をいい，期間原価とは製品の原価としては集計せずに，その発生額を全額その期間の費用として処理する製造原価をいいます。

4．損益計算書

全部原価計算と直接原価計算の損益計算書を比較すると以下のようになります。

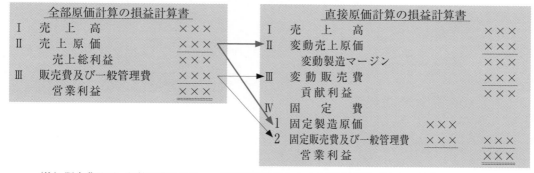

全部原価計算の損益計算書		
Ⅰ　売　上　高		×××
Ⅱ　売　上　原　価		×××
売 上 総 利 益		×××
Ⅲ　販売費及び一般管理費		×××
営　業　利　益		×××

直接原価計算の損益計算書		
Ⅰ　売　上　高		×××
Ⅱ　変 動 売 上 原 価		×××
変 動 製 造 マージン		×××
Ⅲ　変 動 販 売 費		×××
貢　献　利　益		×××
Ⅳ　固　　定　　費		
1　固 定 製 造 原 価	×××	
2　固定販売費及び一般管理費	×××	×××
営　業　利　益		×××

　　(注) 販売費及び一般管理費のうち，一般管理費はそのすべてが固定費と考えられます。

2 勘定連絡図

(1) 全部原価計算の勘定連絡図 (製品原価をすべての原価で計算)

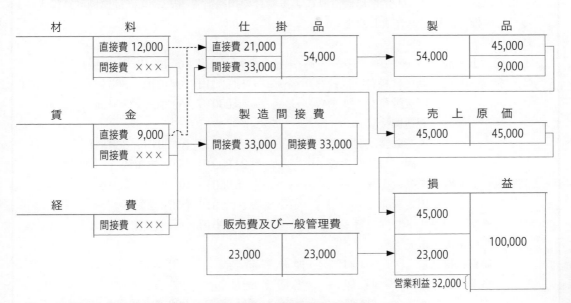

(2) 直接原価計算の勘定連絡図 (製品原価を変動費だけで計算)

直接原価計算では，変動製造原価は製品原価とするため仕掛品勘定へ，固定製造原価は当月実際発生額を期間原価とするため損益勘定へ振り替えます。

また，販売費及び一般管理費は，変動販売費と固定販売費及び一般管理費に分解したうえで，損益勘定へ振り替えます。

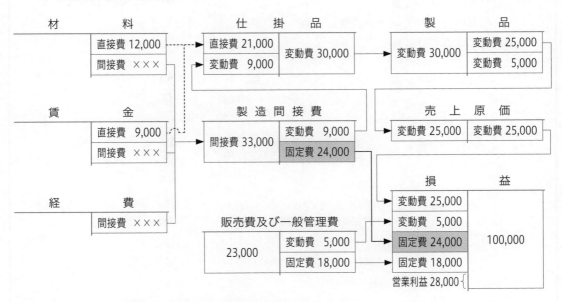

(注1) 学習の便宜上，直接経費は無視しています。
(注2) 製造間接費勘定の代わりに加工費勘定を設ける場合もあります。
(注3) 製造間接費 (または加工費) を予定配賦する場合もあります。ただし，直接原価計算の場合は固定製造原価は製品原価としないため，実際発生額を，全額発生した期間の費用 (期間原価) とすることに注意してください。

　以下の資料により，(1)全部原価計算による場合の損益計算書と，(2)直接原価計算による場合の損益計算書を作成しなさい。

(資　料)
1. 売　上　高 ……………………………………100,000円（@400円×250個）
2. 製　造　原　価：直接材料費（変動費）………… 12,000円（@40円×300個）
　　　　　　　　　　直接労務費（変動費）………… 9,000円（@30円×300個）
　　　　　　　　　　製造間接費
　　　　　　　　　　　変動製造間接費 …………… 9,000円（@30円×300個）
　　　　　　　　　　　固定製造間接費 …………… 24,000円（期間総額）
3. 販　売　費：変動販売費 ………………………… 5,000円（@20円×250個）
　　　　　　　　固定販売費 ………………………… 10,000円（期間総額）
4. 一般管理費：すべて固定費 ………………… 8,000円（期間総額）
5. 当期の生産・販売資料：

期首仕掛品量	0個	期首製品量	0個
当期投入量	300個	当期完成量	300個
投入量合計	300個	合計	300個
期末仕掛品量	0個	期末製品量	50個
当期完成量	300個	当期販売量	250個

〈解答・解説〉
(1)　**全部原価計算の場合**

　　全部原価計算の場合，製品原価をすべての製造原価で計算します。
　① 売上原価の計算

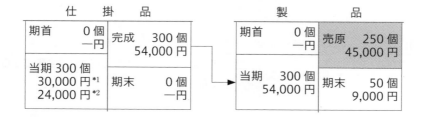

　＊1　変動製造原価：12,000円 + 9,000円 + 9,000円 = 30,000円
　　　　　　　　　　　直接材料費 直接労務費 変動製造
　　　　　　　　　　　　　　　　　　　　　　間接費
　＊2　固定製造原価：24,000円
　　　　　　　　　　　固定製造間接費

　② 販売費及び一般管理費
　　　5,000円 + 10,000円 + 8,000円 = 23,000円
　　　変動販売費　固定販売費　一般管理費

全部原価計算の場合の損益計算書は，次のようになります。

損　益　計　算　書

売　　上　　高	100,000円
売　上　原　価	45,000
売　上　総　利　益	55,000円
販売費及び一般管理費	23,000
営　業　利　益	32,000円

⑵　**直接原価計算の場合**

　　直接原価計算の場合，製品原価を変動製造原価のみで計算し，固定製造原価は実際
発生額を全額，発生した期間の費用（期間原価）とします。

①　変動売上原価の計算

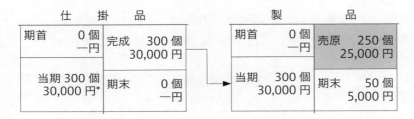

＊　変動製造原価：<u>12,000円</u> ＋ <u>9,000円</u> ＋ <u>9,000円</u> ＝ 30,000円
　　　　　　　　　 直接材料費　直接労務費　変動製造
　　　　　　　　　　　　　　　　　　　　　 間接費

②　変動販売費：5,000円（変動販売費は販売量に比例して発生します）

③　固定費

　　固定製造原価 ……………………………… 24,000円

　　固定販管費 ……… 10,000円 ＋ 8,000円 ＝ 　18,000円
　　　　　　　　　　　　　　　　　　　　　　　42,000円

直接原価計算の場合の損益計算書は，次のようになります。

損　益　計　算　書

売　　上　　高		100,000円
変　動　売　上　原　価		25,000
変　動　製　造　マ　ー　ジ　ン		75,000円
変　動　販　売　費		5,000
貢　献　利　益		70,000円
固　　　定　　　費		
固　定　製　造　原　価	24,000円	
固定販売費及び一般管理費	18,000	42,000
営　業　利　益		28,000円

以下の資料により，全部原価計算による損益計算書と直接原価計算による損益計算書を作成しなさい。

（資　料）

1. 売上高 ……………………………………………100,000円（@400円×250個）
2. 製造原価：直接材料費 ………………………… 12,000円（@40円×300個）
   　　　　　加　工　費
   　　　　　　変動加工費 ………………………… 18,000円（@60円×300個）
   　　　　　　固定加工費（期間総額）…………… 24,000円
3. 販売費：変動販売費 …………………………… 5,000円（@20円×250個）
   　　　　固定販売費（期間総額）……………… 10,000円
4. 一般管理費：すべて固定費（期間総額）…… 8,000円
5. 当期の生産・販売資料：

期首仕掛品量	0 個	期首製品在庫量	0 個
当期投入量	300	当期完成品量	300
投入量合計	300 個	合　計	300 個
期末仕掛品量	0	期末製品在庫量	50
当期完成品量	300 個	当期販売量	250 個

全部原価計算による損益計算書（単位：円）		
Ⅰ　売　上　高		（　　　）
Ⅱ　売　上　原　価		
1 期首製品有高	（　　　）	
2 当期製品製造原価	（　　　）	
合　計	（　　　）	
3 期末製品有高	（　　　）	（　　　）
売上総利益		（　　　）
Ⅲ　販売費及び一般管理費		（　　　）
営　業　利　益		（　　　）

直接原価計算による損益計算書（単位：円）		
Ⅰ　売　上　高		（　　　）
Ⅱ　変動売上原価		
1 期首製品有高	（　　　）	
2 当期製品製造原価	（　　　）	
合　計	（　　　）	
3 期末製品有高	（　　　）	（　　　）
変動製造マージン		（　　　）
Ⅲ　変動販売費		（　　　）
貢　献　利　益		（　　　）
Ⅳ　固　定　費		
1 固定加工費	（　　　）	
2 固定販売費及び一般管理費	（　　　）	（　　　）
営　業　利　益		（　　　）

解答・解説305ページ

基本例題41

次の資料にもとづき，全部原価計算による損益計算書と，直接原価計算による損益計算書をそれぞれ3期分作成しなさい。なお，製造間接費は実際配賦している。

（資　料）

1. 販 売 単 価 ……………………………………………………………… ＠400円
2. 製 造 原 価：製品1個あたり変動製造原価 ……………………………… ＠100円
   固定製造間接費（期間総額）……………………………… 24,000円
3. 販 売 費：製品1個あたり変動販売費 …………………………………… ＠20円
   固定販売費（期間総額）…………………………………… 10,000円
4. 一般管理費：すべて固定費（期間総額）…………………………………… 8,000円
5. 生産・販売資料：

	第 1 期	第 2 期	第 3 期
期首在庫量	0個	0個	50個
当期生産量	250個	300個	200個
当期販売量	250個	250個	250個
期末在庫量	0個	50個	0個

（注）各期首・期末に仕掛品は存在しない。

損益計算書（全部原価計算） （単位：円）

	第 1 期	第 2 期	第 3 期
売 上 高	（　　　　）	（　　　　）	（　　　　）
売 上 原 価	（　　　　）	（　　　　）	（　　　　）
売 上 総 利 益	（　　　　）	（　　　　）	（　　　　）
販売費及び一般管理費	（　　　　）	（　　　　）	（　　　　）
営 業 利 益	（　　　　）	（　　　　）	（　　　　）

損益計算書（直接原価計算） （単位：円）

	第 1 期	第 2 期	第 3 期
売 上 高	（　　　　）	（　　　　）	（　　　　）
変 動 売 上 原 価	（　　　　）	（　　　　）	（　　　　）
変動製造マージン	（　　　　）	（　　　　）	（　　　　）
変 動 販 売 費	（　　　　）	（　　　　）	（　　　　）
貢 献 利 益	（　　　　）	（　　　　）	（　　　　）
固 定 費	（　　　　）	（　　　　）	（　　　　）
営 業 利 益	（　　　　）	（　　　　）	（　　　　）

Theme
20

直接原価計算（Ⅰ）

3 固定費調整

　直接原価計算による損益計算書は，「テーマ21」で学習する短期利益計画に有効な内部資料を提供するものですが，制度会計上は全部原価計算が原則とされているため，直接原価計算を採用している企業は，直接原価計算の営業利益とともに全部原価計算の営業利益に修正した情報も把握する必要があります。このとき行われる営業利益の修正手続を固定費調整といいます。

　直接原価計算の特徴として，固定製造原価（固定製造間接費または固定加工費）は全額発生した期間の費用（期間原価）とするということをあげました。これに対して，全部原価計算では，固定製造原価はいったん製品原価として集計され，そのうち販売された製品の分のみがその期間の費用となります。

　この違いを先の［設例20－1］で確認してみると，次のようになります。

　営業利益4,000円の違いは，固定製造原価の取り扱いの違いです。

　全部原価計算では，売れ残った製品50個についての固定製造原価は売上原価とならないため当期の費用としては計上していないのに対して，直接原価計算では，売れ残った製品の固定製造原価も当期の費用となっているからです。

〈全部原価計算〉

〈直接原価計算〉

したがって，全部原価計算では，直接原価計算に比べて期末製品（仕掛品）に含まれている固定製造原価4,000円の分だけ原価が少なく計上されているといえます。つまり，その分だけ利益が4,000円多く計上されることになるのです。

全部原価計算の営業利益	=	直接原価計算の営業利益	+	期末製品（仕掛品）に含まれている固定製造原価

　また，期首製品（仕掛品）がある場合には，全部原価計算では直接原価計算に比べて期首製品に含まれている固定製造原価の分だけ原価が多く計上され，その分だけ利益が少なく計上されることになります。

全部原価計算の営業利益	=	直接原価計算の営業利益	−	期首製品（仕掛品）に含まれている固定製造原価

全部原価計算と直接原価計算の利益の違いは，固定製造原価の処理の違いです。

全部原価計算の営業利益	=	直接原価計算の営業利益	+	期末製品（仕掛品）に含まれている固定製造原価	−	期首製品（仕掛品）に含まれている固定製造原価

このように，直接原価計算と全部原価計算の営業利益の違いは，期首および期末の固定製造原価を調整することで，一致させることができます。

全部原価計算の営業利益 32,000円	=	直接原価計算の営業利益 28,000円	+	期末製品（仕掛品）に含まれている固定製造原価 80円*×50個=4,000円	−	期首製品（仕掛品）に含まれている固定製造原価 0円
				＊　24,000円÷300個=80円		

直接原価計算の損益計算書における固定費調整を示すと，次のとおりです。

固定費調整	（単位：円）
直接原価計算方式の営業利益	28,000
＋）加算項目　期末製品に含まれている固定製造原価	4,000
−）減算項目　期首製品に含まれている固定製造原価	0
全部原価計算方式の営業利益	32,000

Theme
20

直接原価計算（Ⅰ）

247

直接原価計算（Ⅱ）
Theme

Check ここでは，短期利益計画のために直接原価計算を利用したCVP分析を学習します。

1 短期利益計画

1. 短期利益計画とは

　標準原価計算を採用することによって，原価管理に役立つ情報を入手することができることは学習しました。しかし，原価を管理しても利益を獲得できなければ，企業は倒産してしまいます。そこで，毎年一定の利益を獲得するための計画が必要となります。

　これを短期利益計画といい，次年度はいくらの利益が欲しいか，そのためにはどれくらいの売上高あるいは販売量が必要かなどの計画を立てることになります。

2. 短期利益計画と全部原価計算

　次年度に欲しい利益を獲得するためにはどれくらいの売上高が必要かという問題は，短期利益計画にとってきわめて重要な問題です。

　ところが，全部原価計算による損益計算は，この問題に対して役立つ情報を提供することができません。これは，原価の中には売上高の増減にともなって比例的に増減する変動費もあれば，まったく変化しない固定費もあるので，売上高が増加あるいは減少したときに，原価と利益がどのように変化するかという予測ができないからです。

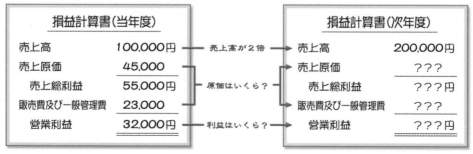

248

3. 短期利益計画と直接原価計算

　短期利益計画にとって役立つ情報を得るためには，原価を変動費と固定費とに分ける直接原価計算による損益計算が必要になります。原価を変動費と固定費とに分けておけば，たとえば売上高が2倍になったとき，売上高に比例して2倍に増加する原価（変動費）と，変化しない原価（固定費）が判明し，その結果，利益がどのように変化するかという予測ができます。また，次年度に欲しい利益を獲得するためにはどれくらいの売上高が必要かという予測も可能になります。

(1) 変動費

　変動費とは，売上高の増減に対して比例的に増減する原価をいいます。したがって，縦軸に原価，横軸に売上高をとれば，右上がりの直線で変動費線が描けます。

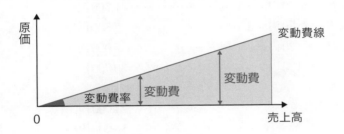

(2) 固定費

　固定費とは，売上高の増減に関係なく一定額発生する原価をいいます。したがって，縦軸に原価，横軸に売上高をとれば，横軸に水平な直線で固定費線が描けます。

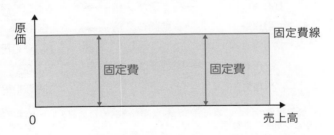

直接原価計算の損益計算書

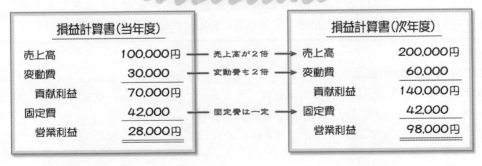

当社の当期の財務データは以下のとおりである。仮に次期の売上高が200,000円（計画販売量500個）と予想された場合の，次期の予想損益計算書を作成しなさい。ただし，他の条件は一定とする。

（資　料）

当期売上高　：@400円×250個 ……………… 100,000円

当期総原価

1. 変　動　費

直接材料費　@ 40円×250個 ……………… 10,000円

直接労務費　@ 30円×250個 ……………… 7,500円

変動製造間接費　@ 30円×250個 ……………… 7,500円

変動販売費　@ 20円×250個 ……………… 5,000円

合　計　@120円　　　　　　30,000円

2. 固　定　費

固定製造間接費 …………………………… 24,000円

固定販売費・一般管理費 ………………… 18,000円

合　計　　　　　　　　　42,000円

〈解答・解説〉

	当期の損益計算書		次期の損益計算書
売 上 高	100,000円	─売上高が2倍→	200,000円
変 動 費	30,000	─変動費も2倍→	60,000
貢 献 利 益	70,000円		140,000円
固 定 費	42,000	─固定費は一定→	42,000
営 業 利 益	28,000円		98,000円

（注）総原価とは，製造原価のほかに販売費と一般管理費を含めた金額をいいます。詳しくは，「テーマ01　工業簿記の基礎」を参照してください。

直接原価計算の損益計算書によれば，次期の売上高が当期の2倍になると予想されたとき，売上高に比例して変動費も2倍になりますが，固定費は売上高にかかわらず一定の42,000円なので，その結果，営業利益は98,000円になると予測できます。

4. 変動費率と貢献利益率

変動費と貢献利益の売上高に占める割合は一定であり，売上高に占める変動費の割合を変動費率といい，売上高に占める貢献利益の割合を貢献利益率といいます。

上記［設例21 - 1］の次期の予想損益計算書で計算してみると，次のようになります。

$$変動費率：\frac{変動費　60,000円}{売上高　200,000円} = 0.3 \qquad 貢献利益率：\frac{貢献利益　140,000円}{売 上 高　200,000円} = 0.7$$

❷ CVP 分析

1. CVP分析の計算公式

　短期利益計画のための分析をCVP分析（損益分岐分析）といいます。CVP分析とは，Cost（原価），Volume（営業量：主に売上高），Profit（利益）の頭文字を取ったもので，これら三者の関係を明らかにするための分析手法です。

　CVP分析には具体的には，以下のような分析があります。

⑴ 損益分岐点の売上高

　　損益分岐点の売上高とは，営業利益がちょうどゼロになる（損もなければもうけもない）売上高であり，最低目標の売上高といえます。これは，次の公式によって計算することができます。

$$損益分岐点の売上高 = \frac{固定費}{貢献利益率}$$

⑵ 目標営業利益を達成する売上高

　　目標営業利益を達成する売上高は，損益分岐点の売上高の計算に目標営業利益を加味した次の公式によって計算することができます。

$$目標営業利益を達成する売上高 = \frac{固定費 + 目標営業利益}{貢献利益率}$$

⑶ 目標営業利益率を達成する売上高

　　目標営業利益率を達成する売上高は，次の公式によって計算することができます。

$$目標営業利益率を達成する売上高 = \frac{固定費}{貢献利益率 - 目標営業利益率}$$

　なお，営業利益率とは $\frac{営業利益}{売上高}$ で表される，売上高に対する営業利益の割合です。

⑷ 安全余裕率（安全率）と損益分岐点比率

　　安全余裕率（安全率）とは，予想売上高が損益分岐点売上高からどのくらい離れているかを示す比率をいいます。この比率が高ければ高いほど，予想売上高が損益分岐点売上高より離れていることになり，収益力があることを意味するので，安全であると判断できます。安全余裕率は次の公式によって計算できます。

$$安全余裕率(\%) = \frac{予想売上高 - 損益分岐点売上高}{予想売上高} \times 100$$

　また，予想売上高に対する損益分岐点売上高の比率を損益分岐点比率といいます。

$$損益分岐点比率(\%) = \frac{損益分岐点売上高}{予想売上高} \times 100$$

　（注）この計算をするためには，あらかじめ損益分岐点売上高を計算しておかなければなりません。

　なお，安全余裕率と損益分岐点比率には，次のような関係があります。

$$安全余裕率(\%) + 損益分岐点比率(\%) = 100(\%)$$

CVP分析の公式について

　先に示した，(1)損益分岐点の売上高，(2)目標営業利益を達成する売上高，(3)目標営業利益率を達成する売上高を計算するための公式は，すべて直接原価計算を利用することで導き出された公式です。

(1) 損益分岐点の売上高

　損益分岐点の売上高は，営業利益がゼロとなる売上高であり，次のように公式を導くことができます。

> 営業利益がゼロとなる売上高

↓

> 売上高－変動費－固定費＝0

↓ 式を変形すると，

> 売上高－変動費＝固定費

↓ 売上高－変動費＝貢献利益であり，

> 貢献利益＝固定費

↓ 貢献利益＝売上高×貢献利益率で求められるので，

> 売上高×貢献利益率＝固定費

↓ したがって，

$$損益分岐点の売上高 = \frac{固定費}{貢献利益率}$$

(2) 目標営業利益を達成する売上高

　目標営業利益を達成する売上高は，売上高－変動費－固定費＝目標営業利益となる売上高であり，(1)の損益分岐点の売上高と同じように公式を導くことができます。

> 売上高－変動費－固定費＝営業利益

貢献利益＝固定費＋営業利益

売上高×貢献利益率＝固定費＋営業利益

$$目標営業利益を達成する売上高 = \frac{固定費 ＋ 営業利益}{貢献利益率}$$

(3) 目標営業利益率を達成する売上高

　目標営業利益率を達成する売上高は，売上高－変動費－固定費＝売上高×目標営業利益率となる売上高であり，次のように公式を導くことができます。

> 売上高－変動費－固定費＝売上高×目標営業利益率

貢献利益－売上高×目標営業利益率＝固定費

売上高×貢献利益率－売上高×目標営業利益率＝固定費

売上高×(貢献利益率－目標営業利益率)＝固定費

$$目標営業利益率を達成する売上高 = \frac{固定費}{貢献利益率 － 目標営業利益率}$$

設例 21-2

当社の次年度の財務データは以下のとおりである。次の資料にもとづいて，(1)損益分岐点の売上高および販売量，(2)目標営業利益140,000円を達成するための売上高および販売量，(3)目標営業利益率45％を達成するための売上高および販売量，(4)安全余裕率を求めなさい。

（資　料）

次年度予想売上高：@400円×500個 ………… 200,000円

次年度予想総原価

1．変　動　費

直接材料費	@ 40円×500個 ………	20,000円
直接労務費	@ 30円×500個 ………	15,000円
変動製造間接費	@ 30円×500個 ………	15,000円
変動販売費	@ 20円×500個 ………	10,000円
合　　計	@120円	60,000円

2．固　定　費

固定製造間接費 ……………………………	24,000円
固定販売費・一般管理費 ………………	18,000円
合　　計	42,000円

〈解答・解説〉

(1) 損益分岐点の売上高および販売量

① 貢献利益率：$\dfrac{@400円〈売価〉-@120円〈変動費〉}{@400円〈売価〉}=\dfrac{@280円}{@400円}=0.7$

② 損益分岐点の売上高：$\dfrac{42,000円〈固定費〉}{0.7〈貢献利益率〉}=60,000円$

③ 損益分岐点の販売量：60,000円÷@400円＝150個

(2) 目標利益140,000円を達成するための売上高および販売量

① 売上高：$\dfrac{42,000円〈固定費〉+140,000円〈目標利益〉}{0.7〈貢献利益率〉}=\dfrac{182,000円}{0.7}=260,000円$

② 販売量：260,000円÷@400円＝650個

(3) 目標利益率45％を達成するための売上高および販売量

① 売上高：$\dfrac{42,000円〈固定費〉}{0.7〈貢献利益率〉-0.45〈目標利益率〉}=\dfrac{42,000円}{0.25}=168,000円$

② 販売量：168,000円÷@400円＝420個

(4) 安全余裕率：$\dfrac{200,000円〈予想売上高〉-60,000円〈損益分岐点売上高〉}{200,000円〈予想売上高〉}\times100=70\%$

CVP図表

これまで行ってきたCVP分析は，図に表すこともできます。これをCVP図表（または損益分岐図表）といいます。CVP図表の基本的な描き方は次のとおりです。

(1) 売上高線

縦軸，横軸ともに売上高をとれば，傾き45度の右上がりの直線で売上高線が描けます。

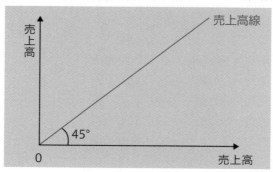

(2) 総原価線

① 変動費線

変動費は売上高の増減に対して比例的に増減するので，縦軸に原価，横軸に売上高をとれば，右上がりの直線で変動費線が描けます。

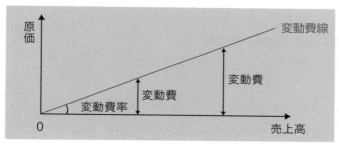

② 固定費線

固定費は売上高の増減に関係なく一定額発生するので，縦軸に原価，横軸に売上高をとれば，横軸に水平な直線で固定費線が描けます。

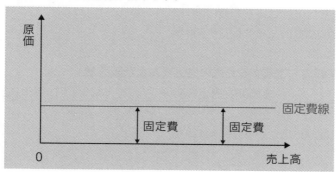

③　総原価線

　総原価は変動費＋固定費なので，総原価線は次のように描けます。

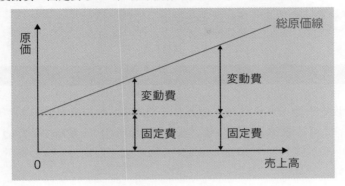

⑶　CVP図表

　売上高線と総原価線を1つの図に描くことで，CVP図表を描くことができます。

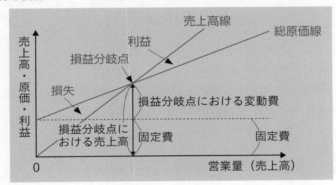

　この図表の売上高線と総原価線の交わるところが，売上高と総原価が等しく，営業利益がゼロになる損益分岐点であり，また，損益分岐点を境にして売上高を増加させていけば営業利益が発生していくことがわかります。参考に［設例21－2］によりCVP図表を描き，損益分岐点売上高を示してみると次のようになります。

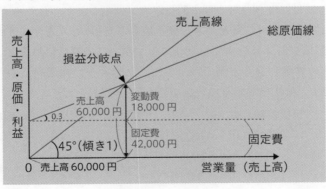

2. CVP分析とその解法

これまでは，CVP分析とその計算公式を述べてきましたが，実はCVP分析を行う際には，公式は暗記している必要はありません。なぜならば，直接原価計算の損益計算書を書くことにより，公式を暗記していなくてもCVP分析を行うことができるからです。

設例 21-3

当社の次年度の財務データは以下のとおりである。次の資料にもとづいて，(1)損益分岐点の売上高および販売量，(2)目標営業利益140,000円を達成するための売上高および販売量，(3)目標営業利益率45％を達成するための売上高および販売量，(4)安全余裕率を求めなさい。

（資　料）

次年度予想売上高：@400円×500個 ………… 200,000円

次年度予想総原価

1. 変　動　費

直接材料費	@ 40円×500個 ………	20,000円
直接労務費	@ 30円×500個 ………	15,000円
変動製造間接費	@ 30円×500個 ………	15,000円
変動販売費	@ 20円×500個 ………	10,000円
合　　計	@120円	60,000円

2. 固　定　費

固定製造間接費 ……………………………	24,000円
固定販売費・一般管理費 ……………	18,000円
合　　計	42,000円

〈解答・解説〉

直接原価計算方式で次期の予想損益計算書を作成してみると，次期の予想売上高200,000円のときには，98,000円の営業利益がでていることがわかります。

そして，予想損益計算書にもとづき，売上高をS（円）とするか，または販売量をX（個）として予想損益計算書を作成し直してみます。この損益計算書により，どのような売上高のときの営業利益も予測でき，また，どのような営業利益のときの売上高でも計算できるため，公式を暗記していなくてもCVP分析を行うことができます。

	予想損益計算書	売上高をS（円）	販売量をX（個）
売　上　高	200,000円（@400円）	S	400X
変　動　費	60,000（@120円）	0.3*1 S	120X
貢献利益	140,000円（@280円）	0.7*2 S	280X
固　定　費	42,000	42,000	42,000
営業利益	98,000円	0.7S − 42,000	280X − 42,000

*1　変動費率
*2　貢献利益率

(1)　損益分岐点の売上高および販売量

　損益分岐点の売上高および販売量は，営業利益がゼロとなるような売上高および販売量を計算すればよいので，売上高をS（円），または販売量をX（個）として作成した予想損益計算書の営業利益を0円（ゼロ）とおくことで計算することができます。

	売上高をS（円）	販売量をX（個）
売　上　高	S	400X
変　動　費	0.3S	120X
貢　献　利　益	0.7S	280X
固　定　費	42,000	42,000
営　業　利　益	0.7S − 42,000	280X − 42,000

これが0円

　したがって，損益分岐点の売上高および販売量は，営業利益＝0として，

$$0.7S - 42,000 = 0$$
$$0.7S = 42,000$$
$$S = \frac{42,000}{0.7}$$
$$\therefore S = \underline{60,000}\ （円）$$
損益分岐点売上高
$$\downarrow \div 400円/個$$
$$\underline{150}\ （個）$$
損益分岐点販売量

$$280X - 42,000 = 0$$
$$280X = 42,000$$
$$X = \frac{42,000}{280}$$
$$\therefore X = \underline{150}\ （個）$$
損益分岐点販売量
$$\downarrow \times 400円/個$$
$$\underline{60,000}\ （円）$$
損益分岐点売上高

　（注）売上高をS（円）または販売量をX（個）とする予想損益計算書のどちらで計算しても，同じく損益分岐点の売上高および販売量を計算することができます。両者の違いは，最初に損益分岐点の売上高が計算できるか，損益分岐点の販売量が計算できるかの違いです。

(2)　目標営業利益140,000円を達成するための売上高および販売量

　目標営業利益140,000円を達成するための売上高および販売量は，売上高をS（円），または販売量をX（個）として作成した予想損益計算書の営業利益を140,000円とおくことで計算することができます。

	売上高をS（円）	販売量をX（個）
売　上　高	S	400X
変　動　費	0.3S	120X
貢　献　利　益	0.7S	280X
固　定　費	42,000	42,000
営　業　利　益	0.7S − 42,000	280X − 42,000

これが140,000円

　したがって，目標営業利益140,000円を達成するための売上高および販売量は，営業利益＝140,000円として，

$$0.7S - 42,000 = 140,000$$

$$0.7S = 42,000 + 140,000$$

$$S = \frac{42,000 + 140,000}{0.7}$$

$$\therefore S = \underline{260,000}\ (\text{円})$$

目標利益を達成する売上高

↓ ÷400円/個

$$\underline{650}\ (\text{個})$$

目標利益を達成する販売量

$$280X - 42,000 = 140,000$$

$$280X = 42,000 + 140,000$$

$$X = \frac{42,000 + 140,000}{280}$$

$$\therefore X = \underline{650}\ (\text{個})$$

目標利益を達成する販売量

↓ ×400円/個

$$\underline{260,000}\ (\text{円})$$

目標利益を達成する売上高

⑶ **目標営業利益率45%を達成するための売上高および販売量**

目標営業利益率45%を達成するための売上高および販売量は，売上高をS（円），または販売量をX（個）として作成した予想損益計算書の営業利益を売上高の45%とおくことで計算することができます。

	売上高をS（円）	販売量をX（個）
売 上 高	S	400X
変 動 費	0.3S	120X
貢 献 利 益	0.7S	280X
固 定 費	42,000	42,000
営 業 利 益	0.7S − 42,000	280X − 42,000

これが ← 売上高の45% →

よって，目標営業利益率45%を達成するための売上高および販売量は，

$$0.7S - 42,000 = S \times 0.45$$

$$0.7S - 0.45S = 42,000$$

$$S = \frac{42,000}{0.7 - 0.45}$$

$$\therefore S = \underline{168,000}\ (\text{円})$$

目標利益率を達成する売上高

↓ ÷400円/個

$$\underline{420}\ (\text{個})$$

目標利益率を達成する販売量

$$280X - 42,000 = 400X \times 0.45$$

$$280X - 400X \times 0.45 = 42,000$$

$$X = \frac{42,000}{280 - 180}$$

$$\therefore X = \underline{420}\ (\text{個})$$

目標利益率を達成する販売量

↓ ×400円/個

$$\underline{168,000}\ (\text{円})$$

目標利益率を達成する売上高

⑷ **安全余裕率**

安全余裕率は，予想売上高が損益分岐点売上高からどのくらい離れているかを示す比率をいい，以下の式で計算することができます。

$$\text{安全余裕率（\%）：} \frac{\text{予想売上高} - \text{損益分岐点売上高}}{\text{予想売上高}} \times 100$$

$$= \frac{200,000\text{円} - 60,000\text{円}}{200,000\text{円}} \times 100$$

$$= 70\%$$

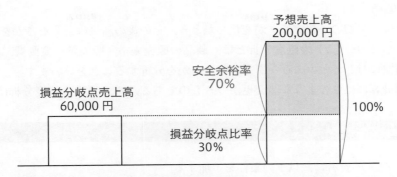

（注）安全余裕率を計算するためには，あらかじめ損益分岐点売上高を計算しておく必要があります。

ここが
POINT

　資料が「単価×販売量」または「金額（総額）」で与えられている場合は，売上高をS（円）とする方法でも，販売量をX（個）とする方法でも計算できるため，解答要求を意識していずれかの方法を選択すればよい。

　しかし，資料が「金額（総額）」だけしか与えられていない場合は，売上高をS（円）としておく方法でしか計算できないことに注意すること。

基本例題42

解答・解説306ページ

　当社の，次年度の財務データは以下のとおりである。

（資　料）

1. 次年度の予想売上高

　　@2,000円×625個 ・・・・・・・・・・・・・・・・・・ 1,250,000円

2. 次年度の予想総原価

　　変動費　@1,200円×625個 ・・・・・・・・・　750,000円

　　固定費 ・・・・・・・・・・・・・・・・・・・・・・・・・・・・・・　400,000円

3. 予想営業利益 ・・・・・・・・・・・・・・・・・・・・・・　100,000円

〔問1〕次年度の損益分岐点の売上高および販売量を求めなさい。

〔問2〕次年度に200,000円の営業利益を上げるための売上高および販売量を求めなさい。

〔問3〕次年度に売上高営業利益率15％を達成するための売上高および販売量を求めなさい。

〔問4〕次年度の予想売上高における安全余裕率を求めなさい。

3. CVPの感度分析

感度分析とは，当初の予想データが変化したとき，その後の結果はどうなるかを分析することをいいます。つまり，CVPの感度分析とは，製品の販売価格，販売量，変動費，固定費などの変化が営業利益に対してどのような影響を与えるかを分析することをいいます。

将来の予測計算にはこのような諸変更がつきものであるため，CVPの感度分析は重要です。

設例 21-4

［設例21-3］の資料に，以下の条件を追加する。
（追加条件）

次年度において，競争業者の出現に対応するため，販売価格を20％値下げすることになったとして，損益分岐点の売上高および販売量を求めなさい。

〈解答・解説〉

販売価格400円から20％値下げした販売価格320円（＝400円×（1 − 0.2））で，もう一度，直接原価計算の予想損益計算書を作成し直してみます。

	売上高をS（円）	販売量をX（個）
売 上 高	S	320X
変 動 費	0.375*1 S	120X
貢 献 利 益	0.625*2 S	200X
固 定 費	42,000	42,000
営 業 利 益	0.625S − 42,000	200X − 42,000

これが0円

*1 変動費率
*2 貢献利益率

したがって，損益分岐点の売上高および販売量は，営業利益＝0として，

$$0.625S - 42,000 = 0$$
$$0.625S = 42,000$$
$$S = \frac{42,000}{0.625}$$
$$\therefore S = \underline{67,200}\ （円）$$
損益分岐点売上高
↓÷320円/個
$$\underline{210}\ （個）$$
損益分岐点販売量

$$200X - 42,000 = 0$$
$$200X = 42,000$$
$$X = \frac{42,000}{200}$$
$$\therefore X = \underline{210}\ （個）$$
損益分岐点販売量
↓×320円/個
$$\underline{67,200}\ （円）$$
損益分岐点売上高

4. 経営レバレッジ係数

CVP分析のひとつとして，経営レバレッジ係数があります。

経営レバレッジ係数とは，企業経営における固定費の利用を測定する指標をいい，次の公式で計算することができます。

$$経営レバレッジ係数 = \frac{貢献利益}{営業利益}$$

経営レバレッジ係数は，固定費の割合の高い企業ほど大きくなります。なぜならば，この係数の分子の貢献利益は，固定費と営業利益の合計だからです。また，経営レバレッジ係数は，同じ企業（原価構造）のもとでも，営業量の水準によって変化するので注意してください。

なお，この詳しい利用方法については，簿記検定1級で学習します。

設例 21-5

［設例21－3］の資料にもとづき，営業量が500個のときの経営レバレッジ係数を求めなさい。なお，小数点第5位を四捨五入すること。

〈解答・解説〉

経営レバレッジ係数：$\dfrac{140,000円}{98,000円} ≒ 1.4286$（小数点第5位を四捨五入）

❸ 原価の固変分解

1. 原価の固変分解とは

　企業が利益管理のために直接原価計算およびCVP分析を行う際には，原価を変動費と固定費とに分解することが必要です。これを原価の固変分解といいます。この原価の固変分解の方法にはいくつかありますが，ここでは高低点法と費目別精査法を学習します。

2. 高低点法

　高低点法とは，過去の一定期間内における実績データにもとづいて，最高の営業量のときと最低の営業量のときの2点の原価を利用して，原価を営業量当たりの変動費（変動費率）と固定費とに分解する方法です。

　（注）営業量には，売上高，生産・販売量などの尺度を用います。

$$変動費率 = \frac{最高の営業量の原価 - 最低の営業量の原価}{最高の営業量 - 最低の営業量}$$

$$固定費 = \underset{Ⓐ}{最高の営業量の原価} - \underset{Ⓑ}{最高の営業量の変動費}$$

または

$$\underset{Ⓒ}{最低の営業量の原価} - \underset{Ⓓ}{最低の営業量の変動費}$$

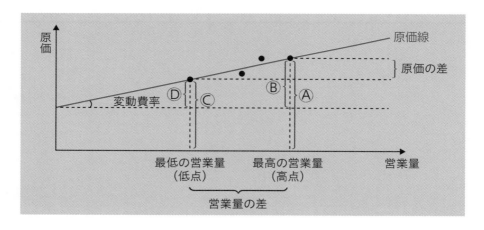

ここが
POINT

　高低点法では，過去の一定期間内における実績データのうち，最高の営業量（高点）と最低の営業量（低点）の2点のデータしか使用せず，他のデータは無視して原価を固変分解することになる。

　また，データの中に異常なデータがあった場合は使用せず，正常なデータの中で最高と最低の2点のデータを使用する。

設例 21-6

当社の過去6か月間の営業量と原価の発生額は次のとおりである。これらはすべて正常なデータである。次の資料にもとづき，高低点法によって原価の固変分解を行いなさい。

（資　料）

月	原価発生額	営業量	
1	5,400円	16個	
2	5,180円	14個	…最低の営業量（低点）
3	5,950円	20個	
4	6,050円	21個	
5	6,320円	24個	
6	7,100円	30個	…最高の営業量（高点）

〈解答・解説〉

変動費率：$\dfrac{7{,}100円 - 5{,}180円}{30個 - 14個} = 120円/個$

固定費：$\underset{\text{原価発生額}}{7{,}100円} - \underset{\text{変動費}}{120円/個 \times 30個} = 3{,}500円$

　　　　　　　または

$\underset{\text{原価発生額}}{5{,}180円} - \underset{\text{変動費}}{120円/個 \times 14個} = 3{,}500円$

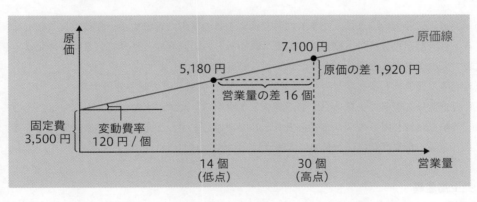

当社の総原価と営業量の実績記録は，下記のとおりである。なお，当社の正常操業圏は営業量が200個から500個までである。

（資　料）

月	総原価	営業量
1	212,000 円	240 個
2	217,000 円	250 個
3	180,000 円	190 個
4	255,000 円	350 個
5	296,000 円	450 個
6	267,000 円	380 個
合計	1,427,000 円	1,860 個

上記データにもとづき，当社の総原価について，高低点法により固変分解を行って，(1)製品1個あたりの変動費，(2)月間の固定費を計算しなさい。

★supplement
売上高に関する予算実績差異分析

　予算実績差異分析の論点は，基本的に簿記検定1級の学習内容ですが，収益項目（売上高）に関する予算実績差異分析は下位級の「原価計算初級」の出題範囲とされています。簿記検定2級の試験でも出題される可能性があるため，ここで簡単に解説します。

　予算実績差異分析とは文字どおり，「予算」とその「実績」のズレを分析することです。

　多くの企業は，事前に予算を立てて活動をしますから，期末に実績が明らかになったところで予算と実績を比較してそのズレを「差異」として把握します。そして，その原因分析を行うことにより，今後の企業経営に活かしていきます。

1．売上高差異

　以下の算式にもとづき計算します。なお，その値がプラスであれば「有利差異」，マイナスであれば「不利差異」となります（以下，同じ）。

売上高差異＝実績売上高－予算売上高

2．売上高差異の分析

売上高差異は「販売価格差異」と「販売数量差異」とに分析します。

① 販売価格差異

> 販売価格差異＝(実績販売価格－予算販売価格)×実績販売数量

② 販売数量差異

> 販売数量差異＝予算販売価格×(実績販売数量－予算販売数量)

なお，上記の計算は，標準原価計算における直接材料費差異および直接労務費差異の分析と同様にＢＯＸ図を用いて計算することが可能です。ただし，標準原価計算では「原価＝費用項目」の分析でしたが，売上高は「収益項目」の分析であるため，引き算の順番に注意する必要があります。

・費用項目：予算(予定)－実績(実際)＝プラスであれば有利差異，マイナスであれば不利差異
・収益項目：実績(実際)－予算(予定)＝プラスであれば有利差異，マイナスであれば不利差異

■設 例

以下の資料により，売上高に関する(1)売上高差異，(2)販売価格差異および(3)販売数量差異を求めなさい。

	販売価格	販売数量	売上高
予 算	＠200円	500個	100,000円
実 績	＠180円	520個	93,600円

〈解答・解説〉

(1) **売上高差異**

93,600円－100,000円＝△6,400円（不利差異）

(2) **販売価格差異**

（＠180円－＠200円）×520個＝△10,400円（不利差異）

(3) **販売数量差異**

＠200円×（520個－500個）＝4,000円（有利差異）

複合問題 ❼   目標時間：20分

全部原価計算と直接原価計算

　当工場は製品M（販売単価@3,900円）を連続生産・販売している。よって，以下の**［資料］**にもとづいて，文中の①にはあてはまる適切な用語を，②から⑤には数値を解答欄に記入しなさい。ただし，①に記入する用語は次のものに限る。

固定製造間接費	直接労務費	変動製造間接費	直接経費	直接材料費

［資　料］

1．当月の総原価データ

　総原価の各費目を変動費と固定費に原価分解した結果は，次のとおりであった。

	変　動　費	固　定　費
製　造　原　価		
素　　材　　費	460,000円	
補　助　材　料　費	5,000円	
買　入　部　品　費	130,000円	
直接工の直接賃金	400,000円	
直接工の間接賃金	320,000円	
間　接　工　賃　金	190,000円	180,000円
従　業　員　賞　与　手　当		200,000円
特　許　権　使　用　料	50,000円	
減　価　償　却　費		250,000円
そ　の　他　間　接　経　費	165,000円	210,000円
販　　売　　費	252,000円	399,000円
一　般　管　理　費		704,000円

2．当月の生産・販売状況（月初に仕掛品および製品の在庫はなかった）

生産データ		販売データ	
当月完成品量	2,000個	当月製品販売量	1,800個
月末仕掛品量	0個	月末製品在庫量	200個

企業外部の利害関係者に情報を提供するうえで，全部原価計算が採用される。しかし，全部原価計算の場合，（①）を製品原価とすることから，売上高の変化による営業利益の変化を予測するにあたって，販売量だけでなく，生産量の影響も受けてしまう。したがって，短期利益計画における営業利益の変化を予測するのが困難になる。

　一方，企業内部の資料である直接原価計算では（①）を期間原価とするため，営業利益の変化を予測するにあたって，「販売量」だけを考慮すればよい。つまり，短期利益計画に役立つ計算といえる。このことから，双方の営業利益の違いは（①）にある。

　当月の損益計算書を作成すると，全部原価計算による営業利益は（②）円，直接原価計算による営業利益は（③）円である。営業利益の違いは期末製品に含まれる（①）の（④）円にある。また，直接原価計算による損益計算書をもとに損益分岐点売上高を分析すると（⑤）円となる。

解 答 欄 ・・・

①	②	③	④	⑤

解答・解説344ページ

CHALLENGE!
複合問題

複合問題 ❽

目標時間：20分

直接原価計算とCVP分析

　製品Hを量産する当社の過去半年間の総原価および営業量に関する実績データは，次のとおりであった。なお，製品Hの販売単価は400円である。

	総　原　価	営　業　量
1 月	5,400円	16個
2 月	5,180円	14個
3 月	5,950円	20個
4 月	6,050円	21個
5 月	6,320円	24個
6 月	7,100円	30個

問1　過去半年間の実績データにもとづいて，高低点法による総原価の原価分解を行い，製品1個あたりの変動費と，年間の固定費を計算しなさい。

問2　当期の年間販売量が250個であったとして，**問1**の結果をもとに直接原価計算方式の損益計算書を作成しなさい。

問3　**問2**の直接原価計算方式の損益計算書をもとに次期の利益計画を行うものとして，年間の(1)損益分岐点売上高，(2)安全余裕率および(3)目標売上高営業利益率が45％となる売上高を求めなさい。

問1　製品1個あたり変動費　[　　　　　　]円／個

　　　<u>年間の</u>固定費　[　　　　　　]円

問2

　　　　　　　　　　損　益　計　算　書　　　　　（単位：円）

　　　Ⅰ　売　　　　上　　　高　　　（　　　　　　　　　　）
　　　Ⅱ　変　　　　動　　　費　　　（　　　　　　　　　　）
　　　　　貢　　献　　利　　益　　　（　　　　　　　　　　）
　　　Ⅲ　固　　　　定　　　費　　　（　　　　　　　　　　）
　　　　　営　　業　　利　　益　　　（　　　　　　　　　　）

問3　(1)　損益分岐点売上高　[　　　　　　]円

　　　(2)　安全余裕率　[　　　　　　]％

　　　(3)　目標売上高営業利益率を達成する売上高　[　　　　　　]円

解答・解説349ページ

22 本社工場会計
Theme

Check ここでは，工場の会計を本社の会計から独立させた場合の処理を学習します。

1 本社工場会計

1. 本社工場会計とは

　製造業において，経営規模が大きくなり，また工場が本社から遠隔の地にあるような場合には，工場の会計を本社の会計から独立させて，工場での製品の製造活動に関する記録を工場自らが帳簿を設けて行うことがあります。このような帳簿体系を本社工場会計といいます。

2. 工場の帳簿に設ける勘定の範囲

　工場会計を独立させる場合，本社の帳簿から製造活動に関する勘定を抜き出して，それを工場の帳簿に移します。

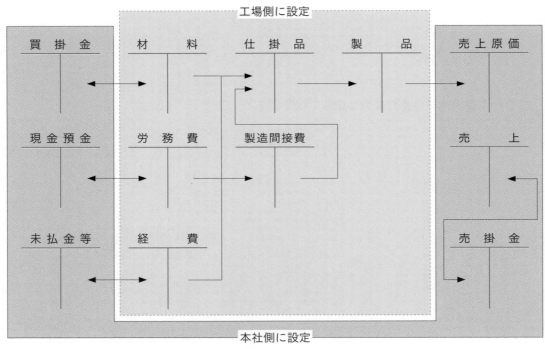

　工場側には製造活動を記録する勘定のみが設けられ，その他の勘定は本社側に設けられます。ただし製品勘定に関しては，工場側に設けられる場合と本社側に設けられる場合の両方がありますす（上記では工場側に設けてあります）。

☑ 工場会計を独立させた場合の記帳方法

工場会計を独立させた場合，本社や工場の取引は以下の2つに分けられます。

1. 本社または工場だけに関する取引

本社または工場だけに関する取引は，工場会計が独立していない場合と同様の仕訳を本社側，工場側で行い，それぞれの帳簿に記録します。

2. 本社と工場にまたがる取引（本社工場間取引）

本社と工場にまたがる取引は，本社側と工場側の両方で仕訳を行い，両方の帳簿に記録する必要があります。具体的には，本社で材料を掛けで購入し，工場の材料倉庫に受け入れたような場合であり，このような取引を本社工場間取引といいます。

この本社工場間取引の場合，仕訳を行い帳簿に記録するのにひとつ問題が生じます。たとえば，本社で材料100円を掛けで購入し，工場の材料倉庫に受け入れたとします。この場合，工場会計が独立していない場合には，次のような仕訳になります。

（材　　　料）	100	（買　掛　金）	100

しかし，工場会計が独立している場合，製造活動に関する勘定は工場に，それ以外の勘定は本社に設けてあるので，次のような仕訳になります。

本　社　側：	（　？　）	100	（買　掛　金）	100
工　場　側：	（材　　料）	100	（　？　）	100

これで材料の購入および買掛金の増加の記録はできていますが，本社側，工場側の両方でそれぞれ相手勘定科目が必要になります。

そこで，工場会計が独立している場合には，本社工場間取引のために，本社側では工場元帳勘定（または工場勘定）を，工場側では本社元帳勘定（または本社勘定）を設けます。これは，商業簿記の本支店会計で学習する支店勘定および本店勘定と同じ関係です。

> 本社側：工場元帳勘定…本来の勘定科目が工場の帳簿に設けられていることを表す勘定科目
>
> 工場側：本社元帳勘定…本来の勘定科目が本社の帳簿に設けられていることを表す勘定科目

したがって，先の例の仕訳は次のようになります。

本　社　側：	（工　場　元　帳）	100	（買　掛　金）	100
工　場　側：	（材　　料）	100	（本　社　元　帳）	100

設例 22-1

次の取引について，工場会計が独立していない場合と工場会計が独立している場合の仕訳を示しなさい。ただし，工場では製造関係の記帳を行う。なお，工場の帳簿に設けられている勘定は，材料，賃金，製造間接費，仕掛品，製品および本社元帳である。

(1) 本社で材料100円を掛けで購入し，工場の材料倉庫に受け入れた。

(2) 製品300円が完成し，倉庫に納入した。

(3) 上記製品を500円で掛け販売した。

〈解答・解説〉

(1) 工場会計が独立していない場合

（材　　　　料）	100	（買　掛　金）	100

〈工場会計が独立している場合の仕訳〉

本社側：（工　場　元　帳）	100	（買　掛　金）	100

工場側：（材　　　　料）	100	（本　社　元　帳）	100

(2) 工場会計が独立していない場合

（製　　　　品）	300	（仕　掛　品）	300

〈工場会計が独立している場合の仕訳〉

本社側：仕訳なし

工場側：（製　　　　品）	300	（仕　掛　品）	300

(3) 工場会計が独立していない場合

（売　掛　金）	500	（売　　　　上）	500
（売　上　原　価）	300	（製　　　　品）	300

〈工場会計が独立している場合の仕訳〉

本社側：（売　掛　金）	500	（売　　　　上）	500
（売　上　原　価）	300	（工　場　元　帳）	300

工場側：（本　社　元　帳）	300	（製　　　　品）	300

（参　考）

製品勘定が本社の帳簿に設けられていた場合，(2)と(3)の仕訳は次のようになります。

(2)の仕訳

本社側：（製　　　　品）	300	（工　場　元　帳）	300

工場側：（本　社　元　帳）	300	（仕　掛　品）	300

272

(3)の仕訳

本社側：（売　掛　金）	500		（売　　　　上）	500
（売　上　原　価）	300		（製　　　品）	300

工場側：仕訳なし

> **ここが
> POINT**
>
> 　本試験において，仕訳に使用できる勘定科目は，指定された勘定科目のなか
> から判断すること。

基本例題44

解答・解説307ページ

　当社では，本社会計から工場会計を独立させている。また，材料倉庫は工場内にあるが，製品倉庫は本社にあり，製品は完成後ただちに本社にある倉庫に送られている。そこで，工場に設けてある勘定は，材料，賃金，製造間接費，仕掛品および本社元帳勘定だけである。

　これらの勘定を用いて，次の取引について工場で行われる仕訳を示しなさい。

(1)　本社で材料20,000円を掛けで購入し，工場の材料倉庫に受け入れた。

(2)　工場で材料16,000円を消費した。直接費14,000円，間接費2,000円であった。

(3)　工場で労働力12,000円を消費した。直接費8,000円，間接費4,000円であった。

(4)　工場設備減価償却費の当月分3,000円を計上した。

(5)　製造間接費8,000円を予定配賦した。

(6)　当月の完成品27,000円を本社倉庫に納入した。

	借方科目	金　額	貸方科目	金　額
(1)				
(2)				
(3)				
(4)				
(5)				
(6)				

日商簿記 **2** 級

工 業

簿 記

基 本 例 題
解 答・解 説

基本例題01

〔1〕 工場電力料・ガス代・水道代
〔2〕 新製品を販売するための広告費
〔1〕 工場事務職員給料
〔3〕 本社事務職員給料
〔1〕 製品の素材消費額

基本例題02

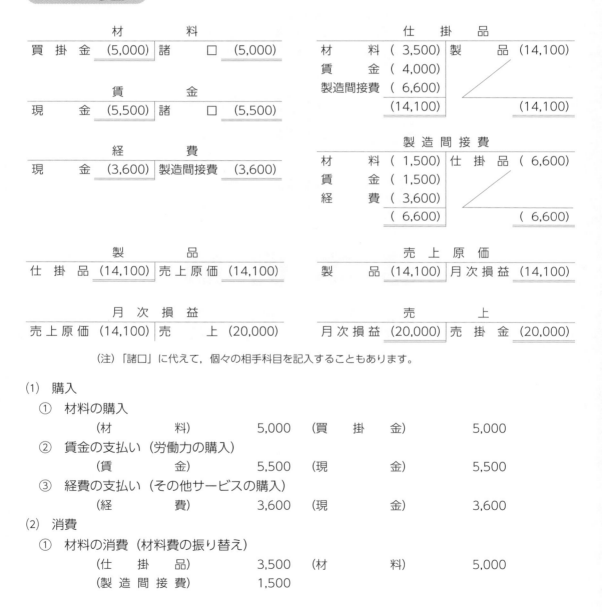

（注）「諸口」に代えて，個々の相手科目を記入することもあります。

（1） 購入
　① 材料の購入

（材	料）	5,000	（買	掛	金）	5,000

　② 賃金の支払い（労働力の購入）

（賃	金）	5,500	（現	金）	5,500

　③ 経費の支払い（その他サービスの購入）

（経	費）	3,600	（現	金）	3,600

（2） 消費
　① 材料の消費（材料費の振り替え）

（仕 掛 品）	3,500	（材	料）	5,000
（製 造 間 接 費）	1,500			

276

② 賃金の消費（労務費の振り替え）

（仕　掛　品）	4,000	（賃　　　金）	5,500
（製 造 間 接 費）	1,500		

③ 経費の消費（経費の振り替え）

（製 造 間 接 費）	3,600	（経　　　費）	3,600

（注）参考までに，(2)の①～③の仕訳をまとめると次のようになります。

（仕　掛　品）	7,500	（材　　　料）	5,000
（製 造 間 接 費）	6,600	（賃　　　金）	5,500
		（経　　　費）	3,600

(3) 製造間接費の配賦

（仕　掛　品）	6,600	（製 造 間 接 費）	6,600

(4) 完成品原価の振り替え

（製　　　品）	14,100	（仕　掛　品）	14,100

(5) 製品の販売（売上の計上と売上原価の振り替え）

（売　掛　金）	20,000	（売　　　上）	20,000
（売 上 原 価）	14,100	（製　　　品）	14,100

(6) 月次損益への振り替え

（売　　　上）	20,000	（月 次 損 益）	20,000
（月 次 損 益）	14,100	（売 上 原 価）	14,100

基本例題03

材料を購入したときは，その購入原価（購入代価＋材料副費）をもって材料勘定の借方に記入します。

```
                    材        料
       諸    口 （10,000）|
```

（材　　　料）	10,000	（買　掛　金）	9,600
		（当 座 預 金）	400

基本例題04

B材料の当月実際消費数量　　72kg　　＊ 当月実際消費数量：（20kg＋80kg）－28kg＝72kg

基本例題05

材料の購入単価が異なる場合，平均法または先入先出法の計算にもとづいて材料の消費単価を決定します。

(1) 平 均 法　　66,600円　　＊ 平 均 単 価：$\dfrac{@42円 \times 400kg ＋ @45円 \times 1,600kg}{400kg ＋ 1,600kg}$＝@44.4円

　　　　　　　　　　　　　　　当月消費額：@44.4円×1,500kg＝66,600円

(2) 先入先出法　　66,300円　　＊ 当月消費額：@42円×400kg＋@45円×1,100kg＝66,300円

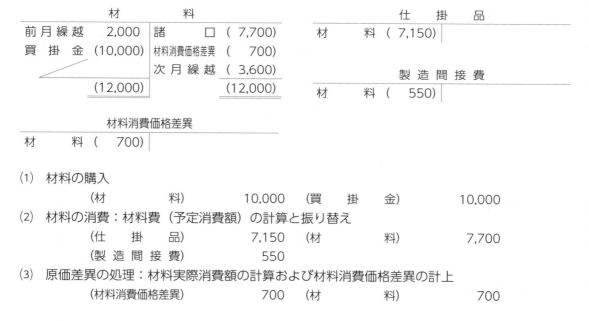

	材	料	
前月繰越	2,000	諸 口	(8,400)
買 掛 金	(10,000)	次月繰越	(3,600)
	(12,000)		(12,000)

	仕 掛 品	
材 料	(7,800)	

	製 造 間 接 費	
材 料	(600)	

(1) 材料の購入

(材 料)	10,000	(買 掛 金)	10,000

(2) 材料の消費：材料費の計算と振り替え

(仕 掛 品)	7,800*1	(材 料)	8,400
(製 造 間 接 費)	600*2		

*1 直接材料費：@120円×65kg＝7,800円
*2 間接材料費：@120円× 5 kg＝600円

基本例題07

　予定価格法の場合，材料費はその予定消費額（予定消費単価×実際消費量）をもって，材料勘定から仕掛品勘定または製造間接費勘定へ振り替えます。

	材	料	
前月繰越	2,000	諸 口	(7,700)
買 掛 金	(10,000)	材料消費価格差異	(700)
		次月繰越	(3,600)
	(12,000)		(12,000)

	仕 掛 品	
材 料	(7,150)	

	製 造 間 接 費	
材 料	(550)	

	材料消費価格差異	
材 料	(700)	

(1) 材料の購入

(材 料)	10,000	(買 掛 金)	10,000

(2) 材料の消費：材料費（予定消費額）の計算と振り替え

(仕 掛 品)	7,150	(材 料)	7,700
(製 造 間 接 費)	550		

(3) 原価差異の処理：材料実際消費額の計算および材料消費価格差異の計上

(材料消費価格差異)	700	(材 料)	700

基本例題08

(1) 材料の購入

（材 料）	10,000	（買 掛 金）	10,000

(2) 材料の消費：材料費の計算と振り替え

（仕 掛 品）	7,800	（材 料）	8,400
（製 造 間 接 費）	600		

(3) 材料の棚卸減耗

（製 造 間 接 費）	240	（材 料）	240

基本例題09

賃金を支給したときは，その支給総額をもって賃金勘定の借方に記入します。

賃　　　金

諸　　口	(340,000)		
（賃　　金）	340,000	（現　　金）	290,000
		（預　り　金）	50,000

基本例題10

賃　　　金

諸　　口	(340,000)	未 払 賃 金	(60,000)
未 払 賃 金	(66,500)	諸　　口	(346,500)
	(406,500)		(406,500)

仕　掛　品

賃　　金	(315,000)

製 造 間 接 費

賃　　金	(31,500)

未　払　賃　金

賃　　金	(60,000)	前 月 繰 越	60,000
次 月 繰 越	(66,500)	賃　　金	(66,500)
	(126,500)		(126,500)

(1) 前月未払賃金の振り替え

（未 払 賃 金）	60,000	（賃　　金）	60,000

(2) 賃金の支給

（賃　　金）	340,000	（現　　金）	290,000
		（預　り　金）	50,000

(3) 賃金の消費：労務費の振り替え

（仕 掛 品）	315,000*1	（賃　　金）	346,500
（製 造 間 接 費）	31,500*2		

(4) 当月未払賃金の振り替え

（賃　　金）	66,500	（未 払 賃 金）	66,500

＊1　直接労務費：@1,050円×300時間＝315,000円
＊2　間接労務費：@1,050円×（25時間＋5時間）＝31,500円

予定賃率を用いた場合，労務費はその予定消費額（予定賃率×実際作業時間）をもって，賃金勘定から仕掛品勘定または製造間接費勘定へ振り替えます。

賃　　金			
諸　　　口	（340,000）	前 月 繰 越	60,000
次 月 繰 越	66,500	諸　　　口	（330,000）
		賃 率 差 異	（ 16,500）
	（406,500）		（406,500）

仕　掛　品		
賃　　　金	（300,000）	

製 造 間 接 費		
賃　　　金	（ 30,000）	

賃　率　差　異		
賃　　　金	（ 16,500）	

(1) 賃金の消費：労務費（予定消費額）の計算と振り替え

（仕　　掛　　品）	300,000	（賃　　　　金）	330,000
（製 造 間 接 費）	30,000		

(2) 賃金の支給

（賃　　　　金）	340,000	（現　　　　金）	290,000
		（預　　り　　金）	50,000

(3) 原価差異の処理：賃金実際消費額の計算と賃率差異の計上

（賃　率　差　異）	16,500 *	（賃　　　　金）	16,500

＊　予定消費額：@1,000円×300時間＝300,000円（直接労務費）
　　　　　　　　@1,000円×（25時間＋5時間）＝30,000円（間接労務費）｝330,000円
　　実 際 消 費 額：当月支払340,000円－前月未払60,000円＋当月未払66,500円＝346,500円
　　賃 率 差 異：予定消費額330,000円－実際消費額346,500円＝△16,500円（借方差異）

外注加工賃	5,000円	＊	当月の消費額：4,800円－900円＋1,100円＝5,000円
減価償却費	9,000円	＊	当月の消費額：108,000円÷12か月＝9,000円
電 力 料	800円	＊	当月の消費額：当月測定分　800円
棚卸減耗費	700円	＊	当月の消費額：9,200円－8,500円＝700円

(1) 外注加工費（直接経費）の計上

（仕　　掛　　品）	5,000	（現　　　　金）	5,000

(2) 減価償却費（間接経費）の計上

（製 造 間 接 費）	9,000	（減価償却累計額）	9,000

(3) 水道光熱費（間接経費）の計上

（製 造 間 接 費）	800	（未 払 電 力 料）	800

(4)　材料棚卸減耗費（間接経費）の計上

（製 造 間 接 費）　　　　700　　（材　　　　料）　　　　700

基本例題14

(1)　機械運転時間基準…実際配賦率　　| 2,000 |　円/時間

原価計算表（総括表）

製 造 指 図 書	No.101	No.102	合 計
直 接 材 料 費	40,000	60,000	100,000
直 接 労 務 費	60,000	40,000	100,000
製 造 間 接 費	110,000*	130,000*	240,000
合 計	210,000	230,000	440,000
機 械 運 転 時 間	55時間	65時間	120時間

＊　実際配賦率：$\dfrac{240,000円}{55時間+65時間}=2,000円/時間$

実際配賦額：2,000円/時間×55時間＝110,000円（No.101）
　　　　　　2,000円/時間×65時間＝130,000円（No.102）

(2)　直接作業時間基準…実際配賦率　　| 1,200 |　円/時間

原価計算表（総括表）

製 造 指 図 書	No.101	No.102	合 計
直 接 材 料 費	40,000	60,000	100,000
直 接 労 務 費	60,000	40,000	100,000
製 造 間 接 費	144,000*	96,000*	240,000
合 計	244,000	196,000	440,000
直 接 作 業 時 間	120時間	80時間	200時間

＊　実際配賦率：$\dfrac{240,000円}{120時間+80時間}=1,200円/時間$

実際配賦額：1,200円/時間×120時間＝144,000円（No.101）
　　　　　　1,200円/時間× 80時間＝ 96,000円（No.102）

(3)

仕　掛　品		製 造 間 接 費	
材　　料　100,000		諸　口　240,000	仕 掛 品 （240,000）
賃　　金　100,000			
製造間接費 （240,000）			

(4)　製造間接費の配賦

（仕　掛　品）　　　240,000　　（製 造 間 接 費）　　　240,000

(1)

原価計算表（総括表） （単位：円）

費　目	No.1	No.2	合　計
直 接 材 料 費	2,000	1,500	3,500
直 接 労 務 費	2,000	2,000	4,000
製 造 間 接 費	3,600	3,000	6,600
合　　　計	7,600	6,500	14,100

(2)

仕　掛　品

材　　　料	(3,500)	製　　　品	(7,600)
賃　　　金	(4,000)	次 月 繰 越	(6,500)
製造間接費	(6,600)		
	(14,100)		(14,100)

製　造　間　接　費

材　　　料	(1,500)	仕 掛 品	(6,600)
賃　　　金	(1,500)		
経　　　費	(3,600)		
	(6,600)		(6,600)

(3)① 材料費，労務費，経費の振り替え

（仕　　掛　　品）	3,500	（材　　　　料）	5,000
（製 造 間 接 費）	1,500		
（仕　　掛　　品）	4,000	（賃　　　　金）	5,500
（製 造 間 接 費）	1,500		
（製 造 間 接 費）	3,600	（経　　　　費）	3,600

（注）①は次の仕訳でもよいです。

（仕　　掛　　品）	7,500	（材　　　　料）	5,000
（製 造 間 接 費）	6,600	（賃　　　　金）	5,500
		（経　　　　費）	3,600

② 製造間接費の配賦

（仕　　掛　　品）	6,600	（製 造 間 接 費）	6,600

③ 完成品原価の振り替え

（製　　　　品）	7,600	（仕　　掛　　品）	7,600

　12月の勘定記入が問われているため，11月分の原価は「月初仕掛品原価」または「月初製品原価」となります。

仕　掛　品

12/1 前 月 繰 越	(6,500)	12/31 製　　　品	(14,400)
12/31 材　　　料	(2,500)	〃　 次 月 繰 越	(4,700)
〃　 賃　　　金	(3,500)		
〃　 製造間接費	(6,600)		
	(19,100)		(19,100)

	製		品		
12/1	前月繰越	(7,600)	12/31	売上原価	(15,700)
12/31	仕 掛 品	(14,400)	〃	次月繰越	(6,300)
		(22,000)			(22,000)

■解説

1．仕掛品勘定：借方

  前 月 繰 越：1,500円＋2,000円＋3,000円＝6,500円（No.2の11月分の原価）

  材　　　　料：1,500円（No.3）＋1,000円（No.4）＝2,500円

  賃　　　　金：500円（No.2）＋1,500円（No.3）＋1,500円（No.4）＝3,500円

  製造間接費：1,100円（No.2）＋3,300円（No.3）＋2,200円（No.4）＝6,600円

2．仕掛品勘定：貸方

  当月の完成品原価が「製品」勘定に振り替えられ，月末仕掛品原価が「次月繰越」となります。

  製　　　　品：8,100円（No.2）＋6,300円（No.3）＝14,400円

  次 月 繰 越：4,700円（No.4）

3．製品勘定：借方

  前 月 繰 越：7,600円（No.1）

  仕　掛　品：8,100円（No.2）＋6,300円（No.3）＝14,400円

4．製品勘定：貸方

  当月に販売（引渡）された製品原価が「売上原価」勘定に振り替えられ，月末製品原価が「次月繰越」となります。

  売 上 原 価：7,600円（No.1）＋8,100円（No.2）＝15,700円

  次 月 繰 越：6,300円（No.3）

基本例題 **17**

(1)

	仕　掛　品		
材　　料	100,000		
賃　　金	100,000		
製造間接費	(200,000)		

	製 造 間 接 費		
材　　料	(20,000)	仕　掛　品	(200,000)
賃　　金	(30,000)	製造間接費配賦差異	(40,000)
経　　費	(190,000)		

	製造間接費配賦差異		
製造間接費	(40,000)		

(2)① 製造間接費の予定配賦

（仕　掛　品）	200,000	（製造間接費）	200,000

② 製造間接費実際発生額の振り替え

（製造間接費）	240,000	（材　　　　料）	20,000
		（賃　　　　金）	30,000
		（経　　　　費）	190,000

③ 製造間接費配賦差異の振り替え

（製造間接費配賦差異）	40,000*	（製造間接費）	40,000

$*$ 予定配賦率：$\dfrac{3,000,000円}{3,000時間}$ ＝ 1,000円/時間

予定配賦額：1,000円/時間×120時間＝120,000円（No.101）⎫
　　　　　　1,000円/時間× 80時間＝ 80,000円（No.102）⎭ 200,000円

製造間接費配賦差異：予定配賦額200,000円－実際発生額240,000円＝△40,000円（借方差異）

基本例題18

(1)

原価計算表（総括表）　　　（単位：円）

費　目	No. 1	No. 2	合　計
直 接 材 料 費	2,000	1,500	3,500
直 接 労 務 費	2,000	2,000	4,000
製 造 間 接 費	3,000	2,500	5,500
合　　　　　計	7,000	6,000	13,000

(2)

仕　掛　品

材　　　料	(3,500)	製　　　品	(7,000)
賃　　　金	(4,000)	次 月 繰 越	(6,000)
製 造 間 接 費	(5,500)		
	(13,000)		(13,000)

製 造 間 接 費

材　　　料	(1,500)	仕 掛 品	(5,500)
賃　　　金	(1,500)	製造間接費配賦差異	(1,100)
経　　　費	(3,600)		
	(6,600)		(6,600)

製造間接費配賦差異

製 造 間 接 費	(1,100)		

(3)① 直接材料費および直接労務費の振り替え

（仕　掛　品）	7,500	（材　　　　料）	3,500
		（賃　　　　金）	4,000

② 製造間接費の予定配賦

（仕　掛　品）	5,500	（製造間接費）	5,500

③ 完成品原価の振り替え

（製　　　品）	7,000	（仕　掛　品）	7,000

④ 製造間接費実際発生額の振り替え

(製 造 間 接 費)	6,600	(材	料)	1,500	
		(賃	金)	1,500	
		(経	費)	3,600	

⑤ 製造間接費配賦差異の振り替え

(製造間接費配賦差異)	1,100	(製 造 間 接 費)	1,100

基本例題19

製造間接費配賦差異	40,000円 （借方差異）
予 算 差 異	20,000円 （借方差異）
操 業 度 差 異	20,000円 （借方差異）

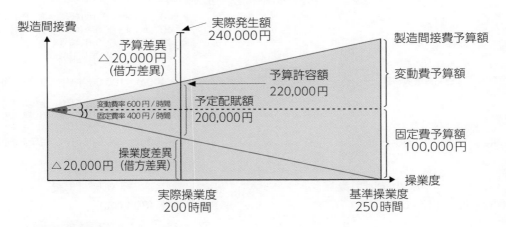

〈製造間接費配賦差異の分析〉

予 算 差 異：(600円/時間×200時間＋100,000円)－240,000円＝△20,000円（借方差異）

操業度差異：400円/時間×(200時間－250時間)＝△20,000円（借方差異）

(注1) 原価計算は1か月ごとに行われるため，製造間接費配賦差異の分析も1か月単位で行います。したがって，月間固定費予算100,000円（＝1,200,000円÷12か月），月間基準操業度250時間（＝3,000時間÷12か月）を用いることに注意してください。

(注2) 差異分析後，分析結果の合計が，総差異と一致するかを検証するとケアレスミスがふせげます。

(1)

部 門 費 配 賦 表　　　　　　　　　　（単位：円）

摘　　要	配賦基準	合　計	製 造 部 門		補 助 部 門		
			組立部門	仕上部門	動力部門	修繕部門	工場事務部門
部 門 個 別 費		1,396,000	488,000	390,000	136,000	210,000	172,000
部 門 共 通 費							
福利施設負額	従業員数	504,000	216,000	168,000	48,000	48,000	24,000
建物減価償却費	占有面積	300,000	100,000	100,000	50,000	30,000	20,000
部　　門　　費		2,200,000	804,000	658,000	234,000	288,000	216,000

$$* \quad 福利施設負担額：\frac{504,000円}{180人+140人+40人+40人+20人}×180人=216,000円（組 立 部 門）$$

$$〃 \qquad ×140人=168,000円（仕 上 部 門）$$
$$〃 \qquad × 40人= 48,000円（動 力 部 門）$$
$$〃 \qquad × 40人= 48,000円（修 繕 部 門）$$
$$〃 \qquad × 20人= 24,000円（工場事務部門）$$

$$建物減価償却費：\frac{300,000円}{400㎡+400㎡+200㎡+120㎡+80㎡}×400㎡=100,000円（組 立 部 門）$$

$$〃 \qquad ×400㎡=100,000円（仕 上 部 門）$$
$$〃 \qquad ×200㎡= 50,000円（動 力 部 門）$$
$$〃 \qquad ×120㎡= 30,000円（修 繕 部 門）$$
$$〃 \qquad × 80㎡= 20,000円（工場事務部門）$$

(2)

動 力 部 門 費

製造間接費（234,000）

組 立 部 門 費

製造間接費（804,000）

修 繕 部 門 費

製造間接費（288,000）

仕 上 部 門 費

製造間接費（658,000）

工場事務部門費

製造間接費（216,000）

(3)

（組 立 部 門 費）	804,000	（製 造 間 接 費）	2,200,000
（仕 上 部 門 費）	658,000		
（動 力 部 門 費）	234,000		
（修 繕 部 門 費）	288,000		
（工場事務部門費）	216,000		

基本例題21

(1)

部 門 費 配 賦 表　　　　　　（単位：円）

摘　　　要	合　計	製 造 部 門		補 助 部 門		
		組立部門	仕上部門	動力部門	修繕部門	工場事務部門
部　　門　　費	2,200,000	804,000	658,000	234,000	288,000	216,000
工場事務部門費		121,500	94,500			
修 繕 部 門 費		144,000	144,000			
動 力 部 門 費		130,000	104,000			
製 造 部 門 費	2,200,000	1,199,500	1,000,500			

*　工場事務部門費：$\dfrac{216,000円}{180人+140人}\times180人=121,500円（組 立 部 門）$

　　　　　　　　〃　　　　　$\times140人=\;94,500円（仕 上 部 門）$

　修 繕 部 門 費：$\dfrac{288,000円}{400時間+400時間}\times400時間=144,000円（組 立 部 門）$

　　　　　　　　〃　　　　　$\times400時間=144,000円（仕 上 部 門）$

　動 力 部 門 費：$\dfrac{234,000円}{1,000kwh+800kwh}\times1,000kwh=130,000円（組 立 部 門）$

　　　　　　　　〃　　　　　$\times\;\;800kwh=104,000円（仕 上 部 門）$

（注）補助部門費を製造部門に配賦する際の計算順序に注意してください。

(2)

動 力 部 門 費

製造間接費　234,000	組立部門費（130,000）
	仕上部門費（104,000）

修 繕 部 門 費

製造間接費　288,000	組立部門費（144,000）
	仕上部門費（144,000）

工場事務部門費

製造間接費　216,000	組立部門費（121,500）
	仕上部門費（ 94,500）

組 立 部 門 費

製造間接費　804,000	
動力部門費（130,000）	
修繕部門費（144,000）	
工場事務部門費（121,500）	

仕 上 部 門 費

製造間接費　658,000	
動力部門費（104,000）	
修繕部門費（144,000）	
工場事務部門費（ 94,500）	

(3)　　（組 立 部 門 費）　　395,500　　（動 力 部 門 費）　　234,000
　　　（仕 上 部 門 費）　　342,500　　（修 繕 部 門 費）　　288,000
　　　　　　　　　　　　　　　　　　　（工場事務部門費）　　216,000

(1)

組 立 部 門 費

製造間接費	(804,000)	仕 掛 品	(1,199,500)
動力部門費	(130,000)		
修繕部門費	(144,000)		
工場事務部門費	(121,500)		

仕 掛 品

材　　料	(800,000)	
賃　　金	(900,000)	
組立部門費	(1,199,500)	
仕上部門費	(1,000,500)	

仕 上 部 門 費

製造間接費	(658,000)	仕 掛 品	(1,000,500)
動力部門費	(104,000)		
修繕部門費	(144,000)		
工場事務部門費	(94,500)		

動 力 部 門 費

製造間接費	(234,000)	組立部門費	(130,000)
		仕上部門費	(104,000)

修 繕 部 門 費

製造間接費	(288,000)	組立部門費	(144,000)
		仕上部門費	(144,000)

工場事務部門費

製造間接費	(216,000)	組立部門費	(121,500)
		仕上部門費	(94,500)

(2)① 直接材料費および直接労務費の振り替え

（仕　掛　品）	1,700,000	（材　　料）	800,000
		（賃　　金）	900,000

② 製造間接費の部門別計算：第1次集計

（組 立 部 門 費）	804,000	（製 造 間 接 費）	2,200,000
（仕 上 部 門 費）	658,000		
（動 力 部 門 費）	234,000		
（修 繕 部 門 費）	288,000		
（工場事務部門費）	216,000		

③ 製造間接費の部門別計算：第2次集計

（組 立 部 門 費）	395,500	（動 力 部 門 費）	234,000
（仕 上 部 門 費）	342,500	（修 繕 部 門 費）	288,000
		（工場事務部門費）	216,000

④ 製造間接費の部門別計算：製品への配賦（実際配賦）

（仕　掛　品）	2,200,000	（組 立 部 門 費）	1,199,500
		（仕 上 部 門 費）	1,000,500

基本例題23

(1)

原価計算表（総括表）　　（単位：円）

費　目	No. 1	No. 2	合　計
直接材料費	2,000	1,500	3,500
直接労務費	2,000	2,000	4,000
切削部門費	1,920	1,440	3,360
組立部門費	1,620	1,620	3,240
合　　　計	7,540	6,560	14,100

(2)

切　削　部　門　費

製造間接費 (2,800)	仕　掛　品 (3,360)
動力部門費 (200)	
修繕部門費 (180)	
工場事務部門費 (180)	
(3,360)	(3,360)

仕　　掛　　品

材　　　料 (3,500)	製　　　品 (7,540)
賃　　　金 (4,000)	次月繰越 (6,560)
切削部門費 (3,360)	
組立部門費 (3,240)	
(14,100)	(14,100)

組　立　部　門　費

製造間接費 (2,680)	仕　掛　品 (3,240)
動力部門費 (200)	
修繕部門費 (240)	
工場事務部門費 (120)	
(3,240)	(3,240)

解説

1．材料費，労務費および経費の振り替え

（仕　　掛　　品）	3,500	（材	料）	5,000
（製 造 間 接 費）	1,500			
（仕　　掛　　品）	4,000	（賃	金）	5,500
（製 造 間 接 費）	1,500			
（製 造 間 接 費）	3,600	（経	費）	3,600

（注）　1は次の仕訳でもよいです。

（仕　　掛　　品）	7,500	（材	料）	5,000
（製 造 間 接 費）	6,600	（賃	金）	5,500
		（経	費）	3,600

2．製造間接費の部門別計算

① 第1次集計

（切 削 部 門 費）	2,800	（製 造 間 接 費）	6,600
（組 立 部 門 費）	2,680		
（動 力 部 門 費）	400		
（修 繕 部 門 費）	420		
（工場事務部門費）	300		

② 第2次集計

（切 削 部 門 費）	560	（動 力 部 門 費）	400
（組 立 部 門 費）	560	（修 繕 部 門 費）	420
		（工場事務部門費）	300

③ 製品への配賦（実際配賦）

（仕 掛 品）	6,600	（切 削 部 門 費）	3,360
		（組 立 部 門 費）	3,240

3．完成品原価の振り替え

（製 品）	7,540	（仕 掛 品）	7,540

基本例題24

(1)

組 立 部 門 費

製造間接費（ 804,000)	仕 掛 品（1,000,000)
動力部門費（ 130,000)	製造部門費配賦差異（ 199,500)
修繕部門費（ 144,000)	
工場事務部門費（ 121,500)	

仕 掛 品

材 料 800,000	
賃 金 900,000	
組立部門費（1,000,000)	
仕上部門費（1,100,000)	

仕 上 部 門 費

製造間接費（ 658,000)	仕 掛 品（1,100,000)
動力部門費（ 104,000)	
修繕部門費（ 144,000)	
工場事務部門費（ 94,500)	
製造部門費配賦差異（ 99,500)	

製造部門費配賦差異

組立部門費（ 199,500)	仕上部門費（ 99,500)

動 力 部 門 費

製造間接費（ 234,000)	組立部門費（ 130,000)
	仕上部門費（ 104,000)

修 繕 部 門 費

製造間接費（ 288,000)	組立部門費（ 144,000)
	仕上部門費（ 144,000)

工場事務部門費

製造間接費（ 216,000)	組立部門費（ 121,500)
	仕上部門費（ 94,500)

(2)① 製造間接費の部門別計算：製品への配賦（予定配賦）

（仕 掛 品）	2,100,000	（組 立 部 門 費）	1,000,000
		（仕 上 部 門 費）	1,100,000

② 製造間接費の部門別計算：製造部門費実際発生額の集計（第1次集計）

（組立部門費）	804,000	（製造間接費）	2,200,000
（仕上部門費）	658,000		
（動力部門費）	234,000		
（修繕部門費）	288,000		
（工場事務部門費）	216,000		

③ 製造間接費の部門別計算：製造部門費実際発生額の集計（第2次集計）

（組立部門費）	395,500	（動力部門費）	234,000
（仕上部門費）	342,500	（修繕部門費）	288,000
		（工場事務部門費）	216,000

④ 製造間接費の部門別計算：製造部門費配賦差異の振り替え

（製造部門費配賦差異）	199,500	（組立部門費）	199,500
（仕上部門費）	99,500	（製造部門費配賦差異）	99,500

＊ 製造部門費配賦差異
　組立部門費：予定配賦額1,000,000円−実際発生額1,199,500円＝△199,500円（借方差異）
　仕上部門費：予定配賦額1,100,000円−実際発生額1,000,500円＝＋ 99,500円（貸方差異）

基本例題25

(1)

原価計算表（総括表）　（単位：円）

費　目	No.1	No.2	合　計
直接材料費	2,000	1,500	3,500
直接労務費	2,000	2,000	4,000
切削部門費	1,800	1,350	3,150
組立部門費	1,900	1,900	3,800
合　　計	7,700	6,750	14,450

(2)

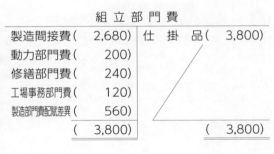

切削部門費

製造間接費（	2,800)	仕掛品（	3,150)
動力部門費（	200)	製造部門費配賦差異（	210)
修繕部門費（	180)		
工場事務部門費（	180)		
（	3,360)	（	3,360)

仕掛品

材　　料（	3,500)	製　　品（	7,700)
賃　　金（	4,000)	次月繰越（	6,750)
切削部門費（	3,150)		
組立部門費（	3,800)		
（	14,450)	（	14,450)

組立部門費

製造間接費（	2,680)	仕掛品（	3,800)
動力部門費（	200)		
修繕部門費（	240)		
工場事務部門費（	120)		
製造部門費配賦差異（	560)		
（	3,800)	（	3,800)

製造部門費配賦差異

切削部門費（	210)	組立部門費（	560)

1．直接材料費，直接労務費の振り替え

（仕　掛　品）	7,500	（材　　　料）　3,500
		（賃　　　金）　4,000

2．製造間接費の部門別計算：製品への配賦（予定配賦）

（仕　掛　品）	6,950	（切 削 部 門 費）　3,150
		（組 立 部 門 費）　3,800

3．完成品原価の振り替え

（製　　　品）	7,700	（仕　掛　品）　7,700

4．製造間接費の実際発生額の集計

① 間接材料費，間接労務費および間接経費の製造間接費への振り替え

（製 造 間 接 費）	6,600	（材　　　料）　1,500
		（賃　　　金）　1,500
		（経　　　費）　3,600

② 製造間接費の部門別計算：第1次集計

（切 削 部 門 費）	2,800	（製 造 間 接 費）　6,600
（組 立 部 門 費）	2,680	
（動 力 部 門 費）	400	
（修 繕 部 門 費）	420	
（工場事務部門費）	300	

③ 製造間接費の部門別計算：第2次集計

（切 削 部 門 費）	560	（動 力 部 門 費）　400
（組 立 部 門 費）	560	（修 繕 部 門 費）　420
		（工場事務部門費）　300

5．製造部門費配賦差異の振り替え

（製造部門費配賦差異）	210	（切 削 部 門 費）　210
（組 立 部 門 費）	560	（製造部門費配賦差異）　560

基本例題26

(1)

総 合 原 価 計 算 表　　（単位：円）

	直接材料費	加 工 費	合　　計
月初仕掛品原価	0	0	0
当月製造費用	10,680	6,480	17,160
計	10,680	6,480	17,160
月末仕掛品原価	5,340	1,080	6,420
完 成 品 原 価	5,340	5,400	10,740
完成品単位原価	106.8	108	214.8

＊ 月末仕掛品直接材料費：
$$\frac{10,680円}{50個+50個} \times 50個 = 5,340円$$

完成品直接材料費：
10,680円－5,340円＝5,340円

月末仕掛品加工費：
$$\frac{6,480円}{50個+50個\times20\%} \times 50個 \times 20\% = 1,080円$$

完成品加工費：
6,480円－1,080円＝5,400円

(2)　　　　　　　仕　掛　品

前 月 繰 越 （　　　0）	製　　　　品 （10,740)	
材　　　料 （10,680)	次 月 繰 越 （ 6,420)	
加 工 費 （ 6,480)		
（17,160)	（17,160)	

(3)　（製　　　　品)　　10,740　（仕　　掛　　品)　　　　10,740

基本例題27

(1)　平均法

総 合 原 価 計 算 表　　　（単位：円)

	直接材料費	加 工 費	合 計
月初仕掛品原価	235,000	60,500	295,500
当月製造費用	1,515,000	2,189,500	3,704,500
計	1,750,000	2,250,000	4,000,000
月末仕掛品原価	500,000	375,000	875,000
完 成 品 原 価	1,250,000	1,875,000	3,125,000
完成品単位原価	500	750	1,250

仕　　掛　　品

前 月 繰 越　295,500	製　　　　品 （3,125,000)	
材　　　料　1,515,000	次 月 繰 越 （ 875,000)	
加 工 費　2,189,500		
4,000,000	（4,000,000)	

＊ 月末仕掛品直接材料費：
$$\frac{235,000円+1,515,000円}{2,500個+1,000個}\times1,000個$$
＝500,000円

完成品直接材料費：
(235,000円＋1,515,000円)－500,000円
＝1,250,000円

月末仕掛品加工費：
$$\frac{60,500円+2,189,500円}{2,500個+1,000個\times50\%}\times1,000個$$
×50%＝375,000円

完成品加工費：
(60,500円＋2,189,500円)－375,000円
＝1,875,000円

(2)　先入先出法

総 合 原 価 計 算 表　　　（単位：円)

	直接材料費	加 工 費	合 計
月初仕掛品原価	235,000	60,500	295,500
当月製造費用	1,515,000	2,189,500	3,704,500
計	1,750,000	2,250,000	4,000,000
月末仕掛品原価	505,000	377,500	882,500
完 成 品 原 価	1,245,000	1,872,500	3,117,500
完成品単位原価	498	749	1,247

(参　考)　　　仕　　掛　　品

前 月 繰 越　295,500	製　　　　品　3,117,500	
材　　　料　1,515,000	次 月 繰 越　882,500	
加 工 費　2,189,500		
4,000,000	4,000,000	

＊ 月末仕掛品直接材料費：
$$\frac{1,515,000円}{(2,500個-500個)+1,000個}\times1,000個$$
＝505,000円

完成品直接材料費：
(235,000円＋1,515,000円)－505,000円
＝1,245,000円

月末仕掛品加工費：
$$\frac{2,189,500円}{(2,500個-500個\times20\%)+1,000個\times50\%}$$
×1,000個×50%＝377,500円

完成品加工費：
(60,500円＋2,189,500円)－377,500円
＝1,872,500円

〔問1〕 正常仕損が終点で発生した場合

総 合 原 価 計 算 表　　　（単位：円）

	直接材料費	加 工 費	合　　　計
月初仕掛品原価	1,602,000	324,000	1,926,000
当月製造費用	2,448,000	4,356,000	6,804,000
計	4,050,000	4,680,000	8,730,000
月末仕掛品原価	750,000	720,000	1,470,000
完 成 品 原 価	3,300,000	3,960,000	7,260,000
完成品単位原価	2,750	3,300	6,050

＊ 月末仕掛品直接材料費：

$$\frac{1,602,000円+2,448,000円}{(1,200個+120個)+300個}\times300個$$

＝750,000円

完成品直接材料費：
(1,602,000円＋2,448,000円)－750,000円
＝3,300,000円

月末仕掛品加工費：

$$\frac{324,000円+4,356,000円}{(1,200個+120個\times1)+300個\times4/5}$$

$\times300個\times4/5＝720,000円$

完成品加工費：
(324,000円＋4,356,000円)－720,000円
＝3,960,000円

〔問2〕 正常仕損が加工進捗度2/3の地点で発生した場合

総 合 原 価 計 算 表　　　（単位：円）

	直接材料費	加 工 費	合　　　計
月初仕掛品原価	1,602,000	324,000	1,926,000
当月製造費用	2,448,000	4,356,000	6,804,000
計	4,050,000	4,680,000	8,730,000
月末仕掛品原価	810,000	780,000	1,590,000
完 成 品 原 価	3,240,000	3,900,000	7,140,000
完成品単位原価	2,700	3,250	5,950

＊ 月末仕掛品直接材料費：

$$\frac{1,602,000円+2,448,000円}{1,200個+300個}\times300個$$

＝810,000円

完成品直接材料費：
(1,602,000円＋2,448,000円)－810,000円
＝3,240,000円

月末仕掛品加工費：

$$\frac{324,000円+4,356,000円}{1,200個+300個\times4/5}\times300個\times4/5$$

＝780,000円

完成品加工費：
(324,000円＋4,356,000円)－780,000円
＝3,900,000円

基本例題29

〔問1〕正常仕損が終点で発生した場合

総合原価計算表　（単位：円）

	直接材料費	加 工 費	合　　計
月初仕掛品原価	1,602,000	324,000	1,926,000
当月製造費用	2,448,000	4,356,000	6,804,000
計	4,050,000	4,680,000	8,730,000
月末仕掛品原価	720,000	726,000	1,446,000
完 成 品 原 価	3,330,000	3,954,000	7,284,000
完成品単位原価	2,775	3,295	6,070

*　月末仕掛品直接材料費：

$$\frac{2,448,000円}{(1,200個-600個+120個)+300個}\times300個=720,000円$$

完成品直接材料費：
(1,602,000円+2,448,000円)-720,000円=3,330,000円

月末仕掛品加工費：

$$\frac{4,356,000円}{(1,200個-600個\times1/5+120個\times1)+300個\times4/5}$$

$\times300個\times4/5=726,000円$

完成品加工費：
(324,000円+4,356,000円)-726,000円=3,954,000円

〔問2〕正常仕損が加工進捗度2/3の地点で発生した場合

総合原価計算表　（単位：円）

	直接材料費	加 工 費	合　　計
月初仕掛品原価	1,602,000	324,000	1,926,000
当月製造費用	2,448,000	4,356,000	6,804,000
計	4,050,000	4,680,000	8,730,000
月末仕掛品原価	816,000	792,000	1,608,000
完 成 品 原 価	3,234,000	3,888,000	7,122,000
完成品単位原価	2,695	3,240	5,935

*　月末仕掛品直接材料費：

$$\frac{2,448,000円}{(1,200個-600個)+300個}\times300個=816,000円$$

完成品直接材料費：
(1,602,000円+2,448,000円)-816,000円=3,234,000円

月末仕掛品加工費：

$$\frac{4,356,000円}{(1,200個-600個\times1/5)+300個\times4/5}\times300個\times4/5$$

$=792,000円$

完成品加工費：
(324,000円+4,356,000円)-792,000円=3,888,000円

基本例題30

　解答・解説は基本例題29と同じです。正常減損費の計算方法は正常仕損費の「評価額がない場合」と同様に計算します。ただし，単位は「個」から「kg」に変更しています。

仕掛品－第1工程

月　初　有　高：		次工程振替高：	
直　接　材　料　費	58,000	直　接　材　料　費	(2,940,000)
加　　工　　費	9,500	加　　工　　費	(980,000)
小　　計	67,500	小　　計	(3,920,000)
当月製造費用：		月　末　有　高：	
直　接　材　料　費	3,002,000	直　接　材　料　費	(120,000)
加　　工　　費	980,500	加　　工　　費	(10,000)
小　　計	3,982,500	小　　計	(130,000)
合　　計	4,050,000	合　　計	(4,050,000)

＊　月末仕掛品直接材料費：$\dfrac{58,000円＋3,002,000円}{4,900個＋200個}×200個＝120,000円$

　　完了品直接材料費：$(58,000円＋3,002,000円)－120,000円＝2,940,000円$

　　月末仕掛品加工費：$\dfrac{9,500円＋980,500円}{4,900個＋200個×1/4}×200個×1/4＝10,000円$

　　完了品加工費：$(9,500円＋980,500円)－10,000円＝980,000円$

仕掛品－第2工程

月　初　有　高：		当月完成高：	
前　工　程　費	369,000	前　工　程　費	(3,969,000)
加　　工　　費	119,000	加　　工　　費	(1,764,000)
小　　計	488,000	小　　計	(5,733,000)
当月製造費用：		月　末　有　高：	
前　工　程　費	(3,920,000)	前　工　程　費	(320,000)
加　　工　　費	1,750,000	加　　工　　費	(105,000)
小　　計	(5,670,000)	小　　計	(425,000)
合　　計	(6,158,000)	合　　計	(6,158,000)

＊　月末仕掛品前工程費：$\dfrac{3,920,000円}{(4,900個－400個)＋400個}×400個＝320,000円$

　　完成品前工程費：$(369,000円＋3,920,000円)－320,000円＝3,969,000円$

　　月末仕掛品加工費：$\dfrac{1,750,000円}{(4,900個－400個×1/2)＋400個×3/4}×400個×3/4＝105,000円$

　　完成品加工費：$(119,000円＋1,750,000円)－105,000円＝1,764,000円$

基本例題32

(1)

組別総合原価計算表　　　（単位：円）

	A 組 製 品	B 組 製 品
月 初 仕 掛 品 原 価	36,850	7,640
当 月 直 接 材 料 費	84,000	24,000
当 月 加 工 費	80,750	22,000
合 計	201,600	53,640
差引：月末仕掛品原価	52,000	12,440
完 成 品 原 価	149,600	41,200
完 成 品 単 位 原 価	1,496	412

* 組間接費の各組製品への配賦

A組製品：$72,000円 \times \dfrac{1,500時間}{1,500時間+300時間} = 60,000円$

B組製品：$72,000円 \times \dfrac{300時間}{1,500時間+300時間} = 12,000円$

A組製品（先入先出法）

月末仕掛品直接材料費：$\dfrac{84,000円}{(100kg-30kg)+50kg} \times 50kg = 35,000円$

完成品直接材料費：$(15,000円+84,000円)-35,000円=64,000円$

月末仕掛品加工費：$\dfrac{20,750円+60,000円}{(100kg-30kg \times 5/6)+50kg \times 2/5} \times 50kg \times 2/5 = 17,000円$

完 成 品 加 工 費：$(21,850円+20,750円+60,000円)-17,000円=85,600円$
月 末 仕 掛 品 原 価：$35,000円+17,000円=52,000円$
完 成 品 原 価：$64,000円+85,600円=149,600円$
完 成 品 単 位 原 価：$149,600円÷100kg=1,496円/kg$

B組製品（平均法）

月末仕掛品直接材料費：$\dfrac{5,400円+24,000円}{100kg+40kg} \times 40kg = 8,400円$

完成品直接材料費：$(5,400円+24,000円)-8,400円=21,000円$

月末仕掛品加工費：$\dfrac{2,240円+10,000円+12,000円}{100kg+40kg \times 1/2} \times 40kg \times 1/2 = 4,040円$

完 成 品 加 工 費：$(2,240円+10,000円+12,000円)-4,040円=20,200円$
月 末 仕 掛 品 原 価：$8,400円+4,040円=12,440円$
完 成 品 原 価：$21,000円+20,200円=41,200円$
完 成 品 単 位 原 価：$41,200円÷100kg=412円/kg$

(2)

（A 組 製 品)	149,600	（A 組 仕 掛 品)	149,600
（B 組 製 品)	41,200	（B 組 仕 掛 品)	41,200

(1)
（単位：円）

	完成品総合原価	完成品単位原価
A製品	2,343,750	1,562.5
B製品	1,250,000	1,250.0
C製品	1,406,250	937.5
合　計	5,000,000	

* 完成品原価（月末仕掛品原価）の計算（先入先出法）

月末仕掛品直接材料費：$\dfrac{3,000,000円}{(4,000個-600個)+1,600個} \times 1,600個 = 960,000円$

完 成 品 直 接 材 料 費：$(500,000円+3,000,000円)-960,000円 = 2,540,000円$

月 末 仕 掛 品 加 工 費：$\dfrac{2,520,000円}{(4,000個-600個 \times 2/3)+1,600個 \times 3/8} \times 1,600個 \times 3/8$
$= 360,000円$

完 成 品 加 工 費：$(300,000円+2,520,000円)-360,000円 = 2,460,000円$

月末仕掛品原価：$960,000円+360,000円 = 1,320,000円$
完 成 品 原 価：$2,540,000円+2,460,000円 = 5,000,000円$

〈各等級製品の積数〉
A製品：$1,500個 \times 1 = 1,500$
B製品：$1,000個 \times 0.8 = 800$
C製品：$1,500個 \times 0.6 = 900$

〈完成品原価の按分〉
A製品：$5,000,000円 \times \dfrac{1,500}{1,500+800+900} = 2,343,750円$

B製品：$5,000,000円 \times \dfrac{800}{1,500+800+900} = 1,250,000円$

C製品：$5,000,000円 \times \dfrac{900}{1,500+800+900} = 1,406,250円$

〈完成品単位原価〉
A製品：$2,343,750円 \div 1,500個 = 1,562.5円/個$
B製品：$1,250,000円 \div 1,000個 = 1,250.0円/個$
C製品：$1,406,250円 \div 1,500個 = 937.5円/個$

(2)　　　　（A　　製　　品）　　2,343,750　　（仕　　掛　　品）　　5,000,000
　　　　　　（B　　製　　品）　　1,250,000
　　　　　　（C　　製　　品）　　1,406,250

基本例題34

```
        月次製造原価報告書    （単位：円）
        自×年12月1日　至×年12月31日
Ⅰ  直 接 材 料 費
        月初材料棚卸高（     600）
        当月材料仕入高（   2,400）
        合       計（   3,000）
        月末材料棚卸高（     500）（    2,500）
Ⅱ  直 接 労 務 費            （    3,500）
Ⅲ  製 造 間 接 費
        間 接 工 賃 金（   1,000）
        水 道 光 熱 費（     900）
        保   険   料（   1,700）
        減 価 償 却 費（   3,000）（    6,600）
          当月総製造費用          （   12,600）
          月初仕掛品棚卸高          （    6,500）
          合       計          （   19,100）
          月末仕掛品棚卸高          （    4,700）
          当月製品製造原価          （   14,400）
```

```
        月 次 損 益 計 算 書    （単位：円）
        自×年12月1日　至×年12月31日
Ⅰ  売   上   高            25,000
Ⅱ  売 上 原 価
  1   月初製品棚卸高（   7,600）
  2   当月製品製造原価（  14,400）
        合       計（  22,000）
  3   月末製品棚卸高（   6,300）（  15,700）
        売 上 総 利 益          （    9,300）
Ⅲ  販売費及び一般管理費          （    1,300）
        営 業 利 益          （    8,000）
```

月次製造原価報告書　（単位：円）
自×年12月1日　至×年12月31日

Ⅰ　直 接 材 料 費
　　月初材料棚卸高 （　　600）
　　当月材料仕入高 （　2,400）
　　　合　　　計 （　3,000）
　　月末材料棚卸高 （　　500） （　2,500）
Ⅱ　直 接 労 務 費 （　3,500）
Ⅲ　製 造 間 接 費
　　間 接 工 賃 金 （　1,000）
　　水 道 光 熱 費 （　　900）
　　保　 険　 料 （　1,700）
　　減 価 償 却 費 （　3,000）
　　　合　　　計 （　6,600）
　　製造間接費配賦差異 （　　300） （　6,900）
　　　当 月 総 製 造 費 用 （　12,900）
　　　月初仕掛品棚卸高 （　6,500）
　　　　合　　　計 （　19,400）
　　　月末仕掛品棚卸高 （　4,700）
　　　当月製品製造原価 （　14,700）

月 次 損 益 計 算 書　（単位：円）
自×年12月1日　至×年12月31日

Ⅰ　売　　上　　高 25,000
Ⅱ　売　 上　 原　 価
　1　月初製品棚卸高 （　7,600）
　2　当月製品製造原価 （　14,700）
　　　合　　　計 （　22,300）
　3　月末製品棚卸高 （　6,300）
　　　差　　　引 （　16,000）
　4　原 価 差 異 （　　300） （　15,700）
　　　売 上 総 利 益 （　9,300）
Ⅲ　販売費及び一般管理費 （　1,300）
　　　営 業 利 益 （　8,000）

■解説

　本問では，製造間接費を予定配賦していますが，製造原価報告書の「Ⅲ 製造間接費」には実際発生額を記入しています。そこで，実際発生額で記入した製造間接費を予定配賦額に修正するため，製造間接費配賦差異を調整します。

　　製造間接費予定配賦額：実際発生額6,600円＋製造間接費配賦差異（有利差異）300円＝6,900円

基本例題**36**

問1　標準原価計算を採用している場合

　　完 成 品 原 価： 550,000 円

　　月末仕掛品原価： 120,000 円

　　（注）計算式は［設例18－1］と同様です。

問2　実際原価計算を採用している場合

　　完 成 品 原 価： 581,000 円

　　月末仕掛品原価： 127,560 円

* 月末仕掛品直接材料費：$\dfrac{11,320円＋68,200円}{100個＋40個}×40個＝22,720円$

完成品直接材料費：(11,320円＋68,200円)－22,720円＝56,800円

月末仕掛品加工費：$\dfrac{(20,640円＋31,600円)＋(226,800円＋350,000円)}{100個＋40個×50\%}×40個×50\%＝104,840円$

完成品加工費：{(20,640円＋31,600円)＋(226,800円＋350,000円)}－104,840円＝524,200円
月末仕掛品原価：22,720円＋104,840円＝127,560円
完成品原価：56,800円＋524,200円＝581,000円

基本例題37

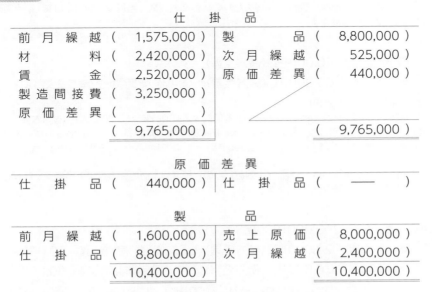

仕 掛 品

前 月 繰 越	(1,575,000)	製 品	(8,800,000)
材 料	(2,420,000)	次 月 繰 越	(525,000)
賃 金	(2,520,000)	原 価 差 異	(440,000)
製 造 間 接 費	(3,250,000)		
原 価 差 異	(――)		
	(9,765,000)		(9,765,000)

原 価 差 異

仕 掛 品	(440,000)	仕 掛 品	(――)

製 品

前 月 繰 越	(1,600,000)	売 上 原 価	(8,000,000)
仕 掛 品	(8,800,000)	次 月 繰 越	(2,400,000)
	(10,400,000)		(10,400,000)

* 完 成 品 原 価：8,000円×1,100個＝8,800,000円
月 末 仕 掛 品 原 価：2,500円×100個＋2,500円×100個×1/2＋3,000円×100個×1/2
＝525,000円
月 初 仕 掛 品 原 価：2,500円×300個＋2,500円×300個×1/2＋3,000円×300個×1/2
＝1,575,000円
当月投入（標準原価）：8,800,000円＋525,000円－1,575,000円＝7,750,000円
当月投入（実際原価）：2,420,000円＋2,520,000円＋3,250,000円＝8,190,000円
原 価 差 異：7,750,000円－8,190,000円＝△440,000円（借方差異）
  (注) 原価差異のうち，借方差異（不利差異）は原価差異勘定の借方に，貸方差異（有利差異）は原価差異勘定の貸方に記入されます。仕掛品勘定ではないことに注意してください。
    詳しくは，「テーマ04 材料費（Ⅱ）」を参照してください。
月 初 製 品 原 価：8,000円×200個＝1,600,000円
売 上 原 価：8,000円×（200個＋1,100個－300個）＝8,000,000円
月 末 製 品 原 価：8,000円×300個＝2,400,000円

〔問1〕

直 接 材 料 費 差 異 <u>170,000円</u>（借方差異）

① 価 格 差 異 <u>220,000円</u>（借方差異） ② 消 費 量 差 異 <u>50,000円</u>（貸方差異）

* 直接材料費差異（総差異）：
  (100円/kg×22,500kg)－(110円/kg×22,000kg)＝△170,000円（借方差異）
  価 格 差 異：(100円/kg－110円/kg)×22,000kg＝△220,000円（借方差異）
  消 費 量 差 異：100円/kg×(22,500kg－22,000kg)＝＋50,000円（貸方差異）

（注）当月の標準消費量は，（製品Y1個あたりの）標準消費量×当月投入数量で計算し，22,500kg（＝25 kg×900個）になります。

〔問2〕

直 接 労 務 費 差 異 <u>20,000円</u>（借方差異）

① 賃 率 差 異 <u>105,000円</u>（貸方差異） ② 作 業 時 間 差 異 <u>125,000円</u>（借方差異）

* 直接労務費差異（総差異）：
  (1,250円/時間×2,000時間)－(1,200円/時間×2,100時間)＝△20,000円（借方差異）
  賃 率 差 異：(1,250円/時間－1,200円/時間)×2,100時間＝＋105,000円（貸方差異）
  作 業 時 間 差 異：1,250円/時間×(2,000時間－2,100時間)＝△125,000円（借方差異）

（注）当月の標準作業時間は，（製品Y1個あたりの）標準作業時間×当月投入換算量で計算し，2,000時間（＝2時間×1,000個）になります。

〔問3〕

製 造 間 接 費 差 異 <u>250,000円</u>（借方差異）

① 予 算 差 異 <u>20,000円</u>（借方差異） ② 操 業 度 差 異 <u>80,000円</u>（借方差異）

③ 変 動 費 能 率 差 異 <u>70,000円</u>（借方差異） ④ 固 定 費 能 率 差 異 <u>80,000円</u>（借方差異）

* 製造間接費差異（総差異）：(1,500円/時間×2,000時間)－3,250,000円＝△250,000円（借方差異）
  予 算 差 異：(700円/時間×2,100時間＋1,760,000円)－3,250,000円＝△20,000円（借方差異）
  操 業 度 差 異：800円/時間×(2,100時間－2,200時間)＝△80,000円（借方差異）
  変動費能率差異：700円/時間×(2,000時間－2,100時間)＝△70,000円（借方差異）
  固定費能率差異：800円/時間×(2,000時間－2,100時間)＝△80,000円（借方差異）

（注1）標準原価カードの製造間接費が「標準配賦率1,500円/時間×標準作業時間2時間」となっていることから，製造間接費は直接工の「直接作業時間」を基準に標準配賦していることがわかります。したがって，標準操業度（標準作業時間）2,000時間および実際操業度（実際作業時間）2,100時間は，直接労務費の計算と同じものを用いることとなります。

（注2）差異分析後，分析結果の合計が，総差異と一致するか検証してください。

基本例題**39**

仕 掛 品

前 月 繰 越	(60,000)	製　　　品	(550,000)
材　　　料	(68,200)	次 月 繰 越	(120,000)
賃　　　金	(226,800)	価 格 差 異	(6,200)
製 造 間 接 費	(350,000)	(数 量 差 異)	(2,000)
時 間 差 異	(4,000)	(賃 率 差 異)	(10,800)
(変動費能率差異)	(2,000)	予 算 差 異	(2,000)
(固定費能率差異)	(4,000)	(操 業 度 差 異)	(24,000)
	(715,000)		(715,000)

月 次 損 益 計 算 書 　　　　　　　　(単位：円)
自×1年11月1日　至×1年11月30日

Ⅰ 売 上 高			(1,100,000)
Ⅱ 売 上 原 価			
1 月初製品棚卸高	(110,000)		
2 当月製品製造原価	(550,000)		
合　　　計	(660,000)		
3 月末製品棚卸高	(55,000)		
差　　　引	(605,000)		
4 原 価 差 異			
価 格 差 異	([+] 6,200)		
数 量 差 異	([+] 2,000)		
賃 率 差 異	([+] 10,800)		
時 間 差 異	([−] 4,000)		
予 算 差 異	([+] 2,000)		
操 業 度 差 異	([+] 24,000)		
変動費能率差異	([−] 2,000)		
固定費能率差異	([−] 4,000)	([+] 35,000)	(640,000)
売 上 総 利 益			(460,000)

(注) 製造間接費差異の分析について

　　標準原価カードより，製造間接費は直接工の「直接作業時間」を基準に標準配賦していることがわかるた
め，標準操業度（標準作業時間）1,100時間および実際操業度（実際作業時間）1,080時間は，直接労務費の
計算と同じものを用います。

<table>
<tr><td colspan="2" align="center">全部原価計算による損益計算書　（単位：円）</td></tr>
</table>

Ⅰ　売　上　高		（ 100,000）
Ⅱ　売　上　原　価		
1　期首製品有高（	0）	
2　当期製品製造原価（	54,000）	
合　計　（	54,000）	
3　期末製品有高（	9,000）（	45,000）
売　上　総　利　益		（ 55,000）
Ⅲ　販売費及び一般管理費		（ 23,000）
営　業　利　益		（ 32,000）

<table>
<tr><td colspan="2" align="center">直接原価計算による損益計算書　（単位：円）</td></tr>
</table>

Ⅰ　売　上　高		（ 100,000）
Ⅱ　変動売上原価		
1　期首製品有高（	0）	
2　当期製品製造原価（	30,000）	
合　計　（	30,000）	
3　期末製品有高（	5,000）（	25,000）
変動製造マージン		（ 75,000）
Ⅲ　変　動　販　売　費		（ 5,000）
貢　献　利　益		（ 70,000）
Ⅳ　固　定　費		
1　固定加工費（	24,000）	
2　固定販売費及び一般管理費（	18,000）（	42,000）
営　業　利　益		（ 28,000）

〈全部原価計算の場合〉

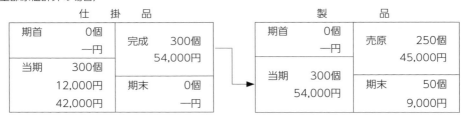

　　直接材料費：12,000円
　　加　工　費：18,000円 ＋ 24,000円 ＝ 42,000円
　　　　　　　　変動加工費　　固定加工費
　　販売費及び一般管理費：5,000円 ＋ 10,000円 ＋ 8,000円 ＝ 23,000円
　　　　　　　　　　　　　変動販売費　　固定販売費　　一般管理費

〈直接原価計算の場合〉

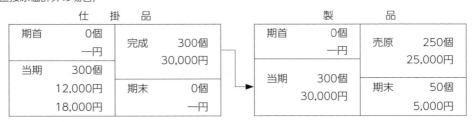

　　直接材料費：12,000円
　　変動加工費：18,000円
　　変動販売費：　5,000円
　　固定加工費：24,000円
　　固定販管費：10,000円 ＋ 8,000円 ＝ 18,000円
　　　　　　　　固定販売費　　一般管理費

（注）この基本例題は，［設例20－1］を資料の与え方を変えて問い直したものです。本例題を解
　　　くことで，これまでの一連の手続きをもう一度確認してください。

基本例題41

損益計算書（全部原価計算）　　　（単位：円）

	第 1 期	第 2 期	第 3 期
売　　上　　高	(100,000)	(100,000)	(100,000)
売　上　原　価	(49,000*1)	(45,000*2)	(53,000*3)
売 上 総 利 益	(51,000)	(55,000)	(47,000)
販売費及び一般管理費	(23,000)	(23,000)	(23,000)
営 業 利 益	(28,000)	(32,000)	(24,000)

*1　変動製造原価：@100円×250個＝25,000円

固定製造原価：$\dfrac{24,000円}{250個}×250個＝24,000円$ } 49,000円

*2　変動製造原価：@100円×250個＝25,000円

固定製造原価：$\dfrac{24,000円}{300個}×250個＝20,000円$ } 45,000円

*3　期首製品原価(第2期の期末製品原価)

　変動製造原価：@100円×50個＝5,000円

　固定製造原価：$\dfrac{24,000円}{300個}×50個＝4,000円$ } 9,000円

当期製品製造原価

　変動製造原価：@100円×200個＝20,000円

　固定製造原価：$\dfrac{24,000円}{200個}×200個＝24,000円$ } 44,000円

∴　9,000円＋44,000円＝53,000円

損益計算書（直接原価計算）　　　（単位：円）

	第 1 期	第 2 期	第 3 期
売　　　上　　　高	(100,000)	(100,000)	(100,000)
変 動 売 上 原 価	(25,000*4)	(25,000*4)	(25,000*4)
変 動 製 造 マ ー ジ ン	(75,000)	(75,000)	(75,000)
変 動 販 売 費	(5,000)	(5,000)	(5,000)
貢 献 利 益	(70,000)	(70,000)	(70,000)
固 　 定 　 費	(42,000)	(42,000)	(42,000)
営 業 利 益	(28,000)	(28,000)	(28,000)

*4　変動製造原価：@100円×250個＝25,000円

(注) 販売単価，製品単位あたり変動費，固定費の金額に変化がない場合，販売量が同じ
　　であれば直接原価計算の損益計算書はすべて同じになります。

基本例題42

〔問1〕売　上　高 | 1,000,000円 | 　販　売　量 | 500個

$$* \quad \frac{@2,000円 - @1,200円}{@2,000円} = 0.4$$

400,000円÷0.4＝1,000,000円
1,000,000円÷@2,000円＝500個

〔問2〕売　上　高 | 1,500,000円 | 　販　売　量 | 750個

$$*$$ （400,000円＋200,000円）÷0.4＝1,500,000円
1,500,000円÷@2,000円＝750個

〔問3〕売　上　高 | 1,600,000円 | 　販　売　量 | 800個

$$*$$ 400,000円÷(0.4－0.15)＝1,600,000円
1,600,000円÷@2,000円＝800個

〔問4〕安全余裕率 | 20%

$$* \quad \frac{1,250,000円 - 1,000,000円}{1,250,000円} \times 100 = 20\%$$

基本例題43

(1)　製品1個あたりの変動費 | 400円/個
(2)　月　間　の　固　定　費 | 116,000円

$$*$$ 変動費率：$\dfrac{296,000円 - 212,000円}{450個 - 240個} = 400円/個$

月間固定費：296,000円－400円/個×450個＝116,000円　または，
　　　　　　212,000円－400円/個×240個＝116,000円

（注）最低の営業量は3月の190個ですが，正常操業圏は200個から500個までなので，異常なデータのため除外します。

基本例題44

(1) 材料の購入
　　(材　　　　料)　20,000　　　　(本　社　元　帳)　20,000

(2) 材料の消費
　　(仕　　掛　　品)　14,000　　　　(材　　　　料)　16,000
　　(製 造 間 接 費)　2,000

(3) 賃金の消費
　　(仕　　掛　　品)　8,000　　　　(賃　　　　金)　12,000
　　(製 造 間 接 費)　4,000

(4) 減価償却費の計上
　　(製 造 間 接 費)　3,000　　　　(本　社　元　帳)　3,000

(5) 製造間接費の配賦
　　(仕　　掛　　品)　8,000　　　　(製 造 間 接 費)　8,000

(6) 製品の完成
　　(本　社　元　帳)　27,000　　　　(仕　　掛　　品)　27,000

日商簿記 **2** 級

工 業

簿 記

複合問題

解 答 ・ 解 説

複合問題❶　費目別計算

材　　　　料　　　　　　　　　　（単位：円）

月 初 有 高	(	2,190)	仕 　掛　 品	(	7,150)
当 月 購 入 原 価	(	10,750)	製 造 間 接 費	(	1,520)
			材 料 消 費 価 格 差 異	(	700)
			月 末 有 高	(	3,570)
	(	12,940)		(	12,940)

賃　　　　金　　　　　　　　　　（単位：円）

当 月 支 払	(	8,000)	月 初 未 払	(	540)
月 末 未 払	(	680)	仕 　掛　 品	(	5,600)
			製 造 間 接 費	(	2,340)
			賃 率 差 異	(	200)
	(	8,680)		(	8,680)

仕　　掛　　品　　　　　　　　　（単位：円）

月 初 仕 掛 品 原 価		390	完 成 品 原 価	(	21,530)
直 接 材 料 費	(	7,150)	月 末 仕 掛 品 原 価		410
直 接 労 務 費	(	5,600)			
直 接 経 費	(	700)			
製 造 間 接 費		8,100			
	(	21,940)		(	21,940)

　２級工業簿記で最も重要なのは「勘定連絡図」を意識した"体系的な理解"である。

　本問は，「テーマ03～テーマ07」で学習した費目別計算（材料費・労務費・経費の計算）の一部の設例や基本例題をまとめて，本試験形式にした問題である。費目別計算は，原価計算の第１段階であり，その後の製品別計算である個別原価計算・総合原価計算へとつながる重要な計算である。

　この問題からもわかるとおり，本試験レベルであっても結局は基本的な問題が集まっただけである。それがわかれば，本試験レベルといっても怖くはないはずである。反復練習を心掛け，間違えたところはそのつど各テーマに戻って，しっかりと補っていただきたい。このあとにもテーマの大切な節目ごとに本試験レベルの問題を用意しているので，ぜひとも挑戦し続けてほしい。

....

　工業簿記の問題はやみくもに解いてはならない。まず問題と解答要求を確認し「計算の方向性」を立ててから解き始めるのが鉄則である。そのためには，「勘定連絡図」をベースに手続きの流れどおり解いていくのが基本である。

　また，工業簿記の問題には，あるテーマを前提に，出題者が用意をした問題の趣旨（問題のストーリー）が存在することが多い。これがつかめるようになると，満点をねらうことができる科目である。

　なお，問題資料の順番は単なる羅列である。したがって，本問のように資料が手続きどおり与えられていなくても，解説に示すように，あらかじめ資料を整理してから解き始めることが大切である。また，問題資料を把握するにあたって，重要なキーワードには印を付けたり，長くて読みづらい文章にはスラッシュ（/）を入れたりして，問題文を加工しながら読むと，かなり読み取りやすくなる。ぜひとも実践してほしい。

解答手順（解法テクニック）

　「勘定連絡図」をベースに手続きの流れどおり解いていくとよい。なお，原価計算は原価要素ごとに行うが，勘定記入上はまとめて1つに記入することに注意をしていただきたい。

Step 1　**材料勘定の計算**

　主要材料費（資料1）

　予定消費額の計算→実際消費額の計算（平均法）　　　　　　　材料勘定

　→棚卸減耗費の計上→原価差異の把握

　補助材料費（資料4）

　実際消費額の計算

Step 2　**賃金勘定の計算**

　直接工（資料2）

　予定消費額の計算→実際消費額の計算→原価差異の把握　　　　賃金勘定

　間接工（資料5）

　実際消費額の計算

Step 3　**外注加工賃の計算**

　外注加工賃（資料3）

　実際消費額の計算

Step 4　**仕掛品勘定の計算**

　上記の計算結果を受けて，仕掛品勘定の記入を行い，　　　　仕掛品勘定

　仕掛品勘定の貸借差額で完成品原価を計算する。

解答への道 ・・

Step 1 材料勘定（材料費）の計算

1．主要材料費の計算　☞［基本例題07, 08］と対応

目の付け所

- 1．<u>主要材料</u>の計算において，消費数量の計算は<u>継続記録法</u>を用いている。／なお，消費単価には予定消費単価を用いている。／また，実際消費単価の計算には<u>平均法</u>を採用している。／主要材料の<u>予定消費単価は@110円</u>であり，／当月の実際消費量は次のとおりである。月初有高は20kg @100円，<u>当月購入代価は80kg@120円，材料副費400円</u>，月末の実地棚卸数量は28kgであり，／棚卸減耗は正常な範囲にある。

  （材料元帳の払出欄の記録）
  　　当月の<u>実際消費量</u>…<u>直接材料分　65kg</u>
  　　　　　　　　　　　　 <u>間接材料分　5kg</u>

（1）予定消費額の計算

　　直接材料費：@110円 × <u>65kg</u> ＝ 7,150円…直接費は仕掛品勘定へ
　　　　　　　　　　　　 直接材料分

　　間接材料費：@110円 × <u>5kg</u> ＝ 　550円…間接費は製造間接費勘定へ
　　　　　　　　　　　　 間接材料分

　　　　　　　　　　　　　　　　　　　　　　　　　　　}7,700円

（2）実際消費額の計算（平均法）

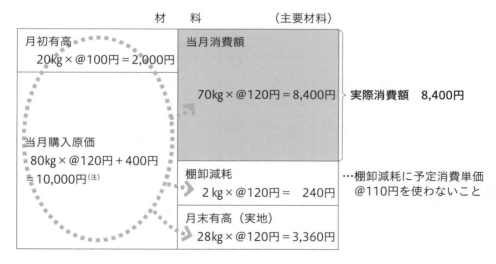

　　　　　　　　　　　　材　　料　　　　（主要材料）

月初有高	当月消費額
20kg × @100円 ＝ 2,000円	70kg × @120円 ＝ 8,400円 ▷ **実際消費額　8,400円**
当月購入原価	
80kg × @120円 ＋ 400円 ＝ 10,000円(注)	棚卸減耗　2kg × @120円 ＝ 240円　…棚卸減耗に予定消費単価@110円を使わないこと
	月末有高（実地）　28kg × @120円 ＝ 3,360円

　　平均単価：$\dfrac{2,000円 + 10,000円}{20kg + 80kg}$ ＝ @120円

　　（注）材料副費の分，当月購入原価（帳簿価額）が高くなることに注意すること。

(3)　材料消費価格差異（原価差異）の計算

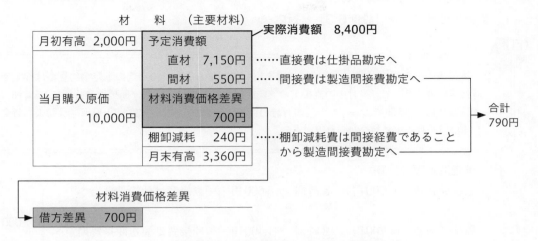

材料消費価格差異（原価差異）：<u>7,700円</u> － <u>8,400円</u> ＝ △700円（借方差異）
予定消費額　　実際消費額

2．間接材料費の計算

● 4．補助材料の月初有高は190円，当月購入原価は750円，月末有高は210円である。／なお，棚卸計算法によっている。

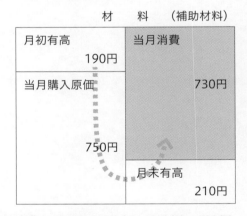

当月消費：<u>190円</u> ＋ <u>750円</u> － <u>210円</u> ＝ 730円
月初有高　当月購入原価　月末有高

3．まとめ（主要材料＋補助材料）

月初有高：2,000円 ＋ 190円 ＝ 2,190円
当月購入原価：10,000円 ＋ 750円 ＝ 10,750円
仕掛品：7,150円（主要材料のみ）
製造間接費：790円 ＋ 730円 ＝ 1,520円
材料消費価格差異：700円（主要材料のみ）
月末有高：3,360円 ＋ 210円 ＝ 3,570円

1．**直接工の計算**　☞ ［設例6-3］と対応

🔲の
付け所

- 2．直接工の労務費の計算に予定平均賃率を用いている。／なお，当年度の予定平均賃率は作業1時間当たり700円で，／当月中の直接工の実際直接作業時間は8時間，／間接作業時間は1.5時間，／手待時間は0.5時間である。／また，当月分の直接工への賃金支給総額は7,100円，月初未払賃金は400円，月末未払賃金は500円である。

(1)　**予定消費額の計算**

直接労務費：@700円× <u>8時間</u> ＝5,600円……直接費は仕掛品勘定へ
　　　　　　　　　　直接作業時間

間接労務費：@700円× <u>2時間</u> ＝1,400円……間接費は製造間接費勘定へ
　　　　　　　　　間接作業時間1.5時間
　　　　　　　　　＋手待時間0.5時間

$\left.\begin{array}{c}\\\\\\\end{array}\right\}$ 7,000円

(2)　**実際消費額の計算**

賃　　金　　（直接工）

当月支払	月初未払
	400円
7,100円	実際消費額
	（要支払額）
月末未払	7,200円
500円	

実際消費額：<u>7,100円</u> － <u>400円</u> ＋ <u>500円</u> ＝ 7,200円
　　　　　　当月支払　　月初未払　月末未払

(3) 賃率差異（原価差異）の計算

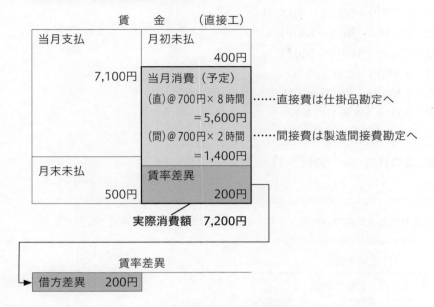

賃率差異：7,000円 − 7,200円 = △200円（借方差異）
　　　　　　予定消費額　実際消費額

2．間接工の計算

🎯の
付け所

● 5．当月分の間接工の賃金支給総額は900円，/月初未払賃金は140円，/月末未払賃金は180円である。

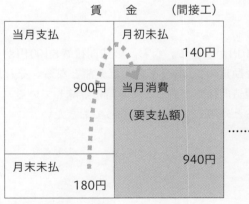

……間接費は製造間接費勘定へ

当月消費：900円 − 140円 + 180円 = 940円
　　　　　　当月支払　月初未払　月末未払

3. まとめ（直接工＋間接工）

当 月 支 払：7,100円＋900円＝8,000円

月 末 未 払：500円＋180円＝680円

月 初 未 払：400円＋140円＝540円

仕 掛 品：5,600円（直接工のみ）

製造間接費：1,400円＋940円＝2,340円

賃 率 差 異：200円（直接工のみ）

 Step3 **外注加工賃の計算** ☞［設例7-1］と対応

目の
付け所
● 3. 外注加工賃の当月支払高は800円，/月初未払高は200円，/月末未払高は100円である。

外注加工賃

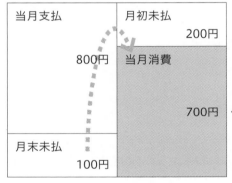

当月消費：800円 － 200円 ＋ 100円 ＝ 700円
　　　　　当月支払　月初未払　月末未払

Step4 **仕掛品勘定の計算**

　仕掛品勘定の貸借差額で完成品原価21,530円が求まる。なお，製造間接費8,100円が与えられているが，前記の材料勘定の1,520円と賃金勘定の2,340円を含んだ金額となる。それ以外の項目は問題資料からは判明しないが，他にも製造間接費があることを暗に意味している。このように，本試験ではすべての資料が判明しているとは限らないことも知っておきたい。

複合問題❷　製造原価の分類（費目別計算）

解　答

仕　　掛　　品				（単位：円）
直 接 材 料 費	（ 　3,500　 ）	完 成 品 原 価	（ 　8,300　 ）
直 接 労 務 費	（ 　4,000　 ）	月末仕掛品原価	6,800
直 接 経 費	（ 　1,000　 ）		
製 造 間 接 費	（ 　6,600　 ）		
	（ 　15,100　 ）		（ 　15,100　 ）

製　造　間　接　費				（単位：円）
間 接 材 料 費	（ 　1,500　 ）	仕 　掛 　品	（ 　6,600　 ）
間 接 労 務 費	（ 　1,500　 ）		
間 接 経 費	（ 　3,600　 ）		
	（ 　6,600　 ）		（ 　6,600　 ）

出題のねらい

　製造原価の分類の問題である。ここで，製造原価の分類をきちんと覚えてほしい。

　また，工業簿記の勘定記入問題では，商業簿記のように「日付　相手科目　金額」という正式な記入方法だけでなく，金額を表す科目を具体的に記入したりするなど，いろいろな書き方がされることも知っておいていただきたい。

　なお，この費目別計算の設例（一部改題）が，「テーマ08　個別原価計算（Ⅰ）」の設例につながっていく。

費目別計算（材料費・労務費・経費の計算）では，形態別分類（材料費・労務費・経費）を基礎に，製品との関連における分類（製造直接費・製造間接費）と組み合わせ，直接材料費・間接材料費・直接労務費・間接労務費・直接経費・間接経費と分類をしていく。これがその後の，製品別計算（個別原価計算・総合原価計算）へとつながっていく。

材料費は「物品の消費」，労務費は「労働力の消費」，経費は「製造原価のうち材料費・労務費以外」と覚える。その上で，製造直接費となる項目を覚え，それ以外は製造間接費と覚えるとよい。ただし，慣習的なところによるものもあるので，最終的には暗記的な要素が必要なところでもある。

材料費	直接材料費	主要材料費（素材費，原料費）	…主要材料費であっても「補修用」に用いられたときは間接材料費となる
		買 入 部 品 費	
	間接材料費	補 助 材 料 費	
		工 場 消 耗 品 費	〉貯蔵品消費額ともいう
		消 耗 工 具 器 具 備 品 費	

労務費	直接労務費	賃金（工員に対するもの）		直接工	直接作業時間	…（直接工）：切削工，組立工，機械工など
					間接作業時間	直接工に対する賃金がすべて直接労務費になるとは限らないことに注意すること
					手 待 時 間	
				間接工	間接作業時間	…（間接工）：修理工，運搬工，倉庫係など
	間接労務費	給料（工場長や事務職員に対するもの）				
		雑　　　　　　給				
		従 業 員 賞 与 手 当				
		退 職 給 付 費 用				
		法 定 福 利 費				…社会保険料等の会社負担分　福利厚生費（経費）と区別すること

経　費	直接経費	外 注 加 工 賃	
		特 許 権 使 用 料	
	間接経費	工 場 建 物 等 の 減 価 償 却 費	
		電 力 料・ガ ス 代・水 道 料	
		材 料 の 棚 卸 減 耗 費	…間接材料費ではなく，間接経費となる
		租 税 公 課（固 定 資 産 税）	
		賃　　借　　料	
		保　　険　　料	
		福 利 厚 生 費	…運動会費など
		福 利 施 設 負 担 額	…福利施設：工員用住宅，託児所など
		そ の 他 多 数 の 経 費	

解答への道

　以下に示したような表を書いて計算すると集計しやすくなる。なお，問題資料を読み忘れないように，チェックしながら読むとよい。横に分類を書いておくのも一つの方法である。

目の付け所

● [資　料]
① 製造指図書No.2の生産に対する特許権使用料……………………………300円✓　直 接 経 費
② 製品にそのまま取り付ける部品の消費額（＝買入部品費）……………1,000円✓　直接材料費
③ 工場の運動会費…………………………………………………………………30円✓　間 接 経 費
④ 工場で使用するドライバーや測定器具などの作業工具・器具（＝消耗工具器具備品費）
　　……………………………………………………………………………………400円✓　間接材料費
⑤ 材料の棚卸減耗費……………………………………………………………240円✓　間 接 経 費
⑥ 工場従業員の通勤手当などの諸手当……………………………………210円✓　間接労務費
⑦ 製造指図書No.1のメッキ加工を外注して支払う外注加工賃……………700円✓　直 接 経 費
⑧ 工員の社会保険料の会社負担分（＝法定福利費）………………………330円✓　間接労務費
⑨ 直接工が行う直接作業時間分の賃金…………………………………4,000円✓　直接労務費
⑩ 工場建物の減価償却費…………………………………………………2,000円✓　間 接 経 費
⑪ 製造用の切削油，機械油などの消費額（＝工場消耗品費）……………300円✓　間接材料費
⑫ 製品を製造するための原料の消費額（＝主要材料費）……………1,100円✓　直接材料費
⑬ 製造関係の事務職員給料………………………………………………………50円✓　間接労務費
⑭ 直接工が行う間接作業時間分の賃金………………………………………150円✓　間接労務費
⑮ 工員が利用する福利厚生施設に対する会社負担額（＝福利厚生費）
　　…………………………………………………………………………………1,050円✓　間 接 経 費
⑯ 工場の修理工賃金（＝間接工賃金）………………………………………260円✓　間接労務費
⑰ 工場で使用する燃料の消費額（＝補助材料費）…………………………700円✓　間接材料費
⑱ 製品の本体を構成する素材の消費額（＝主要材料費）…………………1,400円✓　直接材料費
⑲ 直接工の手待時間分の賃金…………………………………………………300円✓　間接労務費
⑳ 工場の電気代，ガス代，水道代……………………………………………130円✓　間 接 経 費
㉑ 工場の動力工賃金（＝間接工賃金）………………………………………160円✓　間接労務費
㉒ 工員が製造用に使用する作業服や軍手（＝工場消耗品費）……………100円✓　間接材料費
㉓ 工場付設の社員食堂の会社負担額……………………………………………80円✓　間 接 経 費
㉔ 工場従業員の外国語レッスン料………………………………………………70円✓　間 接 経 費
㉕ 工場長の給料……………………………………………………………………40円✓　間接労務費

直接材料費		直接労務費		直接経費	
②	1,000円	⑨	4,000円	①	300円
⑫	1,100円			⑦	700円
⑱	1,400円			計	1,000円
計	3,500円				

間接材料費		間接労務費		間接経費	
④	400円	⑥	210円	③	30円
⑪	300円	⑧	330円	⑤	240円
⑰	700円	⑬	50円	⑩	2,000円
㉒	100円	⑭	150円	⑮	1,050円
計	1,500円	⑯	260円	⑳	130円
		⑲	300円	㉓	80円
		㉑	160円	㉔	70円
		㉕	40円	計	3,600円
		計	1,500円		

複合問題❸　費目別計算＋個別原価計算

解答

	仕		訳		
	借　方　科　目	金　額	貸　方　科　目	金　額	
1	仕　　掛　　品	2,500	材　　　　　料	2,800	
	製　造　間　接　費	300			
2	仕　　掛　　品	3,500	賃　金　・　給　料	4,250	
	製　造　間　接　費	750			
3	仕　　掛　　品	6,000	製　造　間　接　費	6,000	
4	製　　　　　品	14,000	仕　　掛　　品	14,000	
5	予　算　差　異	600	製　造　間　接　費	600	

・・

　費目別計算と個別原価計算がつながっていることを確認してほしい問題である。

　本問は「テーマ08，テーマ09」で紹介した一部の設例をまとめて，本試験形式にした問題である。間違えたところは各テーマに戻って，しっかりと補っていただきたい。

・・

　2級工業簿記の問題は「勘定連絡図」をベースに手続きの流れどおり解いていく。

解答手順（解法テクニック）

　あらかじめ勘定連絡図と原価計算表を書いて計算した後，勘定連絡図に合わせて仕訳を行えばよい。

Step 1　材料費の計算（取引1）

　材料の予定消費額を材料勘定から仕掛品勘定および製造間接費勘定へ振り替える。

Step 2　労務費の計算（取引2）

　賃金の予定消費額を賃金・給料勘定から仕掛品勘定および製造間接費勘定へ振り替える。

Step 3　製造間接費の計算

　製造間接費の予定配賦率を算定した後，予定配賦額を製造間接費勘定から仕掛品勘定へ振り替える。

Step 4　完成品原価の計算

　原価計算表を作成し，完成品原価を仕掛品勘定から製品勘定へ振り替える。

Step 5　製造間接費配賦差異の把握と分析

　製造間接費の予定配賦額と実際発生額との差額を差異分析した後，原価差異の勘定へ振り替える。

解答への道 ・・・

Step 1　**材料費の計算**

👁の付け所

- 1．素材費は予定払出価格100円/kgを用いて計算している。／当月の実際消費量は28kgであり，／そのうち製造指図書向けの消費以外はすべての製造指図書に共通の消費であった。

製造指図書番号	No. 2	No. 3	No. 4	計
直接材料消費量	――	15kg	10kg	25kg

　予定払出価格100円/kgに実際消費量を乗じて予定消費額を計算する。なお，材料勘定から直接材料費は仕掛品勘定，間接材料費は製造間接費勘定へ振り替える。また，実際消費量28kgと製造指図書向けの消費（直接材料費）25kgとの差額から，すべての製造指図書に共通の消費（間接材料費）が3kgと判明する。

No. 3：$\underset{\text{予定消費単価}}{\underline{100 \text{円/kg}}} \times \underset{\text{実際消費量}}{\underline{15\text{kg}}} = 1,500\text{円}$ ⎫
⎬ 2,500円
No. 4：　〃　　×　　10kg　= 1,000円 ⎭

共通：　〃　　×（28kg − 25kg）=　300円

この結果をもとに，仕訳を行う。【仕訳問題1】

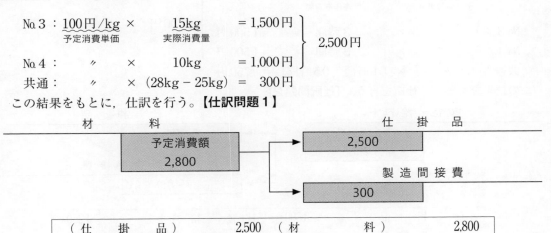

（仕　掛　品）	2,500	（材　　　　料）	2,800
（製 造 間 接 費）	300		

目の付け所

● 2. 直接工賃金の計算には，作業時間あたり500円の予定平均賃率を用いている。／当月の実際作業時間は8.5時間であり，／そのうち製造指図書向けの消費以外は／すべての製造指図書に共通の実際間接作業時間が1時間，／手待時間が0.5時間であった。

製造指図書番号	No. 2	No. 3	No. 4	計
直接作業時間	1時間	3時間	3時間	7時間

　予定平均賃率500円／時間に実際作業時間を乗じて予定消費額を計算する。なお，賃金・給料勘定から直接労務費は仕掛品勘定，間接労務費は製造間接費勘定へ振り替える。また，実際作業時間8.5時間と製造指図書向けの消費（直接労務費）7時間との差額から，すべての製造指図書に共通の消費（間接労務費）が1.5時間（間接作業時間は1時間，手待時間は0.5時間）と判明する。

No. 2：<u>500円／時間</u> × <u>1時間</u> ＝ 500円 ⎫
　　　予定消費単価　　　　実際作業時間 ⎪

No. 3：　〃　　× 3時間 ＝ 1,500円 ⎬ 3,500円

No. 4：　〃　　× 3時間 ＝ 1,500円 ⎪

共通：　〃　　×（1時間 ＋ 0.5時間）＝ 750円 ⎭

この結果をもとに，仕訳を行う。【仕訳問題2】

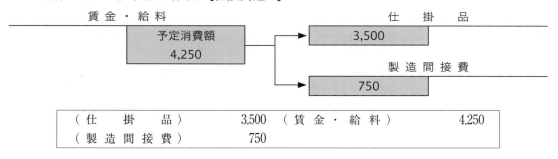

（仕　掛　品）	3,500	（賃 金 ・ 給 料）	4,250
（製 造 間 接 費）	750		

Step 3 **製造間接費の計算**

- 3．機械稼働時間を配賦基準として，/製造間接費を各製造指図書に予定配賦した。/なお，製造間接費年間予算は72,000円であり，/年間予定機械稼働時間は144時間である。/なお，製造間接費予算は公式法変動予算を採用しており，年間変動費は28,800円，年間固定費は43,200円であった。

製造指図書番号	No. 2	No. 3	No. 4
機械稼働時間	2時間	6時間	4時間

(1) 予定配賦率の算定

製造間接費は「機械稼働時間」を基準に予定配賦する。したがって，次のように製造間接費の予定配賦率を計算する。

$$予定配賦率：\frac{製造間接費予算 72,000円}{年間予定機械稼働時間 144時間}＝500円/時間$$

または，

$$予定配賦率：\underset{変動費率}{200円/時間^{*1}}＋\underset{固定費率}{300円/時間^{*2}}＝500円/時間$$

$$*1 \quad 変動費率：\frac{年間変動費 28,800円}{年間予定機械稼働時間 144時間}＝200円/時間$$

$$*2 \quad 固定費率：\frac{年間固定費 43,200円}{年間予定機械稼働時間 144時間}＝300円/時間$$

(2) 予定配賦額の計算

予定配賦率に実際機械稼働時間を乗じて予定配賦額を計算する。

$$No. 2：\underset{予定配賦率}{500円} × \underset{実際機械運転時間}{2時間}＝1,000円$$

$$No. 3： 〃 × 6時間＝3,000円$$
$$No. 4： 〃 × 4時間＝2,000円$$

⎱ 6,000円

この結果をもとに，仕訳を行う。**【仕訳問題3】**

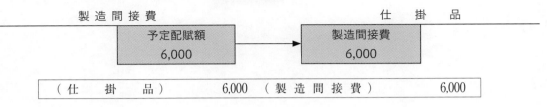

製造間接費	仕掛品
予定配賦額 6,000	製造間接費 6,000

（仕　掛　品）　　6,000　（製　造　間　接　費）　　6,000

4 完成品原価の計算 ☞［設例8-3］と一部対応

目の付け所

● 4．製造指図書No.2 と製造指図書No.3 が完成した。／ただし，製造指図書No.2 には前月の製造費用6,500円が繰り越されてきている。

(1) 原価計算表（総括表）

原価計算表（総括表） （単位：円）

	No. 2	No. 3	No. 4	合　計
月初仕掛品	6,500(注)	—	—	6,500
直接材料費	—	1,500	1,000	2,500
直接労務費	500	1,500	1,500	3,500
製造間接費	1,000	3,000	2,000	6,000
合　計	8,000	6,000	4,500	18,500
備　考	完　成	完　成	仕掛中（未完成）	

（注）月初仕掛品は，No.2 の前月の製造費用6,500円になる。

(2) 完成品原価の計上

完成したNo.2 とNo.3 の原価を仕掛品勘定から製品勘定へ振り替える。

$$\underset{\text{No. 2}}{\underline{8{,}000円}} + \underset{\text{No. 3}}{\underline{6{,}000円}} = 14{,}000円$$

この結果をもとに，仕訳を行う。【仕訳問題4】

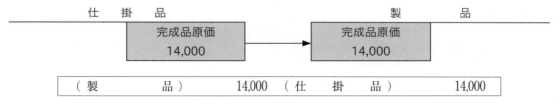

	仕　掛　品			製　　品	
	完成品原価 14,000	→		完成品原価 14,000	

（ 製　　品 ）	14,000	（ 仕　掛　品 ）	14,000

Step 5 製造間接費配賦差異の把握と分析

- 5．製造間接費の当月実際発生額は6,600円であり，/予定配賦額と実際発生額の差額を/原価差異の勘定に振り替える。
- 3．……/なお，製造間接費予算は公式法変動予算を採用しており，/年間変動費は28,800円，/年間固定費は43,200円であった。

予定配賦額と実際発生額の差額で製造間接費配賦差異を把握した後，公式法変動予算を前提に差異分析を行う。

(1) 製造間接費配賦差異の計算

$$6,000円 - 6,600円 = △600円（借方差異）$$
予定配賦額　実際発生額

(2) 製造間接費差異の分析

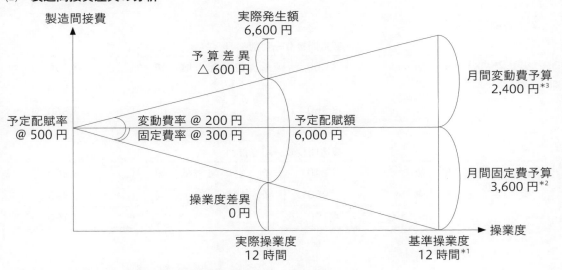

- ＊1　月間基準操業度：年間予定機械稼働時間144時間÷12か月＝12時間
- ＊2　月間固定費予算：年間固定費43,200円÷12か月＝3,600円
- ＊3　月間変動費予算：年間変動費28,800円÷12か月＝2,400円

予算差異：（ @200円 × 12時間 + 3,600円 ） - 6,600円 ＝△600円（借方差異）
　　　　　　変動費率　実際操業度　固定費予算　　実際発生額

操業度差異：@300円 × （ 12時間 - 12時間 ） ＝ 0円
　　　　　　　固定費率　　実際操業度　基準操業度

この結果をもとに，仕訳を行う。【仕訳問題5】

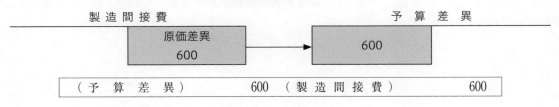

（予　算　差　異）	600	（製　造　間　接　費）	600

複合問題❹　部門別個別原価計算

••

(1)　月次予算部門別配賦表

月次予算部門別配賦表　　　　　　　　（単位：円）

摘　　要	合　計	製　造　部　門		補　助　部　門		
		切削部門	組立部門	動力部門	修繕部門	事務部門
部　門　費	6,000	2,550	2,350	400	450	250
事　務　部　門		150	100			
修　繕　部　門		225	225			
動　力　部　門		225	175			
製　造　部　門　費	6,000	3,150	2,850			

(2)　各勘定の記入

製造間接費―切削部門

実　際　発　生　額	3,360	予　定　配　賦　額　(	3,150　)
		予　算　差　異　(	210　)
	(3,360　)	(	3,360　)

製造間接費―組立部門

実　際　発　生　額	3,240	予　定　配　賦　額　(	3,800　)
操　業　度　差　異　(	950　)	予　算　差　異　(	390　)
	(4,190　)	(	4,190　)

•••

　部門別個別原価計算の問題である。部門別計算の目的には，正確な製造間接費の配賦と原価管理目的があり，その構造をきちんと理解しているかを問うている。

　本問は「テーマ10，テーマ11」で紹介した一部の設例や基本例題およびsupplementをまとめて，本試験形式にした問題である。

　なお，予算が変動費と固定費に分かれていないため，固定予算を前提に原価差異の分析を行うが，予算が変動費と固定費に分かれていれば公式法変動予算を前提に分析できることも知っておいていただきたい。

問題の解き方

解答手順（解法テクニック）

「勘定連絡図」をベースに手続きの流れどおり解いていく。

Step 1 部門別予定配賦率の算定

予算部門別配賦表を作成し，部門別の予定配賦率を算定する。

Step 2 予定配賦額の計算

部門別の予定配賦率に実際配賦基準数値を乗じて，予定配賦額を計算する。

Step 3 実際発生額の集計

製造部門費の実際発生額を集計する。

Step 4 原価差異の把握と分析

製造部門ごとに原価差異を把握し，差異分析を行う。

解答への道

Step 1 製造部門別の製造間接費予定配賦率の算定

目の付け所

当工場は2つの製造部門（切削部門，組立部門）/と3つの補助部門（動力部門，修繕部門，事務部門）を設けて/製造間接費を部門別に予定配賦している。/製造部門費の配賦基準は，切削部門が機械稼働時間，/組立部門が直接作業時間/である。よって，以下の **[資料]** にもとづいて，解答欄の(1)月次予算部門別配賦表/および(2)各勘定の記入/を完成させなさい。/なお，補助部門費の各製造部門への配賦は直接配賦法による。

(1) 月次予算部門別配賦表の作成　☞ [supplement（部門別予定配賦率の算定）] と対応

月次予算データをもとに補助部門費を「直接配賦法」により，各製造部門へ配賦する。なお，資料はすべて月次（1か月あたり）の資料で与えられていることも確認すること。

目の付け所

1. 補助部門費の配賦に関する/月次予算データ

配賦基準	切削部門	組立部門	動力部門	修繕部門	事務部門	合　計
動力消費量	360kw-h	280kw-h	―	100kw-h	60kw-h	800kw-h
修繕作業時間	28時間	28時間	4時間	計算上無視		60時間
従業員数	30人	20人	6人	4人	10人	70人

月次予算部門別配賦表　　　　　　　　　　　　（単位：円）

摘　　要	合　計	製　造　部　門		補　助　部　門		
		切削部門	組立部門	動力部門	修繕部門	事務部門
部　門　費	6,000	2,550	2,350	400	450	250
事　務　部　門		150	100			
修　繕　部　門		225	225			
動　力　部　門		225	175			
製　造　部　門　費	6,000	3,150	2,850			

〈事務部門費の配賦〉

　事務部門費250円を，「従業員数」を基準に各製造部門に配賦する。なぜならば，従業員数が多いほどたくさんの事務部門費を消費すると考えられるからである。

　　切削部門への配賦額：$\dfrac{250\,円}{30\,人 + 20\,人} \times 30\,人 = 150\,円$

　　組立部門への配賦額：　　　〃　　　$\times 20\,人 = 100\,円$

〈修繕部門費の配賦〉

　修繕部門費450円を，「修繕作業時間」を基準に各製造部門に配賦する。なぜならば，修繕作業時間が多いほどたくさんの修繕部門費を消費すると考えられるからである。

　　切削部門への配賦額：$\dfrac{450\,円}{28\,時間 + 28\,時間} \times 28\,時間 = 225\,円$

　　組立部門への配賦額：　　　〃　　　$\times 28\,時間 = 225\,円$

　　（注）分数の計算にあたって，割り切れない場合は乗算を先に行い，その後除算を行うこと。

〈動力部門費の配賦〉

　動力部門費400円を，「動力消費量」を基準に各製造部門に配賦する。なぜならば，動力消費量が多いほどたくさんの動力部門費を消費すると考えられるからである。

　　切削部門への配賦額：$\dfrac{400\,円}{360\,\text{kw-h} + 280\,\text{kw-h}} \times 360\,\text{kw-h} = 225\,円$

　　組立部門への配賦額：　　　〃　　　$\times 280\,\text{kw-h} = 175\,円$

以上より，

切削部門費：2,550円 + 150円 + 225円 + 225円 = 3,150円

組立部門費：2,350円 + 100円 + 225円 + 175円 = 2,850円

(2)　製造部門別の製造間接費予定配賦率の算定　☞［設例11-2］と対応

・2．月次の機械稼働時間および直接作業時間データ

	機械稼働時間		直接作業時間	
	予定時間	実際時間	予定時間	実際時間
切　削　部　門	7時間	7時間	3時間	4時間
組　立　部　門	5時間	4時間	3時間	4時間

　製造部門費（製造部門ごとの製造間接費）は，切削部門は機械稼働時間を基準に，組立部門は直接作業時間を基準に予定配賦（正常配賦）する。したがって，月次製造部門費予算を製造部門ごとの月次基準操業度で除して，製造部門別の予定配賦率を計算する。

切削部門の予定配賦率：$\dfrac{\text{月次製造部門費予算 3,150 円}}{\text{月次予定機械稼働時間 7 時間}} = 450$ 円／時間

組立部門の予定配賦率：$\dfrac{\text{月次製造部門費予算 2,850 円}}{\text{月次予定直接作業時間 3 時間}} = 950$ 円／時間

　なお，製造部門ごとの予定配賦率を算定しただけである。この計算による帳簿記録（仕訳・勘定記入）は行わないので気をつけること。

Step2　製造部門別の製造間接費予定配賦額の計算

　製造部門ごとの予定配賦率に，各製造部門の実際配賦基準数値を乗じて，製造部門ごとの予定配賦額を計算する。予定配賦基準数値ではないことに，とくに注意が必要である。

切削部門の予定配賦額：450円／時間× 7時間 ＝3,150円
　　　　　　　　　　予定配賦率　　実際機械稼働時間

組立部門の予定配賦額：950円／時間× 4時間 ＝3,800円
　　　　　　　　　　予定配賦率　　実際直接作業時間

Step3　製造部門別の実際発生額の集計

　解答欄の製造部門費勘定の借方から判明している。

Step4　製造部門別の原価差異の把握と分析

　製造部門別の原価差異を把握するが，解答欄が予算差異と操業度差異に分かれているため，原価差異分析後の結果を記入する。なお，本問では，製造部門ごとの製造間接費（製造部門費）の予算が，変動費と固定費に分かれていないことから「固定予算」を前提に予算差異と操業度差異に分析する。

(1) 切削部門費差異の分析

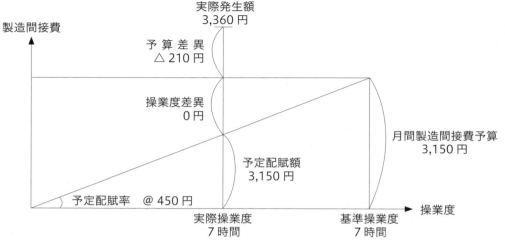

予 算 差 異：

$$\underset{\text{製造間接費予算}}{\underline{3,150円}} - \underset{\text{実際発生額}}{\underline{3,360円}} = \triangle 210円（借方差異）$$

操業度差異：

$$\underset{\text{予定配賦率}}{\underline{@450円}} \times （\underset{\text{実際操業度}}{\underline{7時間}} - \underset{\text{基準操業度}}{\underline{7時間}}） = 0円$$

(2) 組立部門費差異の分析

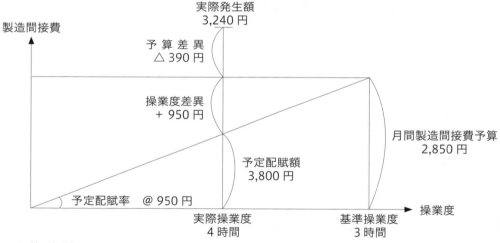

予 算 差 異：

$$\underset{\text{製造間接費予算}}{\underline{2,850円}} - \underset{\text{実際発生額}}{\underline{3,240円}} = \triangle 390円（借方差異）$$

操業度差異：

$$\underset{\text{予定配賦率}}{\underline{@950円}} \times （\underset{\text{実際操業度}}{\underline{4時間}} - \underset{\text{基準操業度}}{\underline{3時間}}） = +950円（貸方差異）$$

複合問題❺　費目別計算＋総合原価計算

材　料

月 初 有 高	(1,500)	直 接 材 料 費	(8,160)
当 月 仕 入 高	(9,000)	間 接 材 料 費	(500)
		月 末 有 高	(1,840)
	(10,500)		(10,500)

加　工　費

間 接 材 料 費	(500)	予 定 配 賦 額	(14,300)
直 接 労 務 費	(5,700)	原 価 差 異	(220)
間 接 労 務 費	(2,600)		
直 接 経 費	(500)		
間 接 経 費	(5,220)		
	(14,520)		(14,520)

仕　掛　品

月 初 有 高	(6,400)	当 月 完 成 高	(23,600)
直 接 材 料 費	(8,160)	月 末 有 高	(5,260)
加 工 費	(14,300)		
	(28,860)		(28,860)

製　品

月 初 有 高	(4,000)	当 月 販 売 高	(25,240)
当 月 完 成 高	(23,600)	月 末 有 高	(2,360)
	(27,600)		(27,600)

2級工業簿記で最も重要なのは「勘定連絡図」を意識した"体系的な理解"である。

費目別計算の結果を受けて，総合原価計算が行われることを確認してほしい。

本問は「テーマ13　総合原価計算（Ⅱ）」で紹介した一部の設例をまとめて，本試験形式にした問題である。間違えたところは各テーマに戻って，しっかりと補っていただきたい。

2級工業簿記の問題は「勘定連絡図」をベースに手続きの流れどおり解いていく。

解答手順（解法テクニック）

Step 1 **材料費の計算**（資料2）

材料の資料から直接材料費と間接材料費を計算する。

Step 2 **労務費の計算**（資料3）

労務費の資料から直接労務費と間接労務費を計算する。

Step 3 **経費の計算**（資料4）

経費の資料から直接経費と間接経費を計算する。

Step 4 **加工費の予定配賦**（資料5）

加工費の予定配賦額を加工費勘定から仕掛品勘定へ振り替える。

Step 5 **月末仕掛品および完成品原価の計算**（資料1と7）

仕掛品勘定の計算を行い，完成品原価を仕掛品勘定から製品勘定へ振り替える。

Step 6 **売上原価の計算**（資料6と7）

製品勘定の計算を行い，売上原価を製品勘定から売上原価勘定へ振り替える。

Step 7 **加工費の実際発生額の集計と原価差異の把握**

加工費の実際発生額を集計し，予定配賦額と実際発生額との差額を加工費勘定から原価差異勘定へ振り替える。

解答への道

・　製品Aを量産する当工場では，実際総合原価計算制度を採用している。/次の月間の資料にもとづいて，/各勘定の記入を完成させなさい。/なお，加工費については予定配賦している。

[資　料]

1．生産データ → 仕掛品勘定の計算

月初仕掛品　　50個（20%）
当月投入　　　75個
合　計　　　 125個
月末仕掛品　　25個（80%）
当月完成　　 100個

> 原価配分法（平均法・先入先出法）は必ずチェックする

月末仕掛品の評価方法は平均法による。/なお，材料はすべて工程の始点で投入している。/また，（　　）内の数値は加工進捗度である。

2．材料費 → 材料勘定の計算

月初有高：1,500円　当月仕入高：9,000円　月末有高：1,840円
（当月消費額のうち/8,160円は直接材料費である）… 差額500円は間接材料費

3．労務費 → 賃金勘定・給料勘定の計算

賃　金 … 月初未払額：900円　当月支払額：6,000円　月末未払額：600円
　　　　　　（当月消費額はすべて直接労務費である）

給　料 … 月初未払額：200円　当月支払額：2,700円　月末未払額：100円

4．経　費 → 経費勘定の計算

電気・ガス・水道料 … 920円　　　外注加工賃 … 　500円
減価償却費 … 3,770円　　　　　　福利厚生費 … 　530円

5．加工費の予定配賦額は14,300円である。→ 加工費勘定の計算

6．販売データ → 製品勘定の計算

月初製品　　20個
当月完成　 100個
合　計　　 120個
月末製品　　10個
当月販売　 110個

> 原価配分法（平均法・先入先出法）は必ずチェックする

売上原価の計算は先入先出法による。

7．棚卸資産 → 仕掛品勘定と製品勘定の計算

仕掛品 … 月初有高：6,400円/（うち直接材料費5,340円）… 差額1,060円は加工費
製　品 … 月初有高：4,000円

1．総合原価計算の勘定連絡図

　加工費とは直接材料費以外の原価であり，直接労務費や直接経費は仕掛品勘定ではなく加工費勘定に振り替える。

（注1）加工費を予定配賦している場合，予定配賦額14,300円を用いて計算することに注意をすること。実際発生額14,520円を用いて加工費の計算をするのではない。また，次頁2．(1)仕掛品－直接材料費と(2)仕掛品－加工費をまとめた(3)が上記の勘定連絡図における仕掛品勘定となる。(2)仕掛品－加工費と勘定連絡図における加工費勘定をしっかり区別して，その対応関係を理解しておくことが大切である。

（注2）原価差異は，当月の売上原価に賦課しているものとする。

2. 完成品総合原価および月末仕掛品原価の計算（平均法）　☞［設例13-4］と対応

(1) 直接材料費の按分

仕掛品－直接材料費（始点投入）

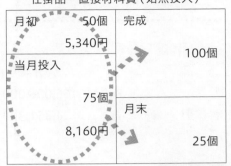

② （5,340円 + 8,160円）− 2,700円 = 10,800円
　　　　　　　　　　　　　　①より

① $\dfrac{5,340円+8,160円}{100個+25個}\times25$ 個 = 2,700 円

(2) 加工費の按分

加工換算量で按分

仕掛品－加工費

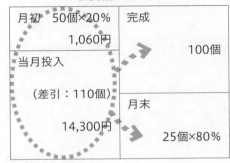

② （1,060円 + 14,300円）− 2,560円 = 12,800円
　　　　　　　　　　　　　　①より

① $\dfrac{1,060円+14,300円}{100個+25個\times80\%}\times25$ 個 ×80% = 2,560 円

(3) まとめ

① 月末仕掛品原価：　2,700円 + 　2,560円 = 　5,260円

② 完成品総合原価：10,800円 + 12,800円 = 23,600円

③ 完成品単位原価：23,600円 ÷ 100個 = 236円／個

3. 売上原価の計算（先入先出法）

製品

② 4,000円 + 23,600円 − 2,360円 = 25,240円
　　　　　　　　　　　　　①より

① $\dfrac{23,600円}{100個}\times10$ 個 = 2,360 円

4. 原価差異（加工費配賦差異）の把握

原価差異（加工費配賦差異）：14,300円 − 14,520円 = △220円（借方差異）
　　　　　　　　　　　　　　予定配賦額　　実際発生額

複合問題❻ 実際総合原価計算と標準総合原価計算

問1

仕　　掛　　品　　　　　　　　　（単位：円）

前　月　繰　越	6,495,600	製　　　　　　品	（ 66,006,000 ）
材　　　　料	（ 15,761,700 ）	次　月　繰　越	（ 4,351,300 ）
賃　　　　金	（ 22,440,000 ）		
製　造　間　接　費	（ 25,660,000 ）		
	（ 70,357,300 ）		（ 70,357,300 ）

問2

仕　　掛　　品　　　　　　　　　（単位：円）

前　月　繰　越	6,360,000	製　　　　　　品	（ 65,360,000 ）
材　　　　料	（ 15,761,700 ）	次　月　繰　越	（ 4,240,000 ）
賃　　　　金	（ 22,440,000 ）	直　接　材　料　費　差　異	（ 1,361,700 ）
製　造　間　接　費	（ 25,660,000 ）	直　接　労　務　費　差　異	（ 240,000 ）
製　造　間　接　費　差　異	（ 980,000 ）		
	（ 71,201,700 ）		（ 71,201,700 ）

問3

価　格　差　異：　| 1,761,700 |　円（　借方,　~~貸方~~　）

数　量　差　異：　| 400,000 |　円（　~~借方,~~　貸方　）

（注）借方，貸方のうち不要なものを二重線で消すこと。

••

　総合原価計算を前提に，実際原価で計算した実際原価計算と標準原価で計算した標準原価計算を比較している問題である。

　実際原価計算では「完成品」に着目することが多く，「完成品単位原価」の算定が主な目的である。しかし，原価管理という点においては，あまり役に立たない。なぜならば，前月までの作業能率なども完成品単位原価に影響し，どこに原因があるのかがすぐに判明しないからである。

　これに対し，標準原価計算を採用すると，科学的，統計的な分析調査にもとづいて原価標準（完成品単位原価）をあらかじめ決定するため，完成品ではなく，純粋に当月の活動量を表す「当月投入」に着目し，さらに原価要素ごとに原価差異の分析をすることで，原価管理に役立つ情報を入手することができる。

　本問において，実際原価計算によった場合の当月の完成品単位原価は34,740円／個と計算できる。たとえばこれが割り高であることがわかったとしても，前月の能率なども影響し，どこに無駄があるのかすぐに判明しない。

　一方，継続的に標準原価計算を採用していれば，毎月，原因分析をするため，原因を特定しやすくなる。また，製品の原価も迅速に計算できるというメリットもある。

　本問をとおして，両者の計算方法を比較していただきたい。

　なお，設例や基本例題はすべての手続きを問うことが多いが，本試験ではすべての手続きが問われるとは限らない。最初に解答要求を意識して，問われていることだけを要領良く計算する力も養ってほしい。

問題の解き方 ••

解答手順（解法テクニック）

Step 1 実際総合原価計算

　実際原価データをもとに，先入先出法により月末仕掛品原価および完成品原価を計算する。

Step 2 標準総合原価計算

　標準原価データをもとに月末仕掛品原価および完成品原価を計算する。

Step 3 原価差異の分析

　標準総合原価計算を前提に，当月投入量に対する原価差異を把握し，価格面の差異と数量面の差異に原因を分析する。

解答への道 ••

Step 1 実際総合原価計算（問1）

目の付け所

- 　製品Yを連続大量生産しているT工場では，/単純総合原価計算を採用している。/次の当月の資料にもとづいて，各問いに答えなさい。

［資　料］

1．当月の生産データ

月初仕掛品	300	個	(1/2)
当月投入	1,800		
合　計	2,100	個	
月末仕掛品	200		(1/2)
完成品	1,900	個	

なお，直接材料は工程の始点ですべて投入される。/また，（　　）内の数値は加工進捗度を示している。

2．当月の実際原価データ

	直接材料費	直接労務費	製造間接費
月初仕掛品原価	2,670,600円	1,800,000円	2,025,000円
当月製造費用	15,761,700円	22,440,000円	25,660,000円

問1　T工場が実際原価計算を採用しているものとして，/仕掛品勘定を完成させなさい。/なお，月末仕掛品の評価方法は先入先出法によること。

（先入先出法）

完成品換算量で按分

仕掛品－直接材料費

月初	完成
300個 ┄┄➤	1,900個
2,670,600円	
	16,681,000円
投入	
1,800個	
	月末
	200個
15,761,700円	1,751,300円

仕掛品－直接労務費・製造間接費（加工費）

月初	完成
300個×1/2 ┄┄➤	1,900個
1,800,000円	
2,025,000円	49,325,000円
投入	
1,850個	
22,440,000円	月末
25,660,000円	200個×1/2
	2,600,000円

340

(1)　**直接材料費の計算（始点投入）**

月末仕掛品原価：$\dfrac{15{,}761{,}700\,円}{(1{,}900\,個-300\,個)+200\,個}\times 200\,個=1{,}751{,}300\,円$

完成品総合原価：$2{,}670{,}600\,円+15{,}761{,}700\,円-1{,}751{,}300\,円=16{,}681{,}000\,円$

(2)　**加工費の計算**

月末仕掛品原価：$\dfrac{22{,}440{,}000\,円+25{,}660{,}000\,円}{(1{,}900\,個-300\,個\times 1/2)+200\,個\times 1/2}\times 200\,個\times 1/2=2{,}600{,}000\,円$

完成品総合原価：$1{,}800{,}000\,円+2{,}025{,}000\,円+22{,}440{,}000\,円+25{,}660{,}000\,円-2{,}600{,}000\,円$
　　　　　　　　$=49{,}325{,}000\,円$

(3)　**まとめ**

月末仕掛品原価：$1{,}751{,}300\,円+2{,}600{,}000\,円=4{,}351{,}300\,円$

完成品総合原価：$16{,}681{,}000\,円+49{,}325{,}000\,円=66{,}006{,}000\,円$

完成品単位原価：$66{,}006{,}000\,円\div 1{,}900\,個=34{,}740\,円／個$

Step 2　標準総合原価計算（問2）

[資　料]

1．当月の生産データ

月初仕掛品　　300　個　(1/2)

当月投入　1,800

　合　計　2,100　個

月末仕掛品　　200　　　(1/2)

完　成　品　1,900　個

　なお，直接材料は工程の始点ですべて投入される。また，（　　）内の数値は加工進捗度を示している。

問2　Ｔ工場がパーシャル・プランによる標準原価計算を継続的に採用しているものとして，仕掛品勘定を完成させなさい。なお，製品Ｙ１個あたりの標準原価カードは次のとおりである。

仕掛品－直接材料費（始点投入）		
月初 300個	完成品 1,900個	
当月投入 1,800個	月末 200個	

仕掛品－直接労務費・製造間接費（加工費）		
月初 300個×1/2＝150個	完成品 1,900個	
当月投入 （差引）　1,850個	月末 200個×1/2＝100個	

(1) **月初仕掛品原価**

標準直接材料費：　8,000円/個×月初仕掛品数量300個　　　　＝2,400,000円 ⎫

標準直接労務費：12,000円/個×月初仕掛品数量300個×1/2＝1,800,000円 ⎬ 計 6,360,000円

標準製造間接費：14,400円/個×月初仕掛品数量300個×1/2＝2,160,000円 ⎭

(2) **当月製造費用**

標準直接材料費：　8,000円/個×当月投入量1,800個　　　　＝14,400,000円

標準直接労務費：12,000円/個×当月投入換算量1,850個＝22,200,000円

標準製造間接費：14,400円/個×当月投入換算量1,850個＝26,640,000円

(3) **月末仕掛品原価**

標準直接材料費：　8,000円/個×月末仕掛品数量200個　　　　＝1,600,000円 ⎫

標準直接労務費：12,000円/個×月末仕掛品数量200個×1/2＝1,200,000円 ⎬ 計 4,240,000円

標準製造間接費：14,400円/個×月末仕掛品数量200個×1/2＝1,440,000円 ⎭

(4) **完成品原価**

原価標準34,400円/個×完成品数量1,900個＝65,360,000円

(5) **原価差異の計算**

当月製造費用（当月投入）に対する標準原価と実際原価の差額が原価差異として把握される。

① 直接材料費差異

標準原価14,400,000円－実際原価15,761,700円＝△1,361,700円（借方差異）

② 直接労務費差異

標準原価22,200,000円－実際原価22,440,000円＝△240,000円（借方差異）

③ 製造間接費差異

標準原価26,640,000円－実際原価25,660,000円＝＋980,000円（貸方差異）

Step 3　標準総合原価計算における直接材料費差異の分析（問3）

目の付け所

● 問3　問2の直接材料費差異を価格差異と／数量差異に分析しなさい。／なお，材料の実際消費量は 35,000kg であった。

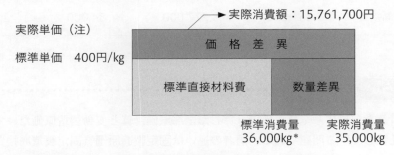

実際単価（注）

標準単価　400円/kg

実際消費額：15,761,700円

価　格　差　異

標準直接材料費　　　数量差異

標準消費量　　　実際消費量
36,000kg*　　　 35,000kg

＊　当月投入量1,800個×1個あたりの標準消費量20kg＝36,000kg

価格差異：（400円/kg × 35,000kg）－ 15,761,700円＝△1,761,700円（借方差異）

（注）実際単価が割り切れない場合，面積の差し引きで計算する。

数量差異：400円/kg×（36,000kg － 35,000kg）＝ ＋400,000円（貸方差異）

直接材料費差異
△1,361,700円
（借方差異）

なお，差異分析後の結果を合算すると総差異と一致するので，検算することができる。

このように差異分析をすれば，製造コストが割り高となってしまった一因として，原材料の価格の高騰が原因であることなどが挙げられる。

なお，この後さらに精査をしていくことになる。

複合問題❼　全部原価計算と直接原価計算

出題のねらい

　総合原価計算を前提に，全部原価で計算した全部原価計算と変動製造原価だけで計算した直接原価計算を比較している問題である。両者の違いは**固定製造原価**（固定製造間接費または固定加工費）である。全部原価計算では，固定製造原価を**製品原価とする**（製品の原価とする）のに対し，直接原価計算では**期間原価とする**（発生した期間の費用とする）だけである。

　本問をとおして，両者の計算方法の違いを確認してほしい。

問題の解き方

解答手順（解法テクニック）

Step **1**　**原価の分類**

まずは，原価データを整理する。

Step **2**　**全部原価計算**

製造原価の全部で製品原価を計算する。

Step **3**　**直接原価計算**

製造原価のうち変動製造原価だけで製品原価を計算する。

固定製造原価（固定製造間接費または固定加工費）は期間原価とする。

Step **4**　**全部と直接の違い**

固定製造原価（固定製造間接費または固定加工費）の扱い方に注意する。

Step **5**　**ＣＶＰ分析**

Step **3** の直接原価計算を前提に，ＣＶＰ分析を行う。

解答への道 ・・

Step 1　原価の分類

(1)　製造原価の分類

　当工場は製品M（販売単価@3,900円）を連続生産・販売している。/よって，以下の［資料］にもとづいて，文中の①にはあてはまる適切な用語を，/②から⑤には数値を解答欄に記入しなさい。/ただし，①に記入する用語は次のものに限る。……

1．当月の総原価データ

　総原価の各費目を変動費と固定費に原価分解した結果は，/次のとおりであった。

製　造　原　価	変　動　費	固　定　費	分　類
素　材　費	460,000円		直接材料費
補　助　材　料　費	5,000円		間接材料費
買　入　部　品　費	130,000円		直接材料費
直接工の直接賃金	400,000円		直接労務費
直接工の間接賃金	320,000円		間接労務費
間　接　工　賃　金	190,000円	180,000円	間接労務費
従　業　員　賞　与　手　当		200,000円	間接労務費
特　許　権　使　用　料	50,000円		直　接　経　費
減　価　償　却　費		250,000円	間　接　経　費
そ　の　他　間　接　経　費	165,000円	210,000円	間　接　経　費

2．当月の生産・販売状況（月初に仕掛品および製品の在庫はなかった）

生産データ		販売データ	
当月完成品量	2,000個	当月製品販売量	1,800個
月末仕掛品量	0個	月末製品在庫量	200個

　直接材料費：460,000円 + 130,000円 = 590,000円

　直接労務費：400,000円

　直接経費：50,000円

　変動製造間接費：5,000円 + 320,000円 + 190,000円 + 165,000円 = 680,000円

　固定製造間接費：180,000円 + 200,000円 + 250,000円 + 210,000円 = 840,000円

(2)　販売費及び一般管理費の分類

　販売費及び一般管理費（営業費）は，実際発生額を全額，発生した期間の費用（期間原価）とする。

Step **3**　直接原価計算の勘定連絡図

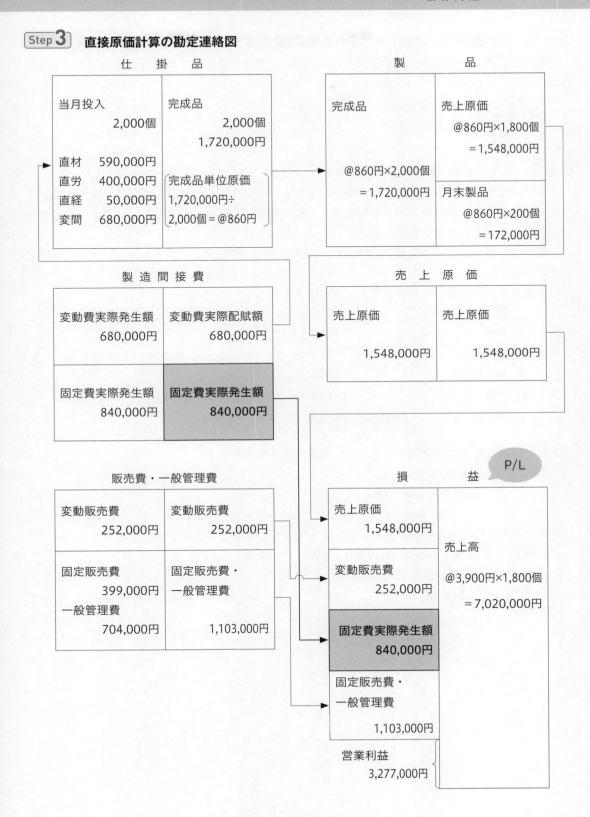

仕　掛　品

当月投入		完成品	
	2,000個		2,000個
			1,720,000円
直材	590,000円		
直労	400,000円	完成品単位原価	
直経	50,000円	1,720,000円÷	
変間	680,000円	2,000個＝@860円	

製　品

完成品		売上原価	
		@860円×1,800個	
		＝1,548,000円	
@860円×2,000個			
＝1,720,000円		月末製品	
		@860円×200個	
		＝172,000円	

製　造　間　接　費

変動費実際発生額	変動費実際配賦額
680,000円	680,000円
固定費実際発生額	固定費実際発生額
840,000円	840,000円

売　上　原　価

売上原価	売上原価
1,548,000円	1,548,000円

販売費・一般管理費

変動販売費	変動販売費
252,000円	252,000円
固定販売費	固定販売費・
399,000円	一般管理費
一般管理費	
704,000円	1,103,000円

損　益　　P/L

売上原価	売上高
1,548,000円	@3,900円×1,800個
変動販売費	＝7,020,000円
252,000円	
固定費実際発生額	
840,000円	
固定販売費・	
一般管理費	
1,103,000円	
営業利益	
3,277,000円	

全部原価計算と直接原価計算の営業利益の違いは，棚卸資産に含まれる**固定製造原価**（固定製造間接費または固定加工費）にある。

$$\frac{840{,}000円}{2{,}000個} \times 200個 = 84{,}000円$$

Step **5** 　ＣＶＰ分析（損益分岐点売上高）

ＣＶＰ分析では，基本的に「営業利益」に影響を与えるすべての項目を前提に分析をする。したがって，総原価（製造原価および販売費・一般管理費）を分析の対象として計算する。製造原価だけではないので注意が必要である。

直接原価計算による損益計算書を作成し，損益分岐点（営業利益が０となる点）における売上高を求める。

販売数量をＸ個とおいて計算すると，次のようになる。

損 益 計 算 書	（単位：円）
売　　上　　高	3,900 X
変　　動　　費	1,000 X　◀── {(1,548,000円 + 252,000円) ÷ 1,800個} × X
貢 献 利 益	2,900 X
固　　定　　費	1,943,000　◀── 840,000円 + 1,103,000円
営 業 利 益	2,900 X − 1,943,000

変動費の内訳：変動売上原価　変動販売費　販売量
固定費の内訳：固定製造間接費　固定販管費

上記，損益計算書の営業利益を０とおいて販売数量を求める。

$$2{,}900\,X - 1{,}943{,}000 = 0$$
$$2{,}900\,X = 1{,}943{,}000$$
$$\therefore X = 670（個）$$

なお，答えが出たら方程式に代入して，式が成立するかどうか検算すること。

$$2{,}900円 \times 670（個）- 1{,}943{,}000円 = 0 （検算）$$

したがって，損益分岐点売上高は次のようになる。

$$\underset{\text{販売単価}}{3{,}900円} \times 670個 = 2{,}613{,}000円$$

複合問題❽　直接原価計算とCVP分析

解　答

問1　製品1個あたり変動費　120　円／個

年間の固定費　42,000　円

問2

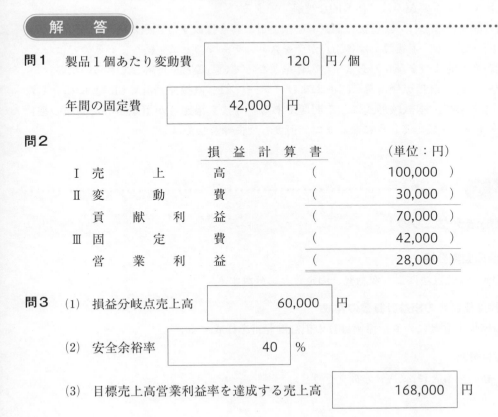

損　益　計　算　書		（単位：円）
Ⅰ　売　　　上　　　高	（	100,000　）
Ⅱ　変　　　動　　　費	（	30,000　）
貢　献　利　益	（	70,000　）
Ⅲ　固　　　定　　　費	（	42,000　）
営　業　利　益	（	28,000　）

問3　(1)　損益分岐点売上高　60,000　円

(2)　安全余裕率　40　％

(3)　目標売上高営業利益率を達成する売上高　168,000　円

出題のねらい ••

2級工業簿記で最も重要なのは"体系的な理解"である。

まず，原価の固変分解を行い，直接原価計算の損益計算書を作成する。その後，CVP分析へ発展できるかを問うている。工業簿記は各論点がテキストのテーマごとに完結しているのではなく，すべての論点が横断的につながりのある一つの体系となっていることを理解してもらいたい。

本問は「テーマ20　直接原価計算(Ⅰ)」および「テーマ21　直接原価計算(Ⅱ)」で紹介した一部の設例をまとめて，本試験形式にした問題である。今後も出題者が用意をした問題の趣旨（問題のストーリー）を読めるようになるまで，何度も反復練習してほしい。

問題の解き方 ••

解答手順（解法テクニック）

Step **1**　**原価の固変分解**

まずは原価を高低点法により変動費と固定費とに分解する。

Step **2**　**直接原価計算の損益計算書の作成**

Step **1** の結果をもとに，直接原価計算の損益計算書を作成する。

Step **3**　**CVP分析**

Step **2** の結果をもとに，CVP分析を行う。

解答への道 ・・・

Step 1 高低点法による原価分解（問１）　☞［設例21-6］と対応

　　製品Hを量産する当社の過去半年間の総原価および営業量に関する実績データは，次のとおり
であった。なお，/製品Hの販売単価は400円である。

	総　原　価	営　業　量	
1 月	5,400円	16個	
2 月	5,180円	14個	… 最低の営業量（低点）
3 月	5,950円	20個	
4 月	6,050円　1,920円	21個　16個	
5 月	6,320円	24個	
6 月	7,100円	30個	… 最高の営業量（高点）

問１　過去半年間の実績データにもとづいて，/高低点法による総原価の原価分解を行い，/製品 1
　　　個あたりの変動費と，/年間の固定費を計算しなさい。

　　正常操業圏の最高の営業量（高点）と最低の営業量（低点）と，そのときの総原価にもとづい
て，次のように総原価を変動費と固定費とに分解する。

製品 1 個あたりの変動費：$\dfrac{7{,}100 円 - 5{,}180 円}{30 個 - 14 個}$ ＝ 120 円 / 個

月間固定費：$\underset{\text{低点の総原価}}{5{,}180 円}$ － $\underset{\text{低点の変動費}}{120 円 / 個 \times 14 個}$ ＝ 3,500 円

　　　　　　　または

　　　　　　$\underset{\text{高点の総原価}}{7{,}100 円}$ － $\underset{\text{高点の変動費}}{120 円 / 個 \times 30 個}$ ＝ 3,500 円

年間固定費：3,500 円 × 12 か月 ＝ 42,000 円

Step 2 直接原価計算方式の損益計算書の作成（問２）　☞［設例20-1］と対応

・問２　当期の年間販売量が250個であったとして，/問1の結果をもとに/直接原価計算方式の損益
　　　　計算書を作成しなさい。

問1の結果をもとに，年間販売量250個における直接原価計算方式の損益計算書を作成する。

損　益　計　算　書　　　（単位：円）

Ⅰ　売　　上　　高	（　　100,000　　）	← 400円/個×250個＝100,000円 　　　販売単価
Ⅱ　変　　動　　費	（　　30,000　　）	← 120円/個×250個＝30,000円
貢　献　利　益	（　　70,000　　）	
Ⅲ　固　　定　　費	（　　42,000　　）	
営　業　利　益	（　　28,000　　）	

 Step 3　**CVP分析（問3）**　☞［設例21-3］と対応

目の付け所

● 問3　問2の直接原価計算方式の損益計算書をもとに次期の利益計画を行うものとして，/年間の⑴損益分岐点売上高，/⑵安全余裕率/および⑶目標売上高営業利益率が45％となる売上高を求めなさい。

問1の原価分解の結果を利用し，年間売上高をS（円）または，年間販売量をX（個）とおいた直接原価計算方式による損益計算書を作成して分析する。通常はどちらか一方を選択して計算すれば良いが，解答要求を意識して方程式を立てられるのが理想である。

ただし，問題資料が「単価×販売量」で与えられている場合にはどちらの方法でも計算できるが，資料が「金額（総額）」でしか与えられていない場合は〈パターン1〉でしか計算できないので注意すること。

	〈パターン1〉 売上高をS（円）	〈パターン2〉 販売量をX（個）
売　上　高	S	400X
変　動　費	0.3^{*1}S	120X
貢　献　利　益	0.7^{*2}S	280X
固　定　費	42,000	42,000
営　業　利　益	**0.7S−42,000**	**280X−42,000**

＊1　変動費率：$\underset{変動費}{120円/個}$ ÷ $\underset{販売単価}{400円/個}$ ＝0.3

＊2　貢献利益率：$\underset{貢献利益}{400円/個−120円/個}$ ÷ $\underset{販売単価}{400円/個}$ ＝0.7
　　　　　　　　または
　　　　1−変動費率0.3＝0.7

⑴　年間損益分岐点売上高

　　　営業利益が0となる点が損益分岐点であるため，損益計算書における営業利益を"0"として，年間損益分岐点売上高を求める。なお，「～売上高を求めなさい」という問題の場合には，〈パターン1〉の解法を使用すると，要求されている売上高をダイレクトに求められる。

① パターン1：$\underset{\text{パターン1の営業利益}}{\underline{0.7\,S - 42,000}} = 0$

$$0.7\,S = 42,000$$

$$\therefore S = 60,000 円（損益分岐点売上高）$$

② パターン2：$\underset{\text{パターン2の営業利益}}{\underline{280\,X - 42,000}} = 0$

$$280\,X = 42,000$$

$$\therefore X = 150 個（損益分岐点販売量）$$

この場合には，算出した損益分岐点販売量に販売単価を乗じて損益分岐点売上高を計算する。

$$150 個 \times 400 円 / 個 = 60,000 円（損益分岐点売上高）$$

なお，答えが出たら方程式に代入して，式が成立するかどうか検算すること。

(2) 安全余裕率

安全余裕率は，予想売上高が損益分岐点売上高から，どのくらい離れているかを示す比率をいい，安全余裕率が高いほど安全であるといえる。

安全余裕率：$\dfrac{予想売上高 - 損益分岐点売上高}{予想売上高} \times 100$

$$= \dfrac{100,000 円 - 60,000 円}{100,000 円} \times 100$$

$$= 40\%$$

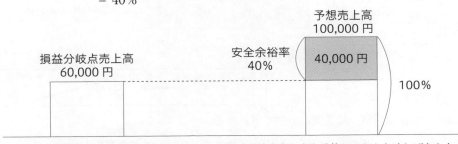

(注) 安全余裕率を計算するためには，あらかじめ損益分岐点売上高を計算しておかなければならない。

(3) 年間目標売上高営業利益率45％を達成する売上高

損益計算書における営業利益を"売上高の45％"とおいて，年間目標売上高を求める。

① パターン1：$\underset{\text{パターン1の営業利益}}{\underline{0.7\,S - 42,000}} = \underset{\text{パターン1の売上高 S の45％}}{\underline{0.45\,S}}$

$$0.25\,S = 42,000$$

$$\therefore S = 168,000 円（目標売上高）$$

② パターン2：$\underset{\text{パターン2の営業利益}}{\underline{280\,X - 42,000}} = \underset{\text{パターン2の売上高400 X の45％}}{\underline{400\,X \times 0.45}}$

$$280\,X - 42,000 = 180\,X$$

$$100\,X = 42,000$$

$$\therefore X = 420 個（目標販売量）$$

この場合には，算出した目標販売量に販売単価を乗じて目標売上高を計算する。

$$420 個 \times 400 円 / 個 = 168,000 円（目標売上高）$$

付 録 1

〈全部原価計算の勘定連絡図〉

①（全部）実際個別原価計算

集計する製造原価の範囲	原価計算制度上の分類	生産形態による分類
全 部	実 際	個 別
直 接	標 準	総 合

☞製造原価を**製造直接費**，**製造間接費**に分けて計算する。

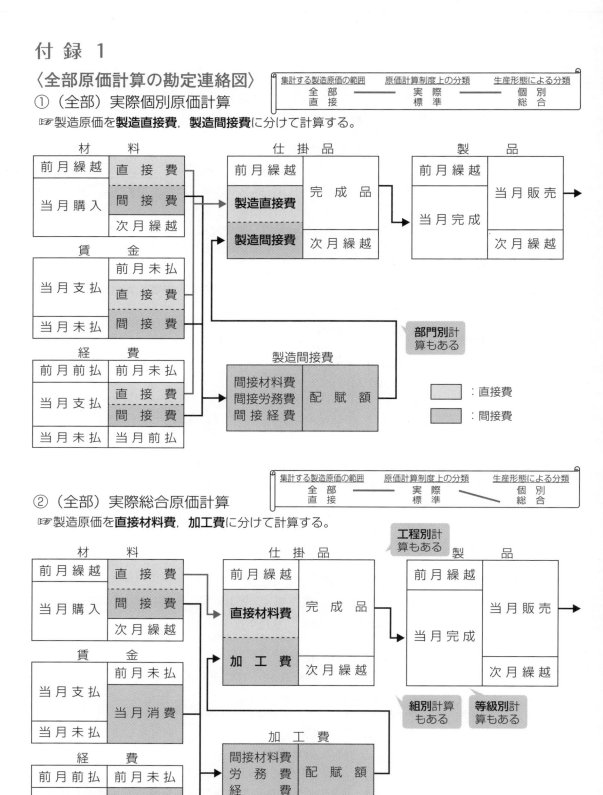

: 直接費
: 間接費

②（全部）実際総合原価計算

集計する製造原価の範囲	原価計算制度上の分類	生産形態による分類
全 部	実 際	個 別
直 接	標 準	総 合

☞製造原価を**直接材料費**，**加工費**に分けて計算する。

: 直接材料費
: 加工費

③（全部）標準総合原価計算

☞製品の原価を標準原価で計算する。勘定記入はパーシャル・プランによる。

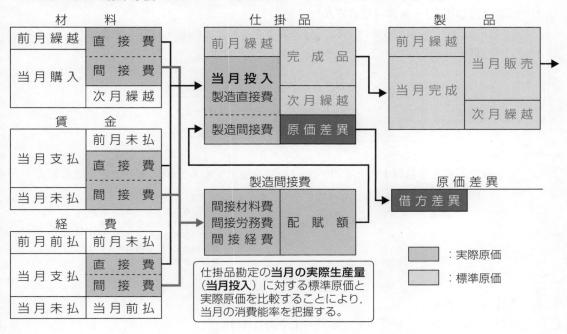

〈直接原価計算の勘定連絡図〉
直接実際総合原価計算

☞製品の原価を**変動費だけ**で計算する。

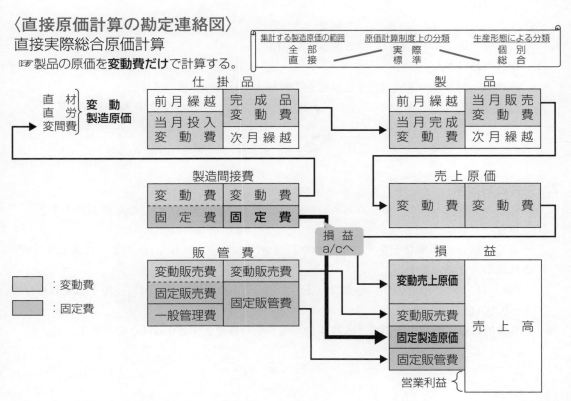

付録 2

日商簿記で使う算数と数学

1. 分数

(1) 加算（たしざん）・減算（ひきざん）

① 分母が同じ分数同士のときは，分子同士をそのまま加算・減算します。

（例1）　　　　　　　　　　　　　　そのまま加算

$$\frac{3}{7} + \frac{2}{7} = \frac{3+2}{7} = \frac{5}{7}$$

（例2）　　　　　　　　　　　　　　そのまま減算

$$\frac{3}{7} - \frac{2}{7} = \frac{3-2}{7} = \frac{1}{7}$$

② 分母が違う分数同士のときは，分母の数を揃えてから分子同士を加算・減算します。

（例）

$$\frac{1}{3} + \frac{1}{2} = \frac{1 \times 2}{3 \times 2} + \frac{1 \times 3}{2 \times 3}$$

分母を6に揃える（通分）ためにそれぞれ2と3を掛けます。なお，分数の分母と分子に同じ数を掛けても，分数の大きさは変わりません。

$$= \frac{2}{6} + \frac{3}{6} = \frac{5}{6}$$

(2) 乗算（かけざん）

分母同士の乗算は，分母同士，分子同士を掛けます。

（例）

$$\frac{1}{3} \times \frac{2}{5} = \frac{1 \times 2}{3 \times 5} = \frac{2}{15}$$

(3) 除算（わりざん）

除算は，割る数の逆数（分子と分母を入れ替えた分数）を掛けます。

（例）　　　　　　　　　　　　　　　　　　　分子と分母を入れ替えて掛けます。

$$\frac{1}{3} \div \frac{2}{5} = \frac{1}{3} \times \frac{5}{2} = \frac{1 \times 5}{3 \times 2} = \frac{5}{6}$$

2. 歩合と百分率

割合を表す単位として，歩合（ぶあい）や百分率（ひゃくぶんりつ）などがあります。

(1) 歩合

通常，試合の勝率などを「○割（わり）○分（ぶ）○厘（りん）」のように表しますが，これを歩合といいます。

「割」は分数で10分の1（小数で0.1），「分」は100分の1（0.01），「厘」は1,000分の1（0.001）を表します。

具体的には，試合の勝率で「5割4分1厘」を小数で表すと0.541となります。

⑵ **百分率**

百分率とは，%（パーセント）のことをいい，もとになるものを100等分した場合の割合を表したものをいいます。

たとえば，空気中に含まれる窒素の割合はおよそ78％ですが，これは，もとになる空気を100等分したうちのおよそ78の割合が窒素であることを表します。空気を1としたとき，窒素の割合を小数で表すと，およそ0.78となります。

⑶ **小数，分数，歩合，百分率の関係**

小数，分数，歩合，百分率を表にすると以下のようになります。

小　数	0.1	0.25	0.5
分　数	$\dfrac{1}{10} = \dfrac{10}{100}$	$\dfrac{1}{4} = \dfrac{25}{100}$	$\dfrac{1}{2} = \dfrac{5}{10} = \dfrac{50}{100}$
歩　合	1割	2割5分	5割
百分率	10%	25%	50%

3. 一次方程式

一次方程式は次のように解きます。

⑴ **「25x−50＝75」を解く。**

① 左辺の「−50」を右辺に移項します。このとき，符号の「−」は「＋」に変わります。

$25x \boxed{-50} = 75$

左辺から右辺へ移項

$25x = 75 \boxed{+50}$
右辺を計算
$25x = 125$

①は，次のようにも計算できます。

$25x - 50 = 75$
両辺に50を加算

$25x - 50 \boxed{+50} = 75 \boxed{+50}$
$25x = 125$

② 両辺を25で割って，xを求めます。

両辺を25で割ります。

$25x \boxed{\div 25} = 125 \boxed{\div 25}$
$x = 5 \cdots$（答）

⑵ **「5−x＝4(2−x)」を解く。**

① 右辺のカッコ（　）をはずします。

それぞれの項に掛けます。

$5 - x = \boxed{4}(2 - x)$
$5 - x = \boxed{4} \times 2 - \boxed{4} \times x$
$5 - x = 8 - 4x$

② 右辺の−4xを左辺に移項します。

$5 - x \boxed{+4x} = 8$
$5 + 3x = 8$

③ 左辺の5を右辺に移項します。

$3x = 8 \boxed{-5}$
$3x = 3$

④ 両辺を3で割って，xを求めます。

$3x \boxed{\div 3} = 3 \boxed{\div 3}$
$x = 1 \cdots$（答）

さくいん‥‥‥ Index

た

MEMO

よくわかる簿記シリーズ

合格テキスト　日商簿記2級工業簿記　Ver.10.0

1999年12月20日　初　版　第1刷発行
2024年2月20日　第12版　第1刷発行

編 著 者	ＴＡＣ株式会社	
	（簿記検定講座）	
発 行 者	多　田　敏　男	
発 行 所	ＴＡＣ株式会社　出版事業部	
	（ＴＡＣ出版）	

〒101-8383
東京都千代田区神田三崎町3-2-18
電話 03 (5276) 9492 (営業)
FAX 03 (5276) 9674
https://shuppan.tac-school.co.jp

組　　版	朝日メディアインターナショナル株式会社	
印　　刷	株式会社　ワ　コ　ー	
製　　本	株式会社　常　川　製　本	

© TAC 2024　　　　Printed in Japan　　　　ISBN 978-4-300-10658-7
N.D.C.336

簿記検定講座のご案内

選べる学習メディアでご自身に合うスタイルでご受講ください!

通学講座
| 3級コース | 3・2級コース | 2級コース | 1級コース | 1級上級コース |

教室講座　通って学ぶ

定期的な日程で通学する学習スタイル。常に講師と接することができるという教室講座の最大のメリットがありますので、疑問点はその日のうちに解決できます。また、勉強仲間との情報交換も積極的に行えるのが特徴です。

ビデオブース講座　通って学ぶ　予約制

ご自身のスケジュールに合わせて、TACのビデオブースで学習するスタイル。日程を自由に設定できるため、忙しい社会人に人気の講座です。

直前期教室出席制度
直前期以降、教室受講に振り替えることができます。

無料体験入学
ご自身の目で、耳で体験し納得してご入学いただくために、無料体験入学をご用意しました。

無料講座説明会
もっとTACのことを知りたいという方は、無料講座説明会にご参加ください。

無　料
予約不要※

※ビデオブース講座の無料体験入学は要予約。
無料講座説明会は一部校舎では要予約。

通信講座
| 3級コース | 3・2級コース | 2級コース | 1級コース | 1級上級コース |

Web通信講座　スマホやタブレットにも対応　見て学ぶ

教室講座の生講義をブロードバンドを利用し動画で配信します。ご自身のペースに合わせて、24時間いつでも何度でも繰り返し受講することができます。また、講義動画はダウンロードして2週間視聴可能です。有効期間内は何度でもダウンロード可能です。
※Web通信講座の配信期間は、お申込コースの目標月の翌月末までです。

TAC WEB SCHOOL ホームページ
URL https://portal.tac-school.co.jp/
※お申込み前に、左記のサイトにて必ず動作環境をご確認ください。

DVD通信講座　見て学ぶ

講義を収録したデジタル映像をご自宅にお届けします。講義の臨場感をクリアな画像でご自宅にて再現することができます。
※DVD-Rメディア対応のDVDプレーヤーでのみ受講が可能です。パソコンやゲーム機での動作保証はいたしておりません。

Webでも無料配信中!　スマホ・タブレット　パソコン

「TAC動画チャンネル」

● **講座説明会**　※収録内容の変更のため、配信されない期間が生じる場合がございます。
● **1回目の講義（前半分）が視聴できます**

資料通信講座（1級のみ）

テキスト・添削問題を中心として学習します。

詳しくは、TACホームページ「TAC動画チャンネル」をクリック!
| TAC動画チャンネル　簿記 | 検索 |

簿記検定講座

お手持ちの教材がそのまま使用可能!
【テキストなしコース】のご案内

TAC簿記検定講座のカリキュラムは市販の教材を使用しておりますので、こちらのテキストを使ってそのまま受講することができます。独学では分かりにくかった論点や本試験対策も、TAC講師の詳しい解説で理解度も120％UP! 本試験合格に必要なアウトプット力が身につきます。独学との差を体感してください。

左記の各メディアが【テキストなしコース】でお得に受講可能!

こんな人にオススメ!

● テキストにした書き込みをそのまま活かしたい!
● これ以上テキストを増やしたくない!
● とにかく受講料を安く抑えたい!

※お申込前に必ずお手持ちのバージョンをご確認ください。場合によっては最新のものに買い直していただくことがございます。詳細はお問い合わせください。

お手持ちの教材をフル活用!!

合格テキスト

合格トレーニング

会計業界への就職・転職支援サービス

TPB

TACの100%出資子会社であるTACプロフェッションバンク（TPB）は、会計・税務分野に特化した転職エージェントです。
勉強された知識とご希望に合ったお仕事を一緒に探しませんか？ 相談だけでも大歓迎です！ どうぞお気軽にご利用ください。

人材コンサルタントが無料でサポート

Step1 相談受付
完全予約制です。
HPからご登録いただくか、
各オフィスまでお電話ください。

Step2 面談
ご経験やご希望をお聞かせください。
あなたの将来について一緒に考えま
しょう。

Step3 情報提供
ご希望に適うお仕事があれば、その
場でご紹介します。強制はいたしま
せんのでご安心ください。

正社員で働く

- 安定した収入を得たい
- キャリアプランについて相談したい
- 面接日程や入社時期などの調整をしてほしい
- 今就職すべきか、勉強を優先すべきか迷っている
- 職場の雰囲気など、求人票でわからない情報がほしい

TACキャリアエージェント

https://tacnavi.com/

派遣で働く（関東のみ）

- 勉強を優先して働きたい
- 将来のために実務経験を積んでおきたい
- まずは色々な職場や職種を経験したい
- 家庭との両立を第一に考えたい
- 就業環境を確認してから正社員で働きたい

TACの経理・会計派遣

https://tacnavi.com/haken/

※ご経験やご希望内容によってはご支援が難しい場合がございます。予めご了承ください。　※面談時間は原則お一人様30分とさせていただきます。

自分のペースでじっくりチョイス

正社員・アルバイトで働く

- 自分の好きなタイミングで就職活動をしたい
- どんな求人案件があるのか見たい
- 企業からのスカウトを待ちたい
- WEB上で応募管理をしたい

Webで

TACキャリアナビ

https://tacnavi.com/kyujin/

就職・転職・派遣就労の強制は一切いたしません。会計業界への就職・転職を希望される方への無料支援サービスです。どうぞお気軽にお問い合わせください。

 TACプロフェッションバンク

東京オフィス	大阪オフィス	名古屋 登録会場
〒101-0051 東京都千代田区神田神保町 1-103 東京パークタワー 2F TEL.03-3518-6775	〒530-0013 大阪府大阪市北区茶屋町 6-20 吉田茶屋町ビル 5F TEL.06-6371-5851	〒453-0014 愛知県名古屋市中村区則武 1-1-7 NEWNO 名古屋駅西 8F TEL.0120-757-655

■ 有料職業紹介事業 許可番号13-ユ-010678　■ 一般労働者派遣事業 許可番号（派）13-010932

10860572

2022年4月現在

TAC出版 書籍のご案内

TAC出版では、資格の学校TAC各講座の定評ある執筆陣による資格試験の参考書をはじめ、資格取得者の開業法や仕事術、実務書、ビジネス書、一般書などを発行しています!

TAC出版の書籍

*一部書籍は、早稲田経営出版のブランドにて刊行しております。

資格・検定試験の受験対策書籍

- ◎日商簿記検定
- ◎建設業経理士
- ◎全経簿記上級
- ◎税　理　士
- ◎公認会計士
- ◎社会保険労務士
- ◎中小企業診断士
- ◎証券アナリスト

- ◎ファイナンシャルプランナー(FP)
- ◎証券外務員
- ◎貸金業務取扱主任者
- ◎不動産鑑定士
- ◎宅地建物取引士
- ◎賃貸不動産経営管理士
- ◎マンション管理士
- ◎管理業務主任者

- ◎司法書士
- ◎行政書士
- ◎司法試験
- ◎弁理士
- ◎公務員試験(大卒程度・高卒者)
- ◎情報処理試験
- ◎介護福祉士
- ◎ケアマネジャー
- ◎社会福祉士　ほか

実務書・ビジネス書

- ✪会計実務、税法、税務、経理
- ✪総務、労務、人事
- ✪ビジネススキル、マナー、就職、自己啓発
- ✪資格取得者の開業法、仕事術、営業術
- ✪翻訳ビジネス書

一般書・エンタメ書

- ✪ファッション
- ✪エッセイ、レシピ
- ✪スポーツ
- ✪旅行ガイド (おとな旅プレミアム/ハルカナ)
- ✪翻訳小説

TAC出版

書籍のご購入は

1 全国の書店、大学生協、ネット書店で

2 TAC各校の書籍コーナーで

> 資格の学校TACの校舎は全国に展開！
> 校舎のご確認はホームページにて

資格の学校TAC ホームページ
https://www.tac-school.co.jp

3 TAC出版書籍販売サイトで

CYBER TAC出版書籍販売サイト
BOOK STORE

24時間
ご注文
受付中

`TAC 出版` で `検索`

https://bookstore.tac-school.co.jp/

- 新刊情報を
  いち早くチェック！
- たっぷり読める
  立ち読み機能
- 学習お役立ちの
  特設ページも充実！

TAC出版書籍販売サイト「サイバーブックストア」では、TAC出版および早稲田経営出版から刊行されている、すべての最新書籍をお取り扱いしています。
また、無料の会員登録をしていただくことで、会員様限定キャンペーンのほか、送料無料サービス、メールマガジン配信サービス、マイページのご利用など、うれしい特典がたくさん受けられます。

サイバーブックストア会員は、特典がいっぱい！（一部抜粋）

 通常、1万円（税込）未満のご注文につきましては、送料・手数料として500円（全国一律・税込）頂戴しておりますが、1冊から無料となります。

 専用の「マイページ」は、「購入履歴・配送状況の確認」のほか、「ほしいものリスト」や「マイフォルダ」など、便利な機能が満載です。

 メールマガジンでは、キャンペーンやおすすめ書籍、新刊情報のほか、「電子ブック版TACNEWS（ダイジェスト版）」をお届けします。

 書籍の発売を、販売開始当日にメールにてお知らせします。これなら買い忘れの心配もありません。

日商簿記検定試験対策書籍のご案内

TAC出版の日商簿記検定試験対策書籍は、学習の各段階に対応していますので、あなたの
ステップに応じて、合格に向けてご活用ください!

3タイプのインプット教材

① 簿記を専門的な知識にしていきたい方向け

● **満点合格を目指し**
次の級への土台を築く

「合格テキスト」

「合格トレーニング」

● 大判のB5判、3級〜1級累計300万部超の、信頼の定番テキスト&トレーニング!
TACの教室でも使用している公式テキストです。3級のみオールカラー。
● 出題論点はすべて網羅しているので、簿記をきちんと学んでいきたい方にぴったりです!
◆3級　□2級 商簿、2級 工簿、■1級 商・会 各3点、1級 工・原 各3点

② スタンダードにメリハリつけて学びたい方向け

● **教室講義のような**
わかりやすさでしっかり学べる

「簿記の教科書」

「簿記の問題集」

滝澤 ななみ 著

● A5判、4色オールカラーのテキスト(2級・3級のみ)&模擬試験つき問題集!
● 豊富な図解と実例つきのわかりやすい説明で、もうモヤモヤしない!!
◆3級　□2級 商簿、2級 工簿、■1級 商・会 各3点、1級 工・原 各3点

③ 気軽に始めて、早く全体像をつかみたい方向け

● **初学者でも楽しく続けられる!**

「スッキリわかる」
テキスト／問題集一体型

滝澤 ななみ 著（1級は商・会のみ）

● 小型のA5判(4色オールカラー)によるテキスト
／問題集一体型。これ一冊でOKの、圧倒的に
人気の教材です。
● 豊富なイラストとわかりやすいレイアウト! か
わいいキャラの「ゴエモン」と一緒に楽しく学
べます。
◆3級　□2級 商簿、2級 工簿
■1級 商・会 4点、1級 工・原 4点

「スッキリうかる本試験予想問題集」
滝澤 ななみ 監修　TAC出版開発グループ 編著
● 本試験タイプの予想問題9回分を掲載
◆3級　□2級

書籍の正誤に関するご確認とお問合せについて

書籍の記載内容に誤りではないかと思われる箇所がございましたら、以下の手順にてご確認とお問合せを
してくださいますよう、お願い申し上げます。

なお、正誤のお問合せ以外の**書籍内容に関する解説および受験指導などは、一切行っておりません。**
そのようなお問合せにつきましては、お答えいたしかねますので、あらかじめご了承ください。

1 「Cyber Book Store」にて正誤表を確認する

TAC出版書籍販売サイト「Cyber Book Store」の
トップページ内「正誤表」コーナーにて、正誤表をご確認ください。

CYBER TAC出版書籍販売サイト
BOOK STORE

URL：https://bookstore.tac-school.co.jp/

2 1の正誤表がない、あるいは正誤表に該当箇所の記載がない
⇒ 下記①、②のどちらかの方法で文書にて問合せをする

★ご注意ください★

お電話でのお問合せは、お受けいたしません。
①、②のどちらの方法でも、お問合せの際には、「お名前」とともに、
「対象の書籍名（○級・第○回対策も含む）およびその版数（第○版・○○年度版など）」
「お問合せ該当箇所の頁数と行数」
「誤りと思われる記載」
「正しいとお考えになる記載とその根拠」
を明記してください。
なお、回答までに1週間前後を要する場合もございます。あらかじめご了承ください。

① ウェブページ「Cyber Book Store」内の「お問合せフォーム」より問合せをする

【お問合せフォームアドレス】

https://bookstore.tac-school.co.jp/inquiry/

② メールにより問合せをする

【メール宛先 TAC出版】

syuppan-h@tac-school.co.jp

※土日祝日はお問合せ対応をおこなっておりません。
※正誤のお問合せ対応は、該当書籍の改訂版刊行月末日までといたします。

乱丁・落丁による交換は、該当書籍の改訂版刊行月末日までといたします。なお、書籍の在庫状況等
により、お受けできない場合もございます。
また、各種本試験の実施の延期、中止を理由とした本書の返品はお受けいたしません。返金もいたし
かねますので、あらかじめご了承くださいますようお願い申し上げます。

（2022年7月現在）